CUANDO
LOS LATINOS
PELEAN
¿POR QUÉ NO EXISTEN LOS ESTADOS UNIDOS DE AMÉRICA DEL SUR?

CUANDO LOS LATINOS PELEAN

¿POR QUÉ NO EXISTEN LOS ESTADOS UNIDOS DE AMÉRICA DEL SUR?

WALTER THOMAS MOLANO

Traducción: Juan Cruz Nanclares - Ramiro Nanclares
Diseño gráfico: Juan Cruz Nanclares - Rosario Salinas

Imágenes utilizadas en ilustración de tapa y c/tapa:
*Batalla de Potrero Sauce (fragmento), Bates y Cia.
Dominio público.
Super Etenard y Sea Harrier, fuente: Departamento de
defensa E.E.U.U. Dominio público.
Batalla de Juncal (fragmento), José Murature. Dominio público*

Imágenes utilizadas en ilustraciones de carátulas capítulos 1 y 2:
*Archivo General de la Nación Dpto. Doc. Fotográficos.
Buenos Aires. Argentina.*

Imágenes utilizadas en ilustraciones de carátulas capítulos 3 - 8:
*Ataque a Pan de Azúcar, Carlos Wood. Dominio público.
Modus-Vivendi con el Perú, Francisco Javier Vergara y Velasco. Dominio
público.
Batalla de Juncal (fragmento), José Murature. Dominio público
Artillería brasileña, Bates y Cia. Dominio público.
Tropas paraguayas en el fortín alihuata, reportaje fotográfico
Dr. Carlos De Sanctis. Dominio público.*

ISBN: 9780692759110
CreateSpace Independent Publishing Platform
North Charleston, South Carolina

A Mary Beth

ÍNDICE

PRÓLOGO

El advenimiento del siglo XIX fue un momento decisivo en la historia. Europa se encontraba en medio de una agitación revolucionaria que marcaría el fin de las monarquías autocráticas. La revolución industrial lograba aglutinar fuerzas económicas que terminarían transformando la tecnología, los procesos de producción y la distribución de poder. Al mismo tiempo, en las Américas las nuevas naciones que surgían a partir del colapso del sistema monárquico europeo contaban con los recursos, el tamaño y el alcance para posicionarse como súper poderes a nivel global. Las antiguas colonias de América del Norte pudieron unirse por medio de una combinación de visión, agresión y asimilación –a pesar de su origen británico, francés y español– y convertirse en un leviatán que gobernaría más allá del fin del siglo XIX. Sin embargo, a pesar de sus lazos sociales tan cercanos, América del Sur se convirtió en un caleidoscopio de pequeñas naciones displicentes, irrelevantes en el contexto global y afligidas por la pobreza y el malestar social. Esto, sin embargo, podría haber sido muy diferente. América del Sur podría haberse convertido en una entidad unida y haberle hecho frente al gigante norteamericano. En efecto, América del Sur aún podría convertirse en un súper poder. Por consiguiente, en este libro se examina la siguiente pregunta acuciante: ¿Por qué no existen los Estados Unidos de América del Sur?

Mirada desde el exterior, América del Sur pareciera ser homogénea, con raíces culturales similares, un idioma en común y una identidad colonial colectiva. Las estructuras económicas y políticas de la región se organizaron de modo similar a fin de maximizar el proceso de extracción de recursos naturales, junto con instituciones coloniales que usaban mano de obra esclava para sostener grandes emprendimientos mineros. Pequeños grupos de europeos y sus descendientes controlaban el trabajo, tanto esclavo como contratado, dentro de la población, desalentando la unidad y promoviendo el conflicto, aislando grupos en base a su raza, casta y religión.[1] La región prosperó económicamente hasta el comienzo del siglo XIX, cuando se encontró en un estado de naufragio luego de que Napoleón invadiera la Península Ibérica. Los colonos sudamericanos se separaron ante el temor de ser forzados a dejar sus hogares por sus nuevos amos franceses, tal como había sucedido en Que-

---

[1] Christin Cleaton, *Spaniards, Caciques, and Indians: Spanish Imperial Policy and the Construction of Caste in New Spain, 1521–1570* (Saarbrücken, Alemania: VDM Verlag, 2008).

bec, el Pernambuco Holandés y varias islas del Caribe.[2] Con la excepción de Brasil, convertido en el asiento del Imperio Portugués luego de que la familia Braganza, junto con quince mil miembros de la corte real, huyeran de Lisboa, las colonias se vieron obligadas a establecer marcos independientes y nacionales, lo cual llevó a una divergencia en sus trayectorias.

Hoy, cada país sudamericano es muy diferente, con tradiciones, dialectos e historias especificas. Las identidades sociales varían enormemente, siendo tan diversas como las diferentes nacionalidades que colorean el continente europeo. No sorprende entonces que la región haya tenido su serie de conflictos sangrientos a través de los siglos. Todas las guerras fueron de naturaleza territorial, en las que demarcaciones territoriales coloniales mal definidas se resolvieron militarmente, y a su vez fueron generalmente instigadas por poderes económicos extranjeros –particularmente el Reino Unido y los Estados Unidos–.

A pesar de que las grandes guerras sudamericanas no se encuentran en el léxico cotidiano de la historia militar de Occidente, fueron situaciones extremadamente violentas –con un total de seiscientas mil muertes– y fueron cruciales en el derrotero del desarrollo regional. Varios excelentes trabajos han examinado estos conflictos, incluyendo Latin America's Wars (Volumes I and II) de Robert Scheina[3]. Scheina presenta con gran profundidad y detalle los conflictos que marcaron la región, señalando las tácticas, estrategias y heroísmo desplegados. Las series de René de La Pedraja, Wars of Latin America, ofrecen un examen exhaustivo de las batallas que hicieron estragos en Centro y América del Sur.[4] Adicionalmente, el trabajo de Miguel Ángel Centeno, Blood and Debt, analiza en profundidad las disposiciones internas de los países sudamericanos para entrar en guerra.[5] Centeno encuentra que la falta de muchas de las instituciones tradicionales presentes en sociedades beligerantes, –fuertes tradiciones militares o recursos fiscales–, no impidieron que estos Estados llegaran a los disparos.

Es importante advertir que ha habido numerosos libros que profundizaron en los conflictos individuales, proporcionando reflexiones cruciales sobre las fuerzas políticas, económicas y sociales que llevaron al estallido de hostilidades, como

....

[2]   John Mack Faragher, *A Great and Noble Scheme: The Tragic Story of the Expulsion of the French Acadians from their American Homeland* (Nueva York: W.W. Norton, 2005).

[3]   Robert L. Scheina, *Latin America's Wars, Volume I: The Age of the Caudillo, 1791–1899* (Washington, DC: Brassey's Incorporated, 2003); Robert L. Scheina, *Latin America's Wars, Volume II: The Age of the Professional Soldier, 1900–2001* (Washington, DC: Brassey's Incorporated, 2003).

[4]   René De La Pedraja, *Wars of Latin America: 1899–1941* (Jefferson, NC: McFarland & Company, Inc., 2006); René De La Pedraja, *Wars of Latin America, 1948–1982: The Rise of the Guerrillas* (Jefferson, NC: McFarland & Company, Inc., 2013); René De La Pedraja, *Wars of Latin America, 1982–2012: The Path to Peace* (Jefferson, NC: McFarland & Company, Inc., 2013).

[5]   Miguel Angel Centeno, *Blood and Debt: War and the Nation-State in Latin America* (University Park, PA: Pennsylvania State University Press, 2002).

también sobre el modo de conducción de la guerra y sus resultados. Sin embargo, el presente trabajo se ubica más allá de la mirada miope desde el campo de batalla al examinar con perspectiva el contexto internacional, así como el modo en que cada conflicto ayudó a delinear, de diversas maneras, el mapa de la región; estableciendo precedentes importantes que han impedido la integración regional; plantando las semillas de la falta profunda de confianza que florece en toda la región; afectando flujos de comercio e inversión, así como también la distribución del poder; y finalmente, consolidando una percepción de América del Sur y su relación con el resto del mundo. No sólo es importante establecer las fuerzas que condujeron a cada conflicto, sino que también resulta crucial identificar los denominadores comunes que permiten distinguir los factores causales. De esta forma, podemos abordar estos problemas y sentar las bases de una mayor cooperación política y económica futura.

La guerra es la expresión máxima de la violencia política –el uso de poder bruto para la protección de los intereses nacionales– es el instrumento al que se recurre, idealmente, una vez que todos los caminos diplomáticos se han agotado. Existe una bibliografía rica y extensa sobre la guerra. Una perspectiva muy interesante es el concepto de "rivalidades duraderas". Académicos como Paul Diehl y Gary Goertz toman como modelo la competencia que existe entre especies para estudiar las rivalidades entre Estados.[6] Stuart Bremer desarrolla el concepto de "díadas peligrosas", para definir a Estados limítrofes propensos a entrar en conflictos militares, particularmente si su desarrollo económico está paralizado o sus democracias son débiles[7]. El problema se exacerba si forman parte de un imperio que desaparece abruptamente[8]. En el caso de América del Sur, los virreinatos eran las unidades administrativas utilizadas por el sistema colonial español. El colapso del imperio a comienzos del siglo XIX convirtió de manera inesperada a dichas unidades en un puñado de grandes Estados, con tamaños similares y con economías y democracias muy frágiles. Las fronteras entre estas díadas se definieron pobremente, dada la naturaleza del sistema colonial. Aunque la mayoría de las disputas se resolvieron pacíficamente, varias de ellas estallaron en conflictos sangrientos.

En efecto, todas las disputas sudamericanas tuvieron elementos en común y se centraron en cuestiones territoriales. He encontrado que existieron tres condiciones necesarias. La primera fue la falta de certeza en los límites de demarcación territorial. La segunda fue la presencia de recursos naturales estratégicos en la región en disputa, ya sea en la forma de productos primarios o ubicación geográfica

---

[6]   Paul F. Diehl and Gary Goertz, *War and Peace in International Rivalry* (Ann Arbor, MI: University of Michigan Press, 2000).

[7]   Stuart Bremer, "Dangerous Dyads: Conditions Affecting the Likelihood of Interstate War, 1816–1965," *Journal of Conflict Resolution* 36, no. 2 (1992): 309–341.

[8]   Niall Ferguson, "Complexity and Collapse: Empires on the Edge of Chaos," *Foreign Affairs,* Marzo/Abril 2010.

–enclaves estratégicos, como la desembocadura de una vía fluvial importante o un puerto en aguas profundas pueden ser tan valiosas como un recurso natural en abundancia–. La tercera fue la presencia de instigación externa. Ninguno de estos factores por sí mismo garantizaba una guerra, pero al combinarse, las tres condiciones encendieron la llama de conflictos armados. Utilizando este marco conceptual, podemos examinar las fuerzas que convergieron para llevar a las guerras, el desarrollo de las mismas y sus resultados.

Las guerras interregionales tuvieron grandes consecuencias para los países en forma individual. Establecieron una lista clara de ganadores y perdedores. El destino de Bolivia, por ejemplo, se selló durante la Guerra contra la Confederación Perú-Boliviana y la Guerra del Pacifico. Las aspiraciones de Paraguay fueron definitivamente aplastadas durante la Guerra de la Triple Alianza. En estos tres enfrentamientos, tanto Bolivia como Paraguay perdieron su salida al mar, condición que los ha condenado a un grave empobrecimiento. Las guerras Cisplatina y Platina definieron la frontera entre Brasil y Argentina, y llevaron al nacimiento de Uruguay. Asimismo, las diversas Guerras del Caucho transformaron el Amazonas en una de las posesiones más preciadas del continente sudamericano y desencadenaron una serie de confrontaciones que llevaron a Colombia, Perú, Brasil, Ecuador y Bolivia a entrar en conflicto e intercambiar territorios. Todos estos enfrentamientos sembraron las semillas del odio, los celos y la rivalidad que se extienden por el continente hasta el presente. Son una de las razones más importantes por las cuales los gobiernos sudamericanos desconfían los unos de los otros y por lo que la mayoría de los intentos de integración regional fallan, más allá de las grandes similitudes entre los países, su proximidad y las oportunidades de cooperación existentes.

Esta obra examina los conflictos interregionales que tuvieron mayor impacto sobre la conformación de la región. Omite de manera deliberada las guerras de liberación que fueron campañas en contra de un enemigo común. También evita indagar en las guerras civiles que agitaron a casi todos los países. Las guerras civiles son asuntos internos alimentados por cuestiones domésticas, aunque es cierto que prácticamente todos los conflictos externos tienen también un componente interno. La Guerra contra la Confederación Perú-Boliviana, por ejemplo, fue tanto una guerra civil entre el norte y el sur de Perú como una lucha entre Chile y la Confederación Perú-Boliviana. Sin embargo, para permitir un análisis más acotado, he limitado la lista a seis enfrentamientos generales.[9] Esto me permitió emplear un acercamiento comparativo y profundo para comprender cómo comenzó cada conflicto y de qué manera afectó las relaciones interregionales, el desarrollo y la cooperación.

Un marco comparativo puede ser muy fértil para relacionar y diferenciar países y eventos, haciendo posible individualizar las variables más importantes y el

---

[9]   El capítulo sobre las guerras del caucho es la recopilación de tres conflictos separados. Adicionalmente, incorporé un séptimo conflicto, la guerra de Malvinas; no es una guerra puramente interregional, pero es un conflicto importante para la región.

modo en que estas interactúan entre sí. Esta metodología ha sido utilizada exitosamente por académicos como Wim Klooster, quien la empleó en Revolutions in the Atlantic World.[10] Este abordaje permite a los académicos examinar las herencias y factores internacionales para cada caso, y estudiar cómo cada guerra cambió el balance de poder en la región y afectó el campo de posibilidades para una futura cooperación.

El libro comienza con las Guerras Cisplatina y Platina. Estos conflictos no sólo llevaron al nacimiento de Uruguay, sino que consolidaron la escisión que ensombrecería la relación entre estos dos gigantes regionales. A esto le sigue el análisis de la Guerra contra la Confederación Perú-Boliviana, motivada por el intento de Perú y Bolivia de convertirse en un Estado único, esfuerzo que fue frustrado por Chile. Esa guerra no solo paralizó la economía boliviana forzándola a depender de un puñado de puertos a lo largo del Desierto de Atacama como su principal acceso al mundo, sino que también mostró el lado oscuro de Chile. Chile es muy pequeño, geográficamente, pero su inclinación hacia la agresión siempre lo ha mantenido como un contrincante bien por encima de su categoría de peso.

El tercer conflicto, la Guerra de la Triple Alianza, introdujo un giro importante en las confrontaciones regionales. Mientras que los primeros conflictos fueron por disputas territoriales, en los conflictos posteriores hubo mayor presencia de elementos geopolíticos. En el caso de la Guerra contra la Confederación Perú-Boliviana, Chile luchó desesperadamente para evitar la unificación de Perú y Bolivia, temiendo que la creación de un Estado más grande eclipsaría sus propias potencialidades. Brasil, Uruguay y Argentina utilizaron la Guerra de la Triple Alianza como un medio para socavar las esperanzas de Paraguay de contar con tecnología y organización superior que le permitiría surgir como un súper potencia regional.

Al finalizar el siglo XIX, la naturaleza de las guerras interregionales había cambiado una vez más. A pesar de que aún había elementos territoriales y geopolíticos presentes en todos los conflictos, estos estaban instigados por poderes externos que buscaban acceso a los novedosos recursos naturales, como el nitrato, el caucho y el petróleo. No es una sorpresa que estas guerras subsidiarias se fueran dando a medida que Europa y América del Norte avanzaban vertiginosamente hacia la Revolución Industrial, incrementando su demanda de materias primas.

El primero de estos nuevos conflictos fue la Guerra del Pacifico, en la cual Chile, nuevamente, se enfrentó a Perú y a Bolivia. En esta ocasión fue a pedido de intereses británicos. Bien armado y entrenado, Chile pudo arrasar con ambas naciones, dejando a Bolivia permanentemente sin salida al mar y ocupando la capital peruana durante cuatro años. El siguiente capítulo es una fusión de las varias Guerras del Caucho que se dieron lugar en el Amazonas. Como sucedió en la Guerra del Pacifico, fuerzas externas también jugaron un rol. En este caso, los estadounidenses y

---

[10] Wim Klooster, *Revolutions in the Atlantic World: A Comparative History* (Nueva York: New York University Press, 2009).

los británicos lideraron el camino. El petróleo tuvo un protagonismo central en el sexto conflicto, la Guerra del Chaco, en la que Bolivia y Paraguay batallaron por un yacimiento de hidrocarburos que nunca existió. El capítulo sobre las Malvinas no es el de una guerra entre latinos, aunque Chile haya jugado un papel central al darle asistencia y apoyo a Gran Bretaña; sin embargo, fue en su naturaleza una guerra territorial y mostró el nivel de sofisticación militar que puede ser desplegado por fuerzas militares sudamericanas.

Los capítulos resaltan las grandes diferencias que marcan a la región. Hacen énfasis en las razones por las cuales el deseo de integración regional permanece reducido, mas allá de los beneficios que se obtendrían a partir de una mayor cooperación, comercio e inversión. Valores, religión y elementos culturales compartidos son características inusuales en otras regiones del planeta, pero no son suficientes para sobreponerse a los rencores internos y externos de América del Sur. Claro que la reticencia a una mayor integración supone un beneficio para Europa, América del Norte y Asia. La unificación de América del Sur la podría transformar en una súper potencia. A pesar de que mantener a América del Sur dividida no es una política reconocida en Washington, Bruselas o Tokio, la falta de integración del continente les es funcional a otros agentes de poder. De hecho, una de las motivaciones detrás de Simón Bolívar ("El Libertador") fue establecer de manera permanente a la Gran Colombia como un Estado que pudiera rivalizar con los grandes Estados que emergían en Europa y América del Norte. Un sueño de tal magnitud debió llamar la atención en los finos salones de París, Londres y Washington. Posiblemente también haya sido la principal causa de las maniobras diplomáticas utilizadas para generar falta de confianza y discrepancias entre las nacientes repúblicas.

Es importante notar que varios enfrentamientos latinoamericanos no se han abordado en este libro. Sumado a las guerras de independencia y a las guerras civiles, no he incluido algunos de los conflictos más pequeños, particularmente en América Central y el Caribe. La guerra de la Gran Colombia con Perú en 1828 se menciona en el capítulo que trata sobre la Guerra contra la Confederación Perú-Boliviana, pero en sí fue un conflicto corto con sólo dos batallas importantes. Algunas de las guerras centroamericanas bordearon lo ridículo, como La Guerra del Fútbol, en la cual El Salvador y Honduras lucharon por un resentimiento futbolístico en la víspera del mundial de 1970. Las tensiones entre los dos países venían en aumento desde hacía varios años. Mientras que Honduras tenía cinco veces el tamaño de El Salvador, este contaba con el doble de población. Una gran inmigración de salvadoreños venía causando problemas sociales en ambos países, al punto que cualquier mínimo acontecimiento podría haber encendido la llama. En este caso, fue un partido de fútbol. Sin embargo la escaramuza no fue motivo de risa –3000 personas murieron en "La Guerra de las 100 horas"– pero he optado por excluirla en este libro dado que fue solo una pequeña mención en la historia militar latinoamericana y no un punto de inflexión en el desarrollo regional. Un conflicto similar fue la Guerra de Coto entre Panamá y Costa Rica en 1921, librada por la invasión de un pequeño pueblo fronterizo.

Esta obra no examina las variadas incursiones hechas en Latinoamérica por poderes externos, como ser bloqueos o invasiones. A pesar de los postulados de la Doctrina Monroe, que previnieron a los países europeos de no meterse en las políticas de los países sudamericanos, fuerzas externas intervinieron constantemente en los asuntos del continente. Por momentos, fue para ganar acceso a los mercados. O para recuperar préstamos no pagados. A menudo, las intervenciones tenían como propósito reorientar las tendencias políticas, y algunas de ellas emplearon fuerza militar, mientras que otras fueron realizadas por terceros, particularmente mercenarios, quienes estaban listos para entrar en acción por un precio.

Por último, este libro no realiza un estudio sobre la cantidad innumerable de escaladas que casi terminan en guerra. Hubo varios incidentes que estuvieron muy cerca de convertirse en hostilidades abiertas: el conflicto del Beagle entre Argentina y Chile en 1978; la incursión de Colombia en el espacio aéreo de Ecuador para asesinar al líder de las FARC (Fuerzas Armadas Revolucionarias de Colombia), Raúl Reyes, en 2008; las tensiones entre Colombia y Venezuela en 2009 y 2010. Sin embargo, las crisis a punto de ebullición fueron prevenidas por mentes calmas o intervención externa. No obstante, estos incidentes resuenan dentro del contexto de los conflictos que se examinan en estas páginas. Son parte del entramado histórico y la memoria colectiva que conforma el mapa socio y geopolítico de Latinoamérica.

Examinar las diferencias, las similitudes y los eventos nos lleva a un entendimiento más robusto de la región, a una apreciación tanto de las fuerzas que desgarraron a los países como de los impedimentos a los que deben sobreponerse si desean mayor cooperación e integración económica. Estas herencias constituyen los trasfondos que marcan las discusiones regionales sobre el comercio, inversiones cross-broder y cooperación política. Por último, facilitan un entendimiento multidimensional de Latinoamérica que transciende la típica representación bidimensional.

1 LEGADOS COLONIALES

LEGADOS COLONIALES

El estudio de América del Sur siempre se inicia con un examen del legado colonial dejado por España. La España del siglo XV era salvaje. Ocho siglos de guerras incesantes habían moldeado a los españoles que arribaron a las costas de América no como exploradores sino como conquistadores. La península ibérica siempre se diferenció de sus vecinos europeos. A pesar de formar parte del territorio continental, la barrera que forman los Pirineos y su proximidad con África permitió a los pobladores de la península mantener una afinidad más cercana con el Magreb que con el resto de Europa. De hecho, el sur de la península se convirtió en una parte esencial de Cartago en 575 AEC, transformándola en una de las provincias más prósperas del mediterráneo. En 206 AEC, Cartago cedió la península ibérica a Roma como parte de un tratado de paz que puso fin a la Segunda Guerra Púnica. Conocida por sus ricas minas, aceite de oliva y lana, Hispania se convirtió en parte opulenta del Imperio Romano. Los romanos construyeron grandes ciudades con obras públicas imponentes en Mérida, Segovia y Alentejo. Sin embargo, la decadencia del imperio eventualmente permitió a las Vándalos y Visigodos penetrar a través de las montañas e invadir los cuarteles/guarniciones romanos.

Para el siglo quinto EC Cartago había caído, desapareciendo así uno de los últimos pilares de estabilidad en el Mediterráneo occidental. La anarquía que siguió produjo un vacío que atravesó el norte de África que en poco tiempo se vio invadido desde el oriente por hordas islámicas. Menos de un siglo después de la muerte del profeta Mahoma, ejércitos moros se encontraban apostados en el estrecho de Gibraltar. Realizaron el cruce del estrecho hacia fines del siglo octavo y durante los siguientes cuatro años arrasaron la península entera, venciendo a las tribus ibéricas. La llamaron Al-Andalus, o Tierra de los Vándalos. Bajo el poder de los Omeyas, que habían huido de Damasco a raíz de una lucha de poder, los moros llevaron orden y civilización a un lugar destruido por varios siglos de pillaje y caos. Durante los siguientes ochocientos años, Al-Andalus se transformó en un faro de ciencia, arte, filosofía, medicina, arquitectura y matemática. Se convirtió en un oasis de tolerancia que permitió la convivencia de un caleidoscopio de creencias y culturas.

No obstante, rivalidades tribales ancestrales y disputas entre los califatos gobernantes de las regiones vecinas eventualmente envenenaron a Al-Andalus. Aunque la mayor parte de las tribus autóctonas habían sido sometidas, una pequeña banda de Visigodos resistió en las ásperas zonas montañosas de la costa Cantábrica. A lo largo del tiempo estas tribus se habían convertido al cristianismo y se proponían realizar una cruzada para recuperar sus tierras perdidas. En 718 EC, el rey visigodo Pelayo anotó la primera victoria contra los moros en la batalla de Alcama. El incidente no fue más que una escaramuza para las fuerzas moras, pero marcó un punto de inflexión psicológico importante. Lentamente, los cristianos comenzaron a vencer a los invasores islámicos. Durante los siguientes ocho siglos lograron llevarlos cada vez más hacia el sur. Enfrentados a la superioridad numérica, tecnológica y de poder de fuego, los cristianos fueron forzados a depender del engaño y la astucia para dividir y conquistar al enemigo.

El hito más importante en la lucha ocurrió en 1009, cuando los Hamudíes, liderados por un ejército bereber, saquearon Medina Azahara, el palacio real de Hisham III, califa de los Omeya, en una sangrienta confrontación. La derrota marcó el fin del califato Omeya. El reino de Córdoba se fragmentó en casi dos docenas de *taifas* –reinos o principados musulmanes–. Alentados por el derrumbe del gigante moro, los cristianos rápidamente brindaron apoyo militar a los Estados antagónicos. Explotando las diferencias entre los moros, los cristianos aprovecharon las debilidades de algunos Estados y avanzaron hacia el sur. En realidad, la reconquista de España fue la autoinmolación del reino Moro.

Desafortunadamente, un manto de oscuridad intelectual cubrió la península ibérica a medida que las fuerzas cristianas se acercaron al Mediterráneo. Cada ciudad que caía era saqueada, con bibliotecas quemadas y *madrasas* (escuelas islámicas) incendiadas. La región fue lentamente infectada por la misma ausencia de curiosidad intelectual característica de la Europa cristiana durante la Edad de las Tinieblas. Los conquistadores cristianos hicieron grandes esfuerzos para suprimir muchos de los importantes avances en las artes y ciencias que habían sido logrados por las civilizaciones politeístas de Roma y Grecia; tan convencidos estaban de la supremacía de sus propias creencias monoteístas.

In 1492, cayó Granada, el último bastión del poder moro. Con el botín obtenido del saqueo de la opulenta ciudad-fortaleza, los monarcas españoles decidieron invertir en una expedición, liderada por un genovés, con el fin de encontrar una nueva ruta de intercambio comercial con Asia. Aunque nunca lo admitió, el itinerante Cristóbal Colón nunca llegó al destino previsto. En lugar de eso, encontró dos continentes rebosantes de productos agrícolas desconocidos y metales preciosos. Sin embargo, en primer lugar, los europeos debieron lidiar con los Aztecas y los Incas. Enfrentados a la perspectiva de tener que desafiar a dos adversarios abrumadores, los españoles inmediatamente recurrieron a las tácticas que habían utilizado con los Moros. Como aquellos, las civilizaciones Azteca e Inca eran tecnológica y numéricamente superiores, pero también se encontraban muy divididas y tenían no pocos vecinos resentidos dispuestos a saldar viejas cuentas, aliándose con los invasores.

Teniendo esto en cuenta, los españoles desplegaron tres tácticas. Fieles a su costumbre de desconfiar profundamente de toda cultura y tecnología que no fuera la propia, emplearon la fuerza bruta para erradicar organizaciones y tradiciones sociales, culturales, religiosas y jerárquicas. Aztecas e Incas habían realizado grandes avances en medicina, astronomía y arquitectura; lamentablemente la destrucción de registros, estructuras y propiedades por parte de los españoles significó un retroceso de cien años en el capital de conocimiento de la región. En segundo lugar, recurrieron a la traición como un elemento esencial de sus campañas militares, estableciendo alianzas temporarias con tribus pequeñas para poder avanzar contra adversarios poderosos y luego traicionar a sus aliados una vez ganadas las batallas. En tercer lugar usaron sus antiguas tácticas de "divide y reinarás" imponiendo un sistema de castas basado en diferencias étnicas, tribales y religiosas, dominando así a grandes grupos a través de la exclusión. Esta fue la razón principal por la que los españoles lograron erradicar todas las organizaciones e instituciones existentes. A través de la imposición de un orden social y religioso nuevo, los colonizadores pudieron obtener el control sobre un gran segmento de la población.

Lamentablemente, los diversos mecanismos que España utilizó para obtener y mantener el control se convirtieron en rasgos permanentes de América Latina y en serios impedimentos para su desarrollo económico.[11] Las tres tácticas derivaron en postulados centrales de la administración colonial española y se tornaron aún más efectivas cuando la minería comenzó a ser el objetivo principal de la empresa colonial. La minería es una actividad de trabajo intensivo y requiere una fuerza laboral masiva. Para mantener el control sobre una población tan grande, los españoles dividieron a la población en categorías y castas, donde cada grupo contaba con derechos, beneficios y obligaciones. Esto fomentó la competencia en lugar de la cooperación, impidiendo efectivamente que los grupos formaran alianzas y se rebelaran. En la parte inferior de la pirámide social estaban los esclavos y los indígenas; por encima de ellos estaban los mestizos (con parte española) y esclavos liberados. Más arriba estaban los criollos, europeos de segunda generación nacidos en América Latina. En la parte superior de la pirámide se encontraban los peninsulares, españoles nacidos en Europa. Los españoles nacidos en América Latina eran tratados de manera diferente a aquellos nacidos en Europa, con el fin de asegurar que nadie con sangre mixta ocupara posiciones jerárquicas de autoridad. Por supuesto, esta práctica enfureció a los criollos y se convirtió en uno de los factores que impulsaron el movimiento independentista.

El énfasis puesto en el orden social y en la estabilidad producto del control europeo, dió a América Latina su inclinación conservadora. Los países con mayor

11 Misha Kokotovic, *The Colonial Divide in Peruvian Narrative: Social Conflict and Transculturation* (East Sussex, Inglaterra: Sussex Academic Press, 2007); Murdo J. MacLeod and Robert Wasserstrom (Eds.), *Spaniards and Indians in Southeastern Mesoamerica: Essays on the History of Ethnic Relations* (Lincoln, NE: University of Nebraska Press, 1983).

movilidad social, como Argentina y Uruguay, fueron aquellos con menor población indígena. Dado que no eran regiones mineras, las poblaciones nativas fueron desplazadas hacia el interior de los países en lugar de ser exterminadas por medio de campañas militares similares a aquellas utilizadas en América del Norte. Sin embargo, los países con grandes depósitos minerales como las naciones andinas –Perú, Bolivia y Colombia– requirieron una gran fuerza de trabajo. En lugar de erradicar a la población nativa, los españoles aprovecharon su potencial por medio del establecimiento de rígidos sistemas sociales.

Este legado aún hoy es compartido en la región, y el concepto de control social se encuentra grabado en diversas banderas. Tanto Colombia como Brasil tienen la palabra "orden" cosida en su estandarte nacional. Lamentablemente el énfasis puesto en el control social más tarde jugó en contra de estos países en tiempos de guerra. Soldados sin educación ni motivación no forman buenas tropas. A menudo, la falta de lealtad y motivación para la lucha prolongó los conflictos e infló los costos en términos de recursos y tropas. También afectó la organización de las fuerzas de defensa de los países. Gran parte de las fuerzas militares de América Latina estaban orientadas a reprimir insurrecciones y rebeliones para mantener el orden interno. Con frecuencia no contaban con preparación para campañas más allá de sus propias fronteras. Tropas y equipamiento eran desplegadas usualmente en áreas urbanas y no a lo largo de las fronteras.

El énfasis puesto en el control social también politizó a las fuerzas armadas. Utilizadas para sofocar levantamientos o para reprimir a adversarios políticos, estaban impregnadas de las manifiestas agendas políticas de los altos mandos.[12] Sin embargo, algunas de las fuerzas armadas eran de naturaleza más ofensiva. Este era el caso, particularmente, de Chile, un país cuyo territorio abarca una franja angosta de tierra que abraza el litoral occidental del continente. Como un puercoespín con pelos espinosos, Chile siempre ha exhibido una imponente preparación militar con el fin de disuadir invasores, al tiempo que impone su voluntad sobre sus vecinos.

Además de los legados de orden religioso y social impuestos, los españoles institucionalizaron su forma de organización colonial. De la misma manera que el sistema social estaba estructurado para dominar a una gran cantidad de personas, las regiones coloniales estaban organizadas para maximizar el control sobre la explotación de metales preciosos. Los colonizadores podían ser dueños de tierras pero el suelo y los derechos de explotación de los minerales eran de la Corona, y se administraban desde Sevilla. El monarca nombraba virreyes que funcionaban como representantes directos. Estos individuos eran asistidos por audiencias – cortes reales–, conformadas principalmente por jueces que escuchaban reclamos,

---

[12] Las Reformas Borbónicas de 1776, que permitieron a los criollos convertirse en oficiales en las fuerzas armadas coloniales, convirtieron a estas en un vehículo de movilidad social. Como resultado, los individuos más ambiciosos se alistaban en un intento de cumplir sus aspiraciones sociales. La politización de las fuerzas armadas eventualmente llevó a una tradición de golpes de estado y dictaduras que se remonta a los primeros días de las repúblicas.

resolvían disputas e implementaban decretos reales. Inicialmente, las colonias hispanoamericanas fueron divididas en dos virreinatos, pero eventualmente estos fueron reorganizados en cuatro, de los cuales el Virreinato de Nueva España fue el más importante. Con centro en las inmensas operaciones de extracción de plata de México, incluía América Central, el Caribe y Filipinas. El segundo en importancia fue el de Perú, que contaba con la enorme población sobreviviente del aniquilamiento del imperio Inca, además de las inmensas operaciones mineras del Alto Perú. El tercer virreinato fue el de Nueva Granada, que comprendía las pequeñas operaciones mineras en las actuales Colombia, Ecuador y Venezuela. El último virreinato creado fue el del Río de la Plata en 1776. Aunque esta cuarta región no contaba con grandes operaciones mineras, fue organizada como una forma de limitar la actividad de contrabando que estaba desviando una porción significativa de la plata producida en Potosí. Los virreinatos estaban subdivididos en unidades menores llamadas capitanías generales que, en general, representaban regiones no estratégicas, no mineras, como las que en el presente corresponden a Chile y América Central.

Aunque arraigados en las tradiciones españolas, los virreinatos y capitanías generales también desarrollaron sus propias identidades culturales que persisten hasta el presente. Los acentos y dialectos sudamericanos se agrupan fundamentalmente en torno a los virreinatos originales.[13] Por ejemplo, el español rioplatense es el dialecto hablado en el área del Gran Buenos Aires, Uruguay, Mesopotamia y Paraguay. No es de extrañar que esta región fuese el centro del virreinato del Río de la Plata. Más al sur y al oeste el dialecto cambia dramáticamente en las regiones que estuvieron bajo el comando de la capitanía general de Chile. Asimismo, las regiones que formaron el virreinato de Perú, correspondientes a las actuales Bolivia y Perú, comparten atributos lingüísticos similares. Por último, los territorios del virreinato de Nueva Granada, que luego se transformaron en Colombia, Venezuela y Ecuador, hablan con una entonación y vocabulario similar.[14]

Lo mismo se aplicaba a la dieta básica. Las cocinas nacionales de América del Sur se desarrollaron siguiendo tradiciones europeas y locales. Sin embargo, las identidades distintivas se fueron delineando según cada virreinato[15]. El uso habitual de porotos y arroz se encuentra presente en naciones que surgieron de Nueva Granada, mientras que el uso prevalente de carne asada es característica de los países que formaron parte del virreinato del Río de la Plata. La inclusión de granos como el maíz es un rasgo de la dieta básica de naciones que alguna

---

[13] Manuel Alvar López, *Manual de Dialectología Hispánica: El Español de América* (Barcelona: Ariel, 1996).

[14] Luis Flórez, *El Español Hablado en Colombia y su Atlas Lingüístico: Presente y Futuro de la Lengua Española* (Madrid: OFINES, 1964).

[15] Kenneth F. Kiple, *A Movable Feast: Ten Millennia of Food Globalization* (Cambridge: Cambridge University Press, 2007).

vez fueron parte del virreinato de Perú. Lo mismo puede decirse de las bebidas alcohólicas. El aguardiente a base de caña de azúcar es típico de países como Colombia, Venezuela y Ecuador, que alguna vez formaron parte del virreinato de Nueva Granada. Tanto chilenos como peruanos afirman haber inventado el pisco, un *brandy* a base de frutas, y debaten acerca de cuál de los dos países produce la mejor variante. Hasta los ecuatorianos han participado en la disputa. Esta competencia, en apariencia trivial, fue una característica profundamente arraigada en el sistema virreinal, que muchas veces se encontraba en constante transformación. Cambios de monarcas españoles, intrigas palaciegas o competencia entre virreyes llevaron a reformas que reconstituyeron responsabilidades territoriales y hasta crearon nuevos virreinatos. Por ejemplo, los virreinatos del Río de la Plata y Nueva Granada fueron moldeados a partir del virreinato de Perú.

Dado que la región era parte de un imperio más grande, las fronteras no estaban diseñadas para contener Estados individuales. Esto se convirtió en un problema tras la independencia de España. Los límites de demarcación coloniales se convirtieron en la base legal de la formación de los países nuevos e independientes. En el Congreso de Panamá de 1862, Simón Bolívar citó el principio de *uti possidetis juris,* término del derecho romano que postula que el territorio y la propiedad de una tierra conquistada le corresponde a la parte triunfadora, definiendo así a las naciones independizadas. En otras palabras, los territorios y activos de los virreinatos y capitanías generales quedaron en manos de las fuerzas que los liberaron. Desgraciadamente, esto luego llevó a que se produjeran tensiones en el seno de los países recientemente establecidos.[16] Es importante reiterar que las autoridades coloniales españolas organizaron el territorio para maximizar la eficiencia y la defensa de las operaciones mineras, no con el fin de optimizar la funcionalidad política y económica de naciones soberanas. Uno de los lugares en el que las nuevas demarcaciones territoriales crearon mayores problemas fue en el Alto Perú, de donde se separó Bolivia. Este país se convirtió en el centro de dos de los conflictos regionales más sangrientos del siglo XIX, la Guerra contra la Confederación Perú-Boliviana y la Guerra del Pacífico. El resultado fue el aislamiento del país del resto del mundo y su eventual transformación en una de las naciones más pobres del planeta.

Otro legado importante del colonialismo español fue el sistema de comercio mercantilista. Las colonias eran mercados cautivos para los comerciantes y los intermediarios españoles. No se les permitía industrializarse o comerciar con ninguna otra nación, lo cual significaba que debían importar gran parte de sus productos manufacturados a través de agentes autorizados. Esto permitió a España

---

[16] Paul R. Hensel y Michael E. Allison, "The Colonial Legacy and Border Stability: *Uti Possidetis* and Territorial Claims in the Americas" (*paper* presentado en la Reunión de la Asociación de Estudios Internacionales, Montreal, 2004).

maximizar las ganancias en todas las etapas del proceso de explotación minera, hasta la propia comercialización de suministros. No sólo se creó una enorme ineficiencia y un serio impedimento para el desarrollo económico sino que también se obstaculizó el intercambio comercial, la comunicación y la confianza interregional. Todas las actividades comerciales eran bilaterales, con España. Como resultado de esto, casi no existía interconexión entre las diversas colonias. La falta de interacción alimentó la desconfianza que se manifestó en recelos, rivalidades y hasta en guerras. Lamentablemente este legado sobrevive en el presente. La conexión entre los países de América Latina es extremadamente limitada. Con frecuencia existen sólo unos pocos cruces fronterizos entre países. Hasta hace menos de dos décadas, la mayoría de las llamadas telefónicas o vuelos entre países sudamericanos debían pasar por Estados Unidos o Europa. Aún persiste, tristemente, una profunda animosidad entre los Estados sudamericanos.

Obviamente estos legados coloniales dejaron marcas indelebles en la psiquis sudamericana. No sólo explican alguno de los problemas sociales y económicos intrínsecos que llevaron al subdesarrollo crónico sino que también establecieron la base para futuros conflictos. Además, la falta de integración y el énfasis puesto en el intercambio comercial bilateral ayuda a investigadores a entender por qué el comercio regional y las inversiones permanecen tan reducidas. En 2010, por ejemplo, el comercio inter-latinoamericano era de $133 billones, lo cual representa solamente un 6,5 % del total de exportaciones e importaciones.[17] Mientras que el intercambio comercial intrarregional en Europa representó casi un tercio de toda la actividad comercial externa. Esta situación fue aun más grave en lo que respecta a inversiones externas transnacionales tanto directas como de cartera. El mismo año, menos del 4 % de las inversiones externas directas en la región estaban dirigidas a otros países latinoamericanos. Las inversiones de cartera fueron aún menores. América Latina tiene un potencial enorme para expandir su intercambio comercial e inversiones. Con un PBI combinado que rivaliza con los de Europa, Estados Unidos y China, una población de medio billón de personas —por no mencionar además que se trata de una sociedad joven— América Latina podría transformarse en un motor de crecimiento económico global. Sin embargo no lo es. Los siguientes capítulos se adentrarán con mayor profundidad en los conflictos que ahondaron las escisiones entre estos países con el fin de lograr una mejor comprensión de los factores que han impedido la cooperación regional y la integración económica.

----

[17] 2011. "Latin America Inter-Region Trade Soared 24.6% in 2010." *MercoPress*, 2 de febrero. Tomado de http://en.mercopress.com/2011/02/02/latin-america-inter-region-trade-soared-24.6-in-2010

2

LAS GUERRAS CISPLATINA Y PLATINA: ESTE LADO Y AQUEL

LAS GUERRAS CISPLATINA Y PLATINA: ESTE LADO Y AQUEL

El primero de diciembre de 1807, un regimiento comandado por el general Jean-Andoche Junot marchó a Lisboa. Junot tenía órdenes de arrestar al Príncipe Regente Don JuanVI, junto con otros miembros de la familia real, por rehusarse a adherir al sistema continental de Napoleón. Al llegar, sin embargo, encontró la capital desierta. Dos días antes, el 29 de noviembre, la familia Braganza, junto con quince mil ciudadanos y miembros de la corte real, habían tomado rumbo hacia Brasil, transportados por y bajo la protección de cincuenta y ocho buques de guerra británicos. Esta reubicación de la monarquía marcó el comienzo de una era en la que la colonia portuguesa se impregnó de ambiciones territoriales que terminarían por reconfigurar las fronteras de América del Sur.

La presencia de Portugal en América del Sur había comenzado seis años después de la firma del Tratado de Torrecillas, en 1494, cuando Pedro Álvares Cabral desembarcó en lo que se conoce como Bahía, Brasil. El acuerdo había sido una solución diplomática al conflicto que apareció luego de que Colón retornase de su viaje de descubrimiento. El reino de Portugal reclamaba África, pero quería asegurarse de que los nuevos descubrimientos no interferirían en sus dominios. Por lo tanto, ambos lados decidieron dividir al globo a lo largo de una línea de demarcación que medía 370 leguas –aproximadamente dos mil kilómetros– al oeste de las islas de Cabo Verde. A España se le garantizaban derechos exclusivos sobre toda tierra sin descubrir al oeste de esa línea, mientras que Portugal controlaba todo hacia el este. Sin ser advertido por ninguno de los dos reinos, la extremidad oriental de América del Sur se adentraba en dominios portugueses. Por lo tanto, el desembarco de Cabral en 1500 permitió a Portugal realizar un reclamo legal sobre una porción de América del Sur, a pesar de que el Nuevo Mundo se consideraba hasta entonces exclusivamente bajo dominio Español. Esto generó que dos de los reinos más poderosos de Europa entraran en contacto directo; y se convertiría en la génesis de futuros conflictos.

La nueva colonia Portuguesa prosperó, gracias a sus lucrativas industrias de madera y azúcar, pero no contaba con los metales preciosos que abundaban en las colonias españolas. Por lo tanto, Brasil no jugó un rol tan importante en el sistema imperial portugués. Era sólo una pieza de ajedrez sobre un gran tablero que incluía colonias en África y Asia.

La mayoría de los asentamientos brasileños estaban diseminados a lo largo de la costa atlántica por lo que la administración de la colonia era relativamente simple, utilizando el transporte marítimo como principal medio de comunicación. Esto permitía a los portugueses utilizar Salvador, la capital de Bahía, como base, evitando que la colonia se segmentara en virreinatos, como había sido el caso de los españoles con sus territorios.

El descubrimiento de oro y metales preciosos hacia fines del siglo XVII, en el interior de Río de Janeiro, elevó la importancia de la colonia. Prácticamente de la noche a la mañana, el poblado de Vila Rica se convirtió en el centro de una fiebre del oro. En 1720, la región se separó de la capitanía de San Pablo y se renombró Minas Gerais. Durante el transcurso del siglo siguiente, las minas produjeron mil doscientas toneladas de oro, constituyendo el 80 por ciento de la producción global. No sorprende pues, que el nexo del poder colonial haya virado hacia el sur, con el virrey trasladándose a Rio de Janeiro para mantener un control más férreo sobre las lucrativas operaciones. El boom del oro revitalizó al imperio Portugués. Reteniendo el 20 % del oro producido, el imperio modernizó su milicia y profundizó sus operaciones de comercio global. Por lo tanto, para cuando Don Juan escapó de la invasión napoleónica, Brasil ya se había convertido en la joya de la corona del imperio portugués; razón por la cual este lo eligió para su exilio impuesto.

El 22 de enero de 1808, la flota inglesa arribó a Salvador, donde se permitió a los débiles pasajeros desembarcar. El cruce había sido muy duro para la corte real. Dos de los buques tuvieron una infestación masiva de piojos; a sus pasajeros, damas de la corte, se les había obligado a afeitarse el cabello y envolver sus cabezas calvas con un turbante. Al arribar las mujeres con turbantes, la gente de Bahía creyó que esta era la moda más actual en Europa y se apresuró a hacer lo mismo con su apariencia. El séquito descansó durante varias semanas antes de continuar su travesía hacia Río de Janeiro, donde arribó el 7 de marzo. El escape de Lisboa no fue sólo una hazaña histórica, sino que también marcó la única reubicación de una corte imperial europea en el nuevo mundo. Este fue un momento crucial para América del Sur, especialmente para Brasil. A pesar de que la región prosperaba gracias a sus operaciones lucrativas en el sector minero, se había mantenido como una suerte de páramo. Había oasis de educación y cultura, pero a las elites locales les faltaba sofisticación. Afortunadamente, las cosas estaban por cambiar. La casa de Braganza era una dinastía europea importante, que comandaba uno de los imperios más grandes del planeta. Tenía un cuerpo diplomático talentoso y conocedor de las maniobras geopolíticas, la ley internacional y el pensamiento estratégico. La alta cúpula militar estaba entrenada con tácticas y tecnología de punta. La flota del reino de Portugal, compuesta por buques fuertemente armados y hombres de guerra, era considerada entre las más letales de alta mar, con tripulaciones extremadamente disciplinadas. A pesar de la pequeña extensión geográfica de Portugal, las instituciones del régimen le habían dado la forma y los medios para competir contra rivales europeos más grandes, y la transferencia de estos recursos a Brasil energizaron a la colonia. Pronto, las ambiciones y las maniobras que eran típicas de las cortes europeas, se encontraban en marcha también en los calurosos trópicos de América del Sur.

Mientras desempacaban su equipaje, los fugitivos portugueses sabían que su mundo se derrumbaba. España estaba en crisis. Años de guerra habían destrozado su economía. El desinterés general frente a la falta de certeza política y económica se había transformado en revueltas sangrientas. En los días del arribo a Río de Janeiro de Don Juan VI, el monarca español, Carlos IV, se vio forzado a abdicar. Fue reemplazado por su hijo, Fernando VII, quien pudo sostenerse tan solo 6 semanas en el poder. Napoleón, al intuir esta situación de debilidad, instaló en el trono a su hermano mayor, José Bonaparte. Esto generó consternación en las colonias, que observaban a su tierra natal desintegrarse en una serie de juntas que fueron cayendo, una por una, ante el asalto francés, dejando a las colonias aisladas y vulnerables.

Aun antes de la invasión Napoleónica, los grandes poderes europeos habían intentado escoger para sí las colonias con mayor valor. En 1806 y 1808, las fuerzas británicas pretendieron invadir el rico puerto de Buenos Aires y fueron repelidas y vencidas por milicias locales. Los colonos creían que era inminente el arribo de los señores franceses que pondrían fin a su próspera forma de vida. Ya había sucedido varias veces en el pasado, incluyendo la expulsión de los moros de la península ibérica a comienzos del siglo XVI. Por esta razón, en 1810, luego del colapso de la Junta de Sevilla, la mayoría de las colonias declararon su independencia. Sin embargo, no todas se desprendieron de sus lazos imperiales. Las ciudades con grandes cuarteles reales, como Lima o Montevideo, se mantuvieron leales a España por un tiempo más prolongado. Se transformaron en bastiones de los sangrientos contraataques que envolvieron en llamas a la región durante más de una década. Fue en el marco de este caos que la corte portuguesa, recientemente arribada, dedicó sus esfuerzos a intentar apropiarse de las tierras que quedaban de los restos del imperio español; conflicto que se transformó en lo que se conoció como la Guerra Cisplatina.

Don Juan VI era un hombre corpulento que no estaba destinado a convertirse en rey. Estaba segundo en la línea de sucesión y fue arrojado al rol cuando su hermano mayor, Don José, murió de viruela en 1788. Había habido grandes expectativas para Don José. Era inteligente y había adoptado los ideales de la Ilustración. Hubo una esperanza optimista de que modernizaría el país y sacaría a Portugal de su condición feudal. Desafortunadamente, su hermano menor era lo opuesto. Don Juan era conservador, promotor de los dogmas del absolutismo. Para complicar la cuestión, su madre, María I, había sido declarada insana en 1792; Don Juan había sido nombrado príncipe regente, con el poder de gobernar hasta que su madre muriera y él pudiera ser declarado rey. Su ascenso al poder coincidió con la Revolución Francesa, y con la agitación que se esparció por el resto del continente.[18] Gobernó, por lo tanto, con puño de hierro, e introdujo un ambiente de autoritarismo en la nueva sede de gobierno.

Bajo el gobierno de Don Juan, Brasil se transformó en la encarnación del soberano Estado portugués. Ya no era una colonia. Era la "nueva" Portugal, y Río de Janeiro era su capital. Durante los siguientes años, el séquito real se focalizó en el armado de la ciudad, edificando palacios, organizando instituciones y construyendo infraestructura. El gobierno creó universidades, importó maquinaria de imprenta y fundó bancos. El monarca sentó las bases para grandes obras públicas, incluyendo la construcción de los jardines botánicos en Río de Janeiro y la Casa de la Moneda.[19]

Sin embargo, había problemas en los aposentos privados de la familia real. A pesar del comportamiento autoritario de Don Juan, él era débil y estaba casado con una mujer española de carácter fuerte llamada Doña Carlota Joaquina, hija del abdicado rey de España, Carlos IV y hermana del soberano depuesto, Fernando VII. Tempestuosamente ambiciosa, tramó la creación de una nueva monarquía en la costa oeste del Atlántico, en la que ella sería la reina del Río de la Plata. Utilizando sus conexiones políticas en España y en las Américas, generó una confabulación para tomar control de las antiguas colonias españolas, sosteniendo que su linaje real la convertía en legítima sucesora. Esta iniciativa acabó siendo conocida como Carlotismo.[20]

Portugal siempre buscó tener control sobre el Río de la Plata. Los ríos que confluían en el estuario proveían acceso fluvial a las franjas del sudoeste de Brasil, particularmente los estados de Río Grande do Sul, Mato Grosso y Santa Catarina. Buenos Aires, la sede administrativa de una de las colonias españolas más poderosas,

---

[18] Oliveira Lima, *Don Juan VI No Brazil: 1808–1821* (Río de Janeiro: De Rodrigues & Co., 1908).

[19] Anyda Marchant, "Don Juan's Botanical Garden," *Hispanic American Historical Review* 41, nro. 2 (1961), 259–274.

[20] Thomas E. Skidmore, *Brazil: Five Centuries of Change*, 2da. edición. (Oxford: Oxford University Press, 2010).

estaba en la costa oeste, pero la ribera del este estaba relativamente vacía. La Banda Oriental, como se la conocía en aquella época, estaba desprovista de recursos naturales. A su vez, estaba habitada por bandas de mestizos llamados gauchos, cuya actividad principal era el pastoreo de ganado en las vastas praderas que componen hoy partes de Argentina, Uruguay y el sur de Brasil.[21] Para imponer una presencia más notoria, los portugueses establecieron un fuerte militar en Colonia de Sacramento, cruzando el río desde Buenos Aires, pero nunca lograron la presencia que buscaban. Esa oportunidad llegaría luego de las Guerras Napoleónicas.

El plan de Doña Carlota era comenzar con los territorios próximos al Río de la Plata, y luego avanzar sobre otras colonias. Entonces, la corte portuguesa puso en marcha una serie de eventos que culminaron en las Guerras Cisplatina y Platina. *Cis* es el término en latín que significa "el lado más cercano"; *Plata* es la palabra española que designa el metal precioso homónimo. De ahí, Río de la Plata y sus variantes: "cerca del Río de la Plata" (*Platina*) y "del lado más cercano del Río de la Plata" (*Cisplatina*). La anexión de la ribera más cercana del río le proveería a la milicia real una base desde la que lanzar una campaña para tomar la orilla opuesta, en la cual se encontraba una de las colonias más ricas del imperio español.

Las ruedas comenzaron a girar luego de la derrota de Napoleón en 1815. Con el déspota francés vencido, la corte podía retornar a salvo, a su hogar. Sin embargo, Don Juan quería quedarse; estaba contento en su capital tropical, como también lo estaba su reina, que tramaba el armado de su propio reinado a partir de los restos del imperio español. Por consiguiente, el gobierno decidió elevar el estatus del puesto colonial a uno equivalente al de Portugal, creando así el Reino Unido de Portugal, Brasil y Algarve.

Como se mencionó previamente, el fin de las guerras napoleónicas desencadenó el accionar de los anteriores colonos españoles. Estos creían que era cuestión de tiempo hasta que los antiguos colonizadores volvieran a reclamar lo que una vez había sido suyo. Los territorios más pequeños estaban particularmente ansiosos por darle forma a sus propios Estados soberanos mientras las fronteras aún estuvieran en proceso de cambio. La Banda Oriental era uno de estos, apretujado por dos fuerzas hostiles. Al norte, la reina portuguesa tenía el deseo manifiesto de anexarla. Tropas reales la invadieron en 1811 a pedido del gobernador español en Montevideo; fuerzas rebeldes sitiaron el puerto. Las tropas realistas abandonaron el lugar una vez que los rebeldes habían sido desplazados, pero muchos pensaron que no pasaría mucho tiempo hasta que volvieran. Al oeste, el poderío monopólico de Buenos Aires deseaba reunificar el virreinato anterior bajo su férreo control.

---

[21] Walter Rela, *Colonia del Sacramento: Historia Política, Militar, Diplomática 1678–1778* (Montevideo, Uruguay: Academia Uruguaya de Historia, 2006).

En su desesperación por mantenerse independiente, la Banda Oriental buscó a José Gervasio Artigas, líder de espíritu libre de la milicia rebelde. Artigas buscaba establecer una coalición para quebrar el control hegemónico de Buenos Aires y Brasil. La confederación se conoció como la Liga Federal, y estaba conformada por las provincias que limitaban con los ríos más importantes que desembocaban en el Río de la Plata, principalmente Santa Fe, Entre Ríos, Córdoba y la Banda Oriental.[22] Estas cuatro provincias deseaban abrir sus puertos al comercio internacional; Buenos Aires no lo permitía para preservar su monopolio sobre las actividades comerciales externas. Así, el movimiento de Artigas se convirtió en una seria amenaza para Buenos Aires. Preocupados por el líder rebelde, los criollos miraron para otro lado cuando Portugal lanzó otra invasión sobre Uruguay en enero de 1817. Finalmente, las ambiciones de Doña Carlota se estaban realizando. Sin embargo, la posición de Portugal era débil. Artigas se mantenía prófugo, y sus gauchos atormentaban constantemente los cuarteles y los convoyes de suministros. En enero de 1820, las fuerzas realistas finalmente derrotaron al líder rebelde en la batalla de Tacuarembó, poniendo fin a sus actividades subversivas. Un año después, la Banda Oriental fue anexada formalmente al Reino de Brasil y se la renombró Provincia Cisplatina.

Afortunadamente, Brasil estaba en condiciones de afrontar expediciones militares costosas dado que su economía estaba en buen estado. El boom del oro se había desvanecido hacia mitades del siglo XVIII y había sido reemplazado por un incremento en las exportaciones de algodón, café y cacao. El advenimiento de la Revolución Industrial había aumentado la demanda de productos y materias primas. Como resultado, los aranceles a la exportación llenaban las arcas reales. La mayoría de los impuestos que antes se dirigían a Portugal ahora se quedaban en Brasil, permitiendo al gobierno colonial invertir en obra pública y repartir la riqueza entre los súbditos leales. De acuerdo a los términos establecidos para su rescate por parte de los ingleses, Don Juan accedió a abrir los puertos de Brasil, permitiendo la llegada de una variedad de productos suntuarios desde Europa.

Desafortunadamente, las cosas no estaban color de rosa en casa. Portugal se encontraba en ruinas. Desprovista de sus ingresos coloniales, la economía portuguesa luchaba por mantenerse a flote. Hacia 1820 se desataron numerosas insurrecciones en la región. Había mucha frustración dentro de las elites que habían permanecido en Europa para luchar contra Napoleón. Porto, la segunda ciudad más grande del país, fue la primera en sublevarse. Sus líderes pidieron la formación de un nuevo gobierno y demandaron el retorno del rey y la repatriación de su enorme riqueza

---

[22] Carlos María Ramírez, *Artigas: Debate Entre "El Sud-América" de Buenos Aires y "La Razón" de Montevideo* (Montevideo: A. Barreiro y Ramos, 1884).

colonial. Desde que la corte real había partido hacia Río de Janeiro, Portugal se había visto reducido a un país de segunda clase. Su ejército había pasado al mando de William Carr Beresford, uno de los generales ingleses que había sido derrotado por la milicia de Buenos Aires en 1806. Se le había otorgado un estatus preferencial a las importaciones inglesas, debilitando aun más las industrias portuguesas. También existía una sensación de vergüenza por el hecho de que Lisboa estuviera recibiendo órdenes de un puesto colonial, sin embargo Don Juan no deseaba abandonar su lujoso paraíso para retornar al frío húmedo de Lisboa. Los criollos, a su vez, le rogaban que se quedara. Entendían que si el rey partía, la colonia volvería a su estatus anterior –y a la práctica previa de enviar todos los impuestos recaudados al exterior–. La infraestructura se derrumbaría y su lujoso estilo de vida desaparecería.

No obstante, Don Juan no tenía opción. A esa altura, ya no era el príncipe regente; era el rey. Su madre, María I, había muerto en 1816 y había pasado la corona a su hijo. Si él no retornaba a casa, el país se separaría y su monarquía colapsaría. Por esta razón, luego de trece años en Río de Janeiro, Don Juan, junto con cuatro mil miembros de su corte real, abordaron los buques que los llevarían de vuelta a Lisboa. Las lagrimas corrieron por la cara del rey a medida que veía las verdes colinas de Río de Janeiro desaparecer en el horizonte. Dejó a su hijo, Pedro I, en su lugar, para gobernar el reino. [23]

El retorno de Don Juan a Lisboa no marchó bien. Se vio obligado a jurar lealtad a la nueva constitución, y su poder se vio reducido a una mera autoridad nominal. La colonia también fue sometida. Para fines de año, el Reino de Brasil fue abolido, y todos los territorios coloniales se subordinaron a Lisboa. Se enviaron oficiales portugueses a tomar control de las unidades del ejército brasileño y se le ordenó a Don Pedro retornar a Portugal.

Don Pedro se rehusó y en lugar de volver, declaró la independencia. Formó el imperio de Brasil a fines de 1822 y fue coronado emperador. [24] Durante los siguientes dos años, el nuevo gobierno tuvo pequeñas escaramuzas con los cuarteles realistas que habían quedado, pero estos no pudieron rivalizar con la poderosa colonia. Finalmente ambos lados llegaron a una solución amigable en 1825. Brasil se convirtió en Estado soberano y a cambio, accedió a hacerse cargo de toda la deuda militar de Portugal –el precio que tuvo que pagar por su libertad–.

Lamentablemente, el malestar político permitió que asuntos no resueltos de la provincia Cisplatina volvieran a salir a la superficie. La depredación de la Banda

---

[23] João Paulo Guerra, *Descolonização Portuguesa: O Regresso das Caravelas*, 1st ed. (Alfragide, Portugal: Oficina do Livro, 2012).

[24] Marcus D. Góes, *João: O Trópico Coroado* (Río de Janeiro: Biblioteca do Exército Editora, 2008).

Oriental por parte de la reina y sus ambiciones de crear un nuevo reino habían sido los motivos principales para anexar la provincia, pero ahora ella se encontraba del otro lado del océano Atlántico. Por lo tanto, no quedaba claro cómo procedería el país recientemente independizado.

La reacción inicial de Buenos Aires ante la invasión portuguesa de la Banda Oriental fue tibia dado que le convenía deshacerse de Artigas. Sin embargo, la derrota de los rebeldes no desmanteló la Liga Federal. Al contrario, un mes después de la batalla de Tacuarembó, en 1820, la Liga Federal derrotó a Buenos Aires en la Batalla de Cepeda. Esto permitió a las provincias unirse y concluir la guerra contra España. A pesar de esto, la incorporación de la Provincia Cisplatina al nuevo Imperio de Brasil fue demasiado para los criollos. Suplicaron al emperador que transfiriera el control a la población hispanohablante. Cuando eso no ocurrió, un movimiento independentista comenzó a crecer. Liderados por los Treinta y Tres Orientales, una asamblea de jóvenes exiliados de la Banda Oriental, un grupo de uruguayos prepararon una pequeña fuerza de invasión, decididos a recuperar su país. Desembarcaron en Playa de la Agraciada el 19 de abril de 1825 y avanzaron sobre Montevideo.

En un comienzo, el gobierno de Río de Janeiro desestimó los sucesos por considerarlos un levantamiento menor. Sin embargo, Don Pedro se encontraba fuertemente presionado para actuar con determinación. Había llegado a Brasil a la edad de seis años, y había pasado gran parte de su vida en América. Aunque había sido bien educado por tutores, no era tan pulido como sus pares europeos. También tenía un veta liberal que lo hacía sospechoso. Ante el avance de los rebeldes el joven monarca necesitaba demostrar determinación. Se encontraba frente a su primera prueba como soberano y los ojos de todos estaban puestos sobre él. Sin embargo, sus recursos militares habían empezado a reducirse con la partida de las fuerzas reales. Gran parte del ejército restante se encontraba emplazado en Pernambuco con el objetivo de sofocar la rebelión. Don Pedro también se dio cuenta de que Buenos Aires instigaba la rebelión Cisplatina. Por lo tanto decidió devolver el golpe de la mejor manera que podía: ordenó a su flota imperial bloquear el Río de la Plata, cortando así la arteria principal del corazón económico de la ciudad.[25] Uno de los legados de Portugal fue el desarrollo de una armada fuerte que permitió al pequeño país tener una enorme influencia. Esta fue una lección que se grabó en la psiquis brasileña, y sería un factor determinante en futuros resultados militares.

El bloqueo resultó efectivo desde una perspectiva económica, pero los argentinos no se rendían. Don Pedro sabía que precisaba un ejército para imponer su voluntad, pero contaba con muy pocos soldados. La mayoría del ejército profesional

---

[25] Leslie Bethell (Ed.), *Colonial Brazil* (Cambridge: Cambridge University Press, 1987).

había retornado a Europa, dejando atrás solo un puñado de cuarteles con militares pobremente entrenados. Por lo tanto, inició un programa de rearme y contrató los servicios de mercenarios irlandeses y alemanes, veteranos de otras guerras latinoamericanas de independencia, para lanzar una ofensiva sobre Buenos Aires. El programa de rearme, las operaciones del bloqueo, los mercenarios y la deuda militar de Portugal drenaron sus recursos financieros. Asimismo, Brasil ahora enfrentaba un adversario diferente al de su enfrentamiento cisplatino previo. Ya no era enfrentarse a un grupo desorganizado como eran los gauchos. Se enfrentaba al inmenso poderío de Buenos Aires.

A los argentinos, sin embargo, les faltaba el poderío naval de la armada imperial brasileña. Contaban con catorce bergantines para enfrentar a los ochenta buques de guerra brasileños. Por fortuna contaban con un arma secreta, el comandante de la flota, el argentino de origen irlandés William (Guillermo) Brown. Entrenado como marino mercante, Brown se encontró prestando servicio en la armada real inglesa. Al llegar a Argentina, luchó durante la Guerra de Independencia y fundó la Armada Argentina.

Brown era un luchador tenaz, conocido por hacer frente a situaciones adversas. A pesar de estar enfrentado una fuerza mayor, propició un duro golpe al enemigo en la batalla de Juncal, en febrero de 1827. Brown utilizó audazmente una combinación de fuerzas anfibias y marítimas para emboscar a la Armada Imperial y romper temporariamente el bloqueo. Una vez liberado el paso del río, Buenos Aires se movilizó con el fin de reforzar sus fuerzas militares en la Banda Oriental. Durante ese mismo mes, los argentinos aprovecharon el ímpetu para vencer al Ejército Imperial Brasileño en la Batalla de Ituzaingó, ganando de esta manera la provincia Cisplatina. Aún así, el conflicto se encontraba lejos de estar resuelto. La Marina Imperial Brasileña se reagrupó y reanudó el bloqueo, pero los argentinos no se darían por vencidos. El problema para Brasil era que los costos militares y las operaciones navales se estaban convirtiendo en una sangría económica muy grande, por lo que Río de Janeiro estaba bajo presión para terminar con la guerra.

En este momento entra en escena John Ponsonby. Londres le ordenó al diplomático inglés que negocie una solución al conflicto cisplatino, de la manera más conveniente para el imperio británico, claramente. Esto implicaba otorgarles libre navegación del Río de la Plata, dado que los británicos también reconocían la importancia estratégica del estuario. A partir del colapso de los imperios Español, Portugués y Francés, Gran Bretaña se promocionó como la principal potencia al establecer extensos lazos comerciales y colonias extranjeras. Ponsonby arribó con dos propuestas. La primera, que sabía que no sería aceptada, consistía en la reincorporación de la Banda Oriental a la Argentina, a cambio de una fuerte compensación para Brasil. La segunda propuesta era la independencia para la provincia a través de la creación de un nuevo Estado soberano. [26] La Banda Oriental ya poseía un poderoso movimiento independentista, y la creación de Uruguay sirvió como una barrera entre Brasil y Argentina. Este fue el período en que los diplomáticos recurrían a Estados que actuaban de barrera –como lo eran Bélgica o Luxemburgo– para separar a rivales resentidos.

En un principio, Don Pedro y el presidente argentino Bernardino Rivadavia rechazaron las propuestas. Sin embargo, el daño económico producido por el bloqueo llevó a que prestaran su conformidad. La decisión tuvo reacciones adversas tanto en Brasil como en Argentina. Llevó al colapso del gobierno de Rivadavia y al de su sucesor, Manuel Dorrego. El segundo buscó reactivar la guerra, pero las privaciones económicas lo forzaron a aceptar la independencia de Uruguay. Finalmente, Rivadavia escapó hacia España, donde permaneció el resto de su vida. Dorrego no tuvo la misma suerte; fue ejecutado por traición.

La insatisfacción de Brasil con Don Pedro fue igualmente severa. Involucrado en una serie de escándalos con una cortesana, la reputación del monarca había quedado hecha jirones. No sólo se había visto obligado a entregar una porción de su país por la cual se había luchado arduamente, sino que también había renunciado al acceso de Brasil a los ríos Paraná y Uruguay. Esto tendría repercusiones económicas muy fuertes para los estados del suroeste. En el transcurso de tres años estuvo obligado a abdicar; pasó el mando a su hijo de 6 años, Pedro II, y regresó a Europa.

La transformación del Uruguay en un Estado soberano implicó que el Río de la Plata se convirtiera en una vía navegable internacional, permitiendo la libre circulación. A su vez, creó un Estado barrera entre las dos naciones más grandes de América del Sur. Sin embargo, la creación de un estado barrera no previno un nuevo conflicto entre Brasil y Argentina. En menos de dos décadas, los dos estados se enfrentarían nuevamente en lo que podemos llamar la Guerra Platina.

Luego de la Guerra Cisplatina, Argentina y Uruguay ingresaron en un largo período de inestabilidad política. Buenos Aires se encontraba bajo la influencia de Juan Manuel de Rosas, un hacendado rico que gobernaba de acuerdo a sus intereses comerciales, los que en su mayoría eran contrapuestos a las preferencias de otras provincias. Esto resultó en una constante beligerancia interna.

Buenos Aires debe su inmenso poder a su posición geográfica dominante en el nacimiento del Río de la Plata. Por su ubicación, funcionó durante un largo periodo como la puerta trasera de las gigantescas minas de plata de Potosí. Inicialmente, la ciudad prosperó como centro de contrabando, importando bienes baratos y ven-

---

[26] David F. Marley, *Wars of the Americas: A Chronology of Armed Conflict in the New World, 1492 to the Present* (Santa Barbara, CA: ABC-CLIO, 1998).

diéndolos a los mineros a precios mayores. Fluía tanto metal precioso por el río que el estuario pasó a conocerse como el Río de la Plata, y la región pasó a conocerse como Argentina, la tierra de la plata. [27]

En 1776, la monarquía española introdujo una serie de cambios conocidos como las Reformas Borbónicas. Entre muchas otras modificaciones, se reconocía la importancia de Buenos Aires designándola virreinato y transfiriéndole el control de Potosí. Como resultado, la Aduana en Buenos Aires se convirtió en una de las fuentes de ingresos más importantes para España. Luego de la independencia, la ciudad retuvo su hegemonía económica por ser el único puerto para las provincias.[28] Esto la ubicó en una situación reñida con el resto del país. Codiciosos de los ingresos producidos por la aduana y la inmensa actividad comercial del puerto, las provincias del interior estaban ansiosas por compartir el botín.

Nadie lo deseaba con más fervor que Justo José de Urquiza, un ganadero rico de la provincia de Entre Ríos. Urquiza se encontraba a la cabeza de un vasto imperio comercial que abarcaba la agricultura, el transporte y la actividad bancaria. A su vez, era un líder militar, al mando de un poderoso ejército privado que utilizaba para defender sus intereses económicos y políticos. Urquiza y Rosas fueron inicialmente aliados, pero su rivalidad se agrió cuando Rosas buscó derrocarlo.

Las propiedades y activos de Rosas abarcaban toda la provincia de Buenos Aires, y este utilizaba el puerto de Buenos Aires como punto de embarque de todos los productos que vendía en el exterior. Las propiedades de Urquiza, que se encontraban en el fértil delta de Entre Ríos, eran igualmente prósperas. A medida que sus activos se expandieron, Urquiza intentó despachar sus exportaciones desde sus propios puertos y depósitos, particularmente desde el puerto de Paraná. Esto le habría permitido recaudar tarifas y comisiones por servicio asociadas al comercio internacional. Sin embargo, Rosas se rehusó. Rosas rechazo propuestas similares de otros puertos repartidos a lo largo del Río Paraná como Rosario y Córdoba; claramente comprendía que el poder de Buenos Aires derivaba de su monopolio sobre el comercio internacional y se negaba a entregarlo. Esto llevó a una amarga rivalidad entre los dos hombres y a un constante tironeo entre Buenos Aires y las provincias.

Del otro lado del río, el ambiente político era igualmente tumultuoso. Al poco tiempo de declarada su independencia, Uruguay terminó hundido en una guerra civil. El país se dividió en dos –los intereses comerciales de Montevideo contrapuestos a los del resto del país–. La razón de la escisión era geográfica. Uruguay

---

[27] Walter Thomas Molano, *In the Land of Silver: 200 Years of Argentine Political-Economic Development* (North Charleston, SC: CreateSpace, 2012).

[28] Roberto P. Payró, *El Río de la Plata: De Colonias a Naciones Independientes: De Solís a Rosas, 1516–1852* (Buenos Aires: Alianza Editorial, 2006).

contaba con una línea costera enorme, pero sólo contaba con un gran puerto. Esto le permitía a Montevideo, como era el caso de Buenos Aires, ejercer un control monopólico sobre el comercio exterior del país.

El puerto de Montevideo es profundo, con un acceso rápido al Atlántico y al Río de la Plata. Es un puerto mejor que el de Buenos Aires que es poco profundo y requiere ser dragado constantemente. Esta fue la razón por la cual la flota española utilizó Montevideo como sede central, y la razón por la que la ciudad permaneció leal a la corona luego de que la mayor parte de la región declaro su independencia. Se dijo a menudo que Rosas comprendía que Montevideo se podía convertir eventualmente en la puerta de entrada de la región si pertenecía al mismo país, interfiriendo así con sus grandes intereses comerciales. Es probable que esta haya sido la razón por la que permitió que Uruguay se mantuviera independiente.

Las facciones políticas del Uruguay se fusionaron en dos partidos principales. Los Colorados representaban a Montevideo, y los Blancos representaban al resto del país. Dada la rivalidad de Buenos Aires con Montevideo, Rosas apoyó a los Blancos, siendo estos opuestos a Montevideo. Las diferencias constituyentes de sus distritos dictaminaban sus políticas. Montevideo contaba con una diversidad de nacionalidades e ideas, y los Colorados eran liberales; los Blancos representaban a los grandes terratenientes rurales y eran conservadores, lo cual cuadraba bien con Rosas. Esto llevó a una gran cooperación entre Rosas y los Blancos que llegó al punto de que los Blancos se convirtieran en una extensión del aparato político de Rosas. Con su apoyo, estos derrotaron a los Colorados y así concluyó la guerra civil uruguaya.

Entre los años 1838 y 1840 Buenos Aires sufrió un nuevo bloqueo, esta vez por parte de los franceses, en respuesta al rol que tuvo el país durante la Guerra contra la Confederación Perú-Boliviana, tema que se trata en el siguiente capítulo. Uruguay se encontraba bajo el control del Presidente Manuel Oribe, un aliado de Rosas. Al ver una oportunidad de tomar el poder, el líder de los Colorados, Fructuoso Rivera, pidió ayuda a los franceses para derrocar el gobierno. Los franceses accedieron. Consideraron que así terminarían con el vínculo entre los dos países y debilitarían la influencia de Buenos Aires. Como resultado, Oribe huyó hacia la Argentina.

Uruguay ingresó en un periodo de malestar civil conocido como la Guerra Grande. Durante trece años el país fue sacudido por luchas incesantes. Con el apoyo de Argentina, los Blancos derrotaron a los Colorados en una serie de batallas. Los sobrevivientes se replegaron a Montevideo, ciudad que era su bastión de apoyo político. Los Blancos respondieron sitiando la ciudad. En 1849, la Marina Francesa levantó el bloqueo sobre Buenos Aires luego de la finalización de la Guerra contra la Confederación Perú-Boliviana, pero el sitio sobre Montevideo continuó. El importante puerto permitió que la ciudad fuera reabastecida por vía marítima a través de su puerto, pero las condiciones de vida se volvieron onerosas. Muchos inmigrantes que habitaban la ciudad formaron legiones extranjeras para prestar auxilio en la defensa de la ciudad. Las legiones más grandes eran la francesa y la italiana. La segunda estuvo bajo el comando de un maestro itinerante de matemática, Giuseppe Garibaldi, quien utilizo su experiencia para convertirse más tarde en figura central del Reunificación italiana.

La solidaridad con el puerto sitiado prendió en la imaginación del mundo. En 1845, Gran Bretaña y Francia anunciaron otro bloqueo de Buenos Aires, en esta ocasión para contrarrestar la ayuda que Buenos Aires le proveía a los Blancos en su sitio sobre Montevideo. El bloqueo duró cinco años y devastó la ya frágil economía Argentina. Además de romper el sitio sobre Montevideo, Gran Bretaña buscó tener mejor acceso a Paraguay, importante fuente potencial de algodón.[29] Una demanda exponencial de esta materia prima, desde sus fábricas textiles, había obligado a los mercaderes británicos a recorrer el mundo en busca de fuentes alternativas. Sin embargo, la única ruta a Paraguay era por la vía del Río Paraná, que cruzaba el territorio argentino. Gran Bretaña deseaba forzar a los argentinos a permitir la libre circulación de sus naves, pero estos se rehusaron. El bloqueo fue levantado finalmente en 1850, cuando ambos países llegaron a la conclusión de que el costo de la operación era demasiado elevado en relación al poco progreso logrado.

Mientras que Argentina y Uruguay se encontraban convulsionados por sus disputas internas, la situación en Brasil no era mucho mejor. Pedro II, demasiado joven para gobernar luego de la abdicación de su padre, era asistido por un pequeño grupo de regentes, pero las constantes rencillas internas entre ellos crearon un entorno inestable que pronto estalló en rebeliones. La primera de ellas ocurrió en 1835, con la sublevación de Pará. Este estado se encuentra en la entrada del Río Amazonas. A más de tres mil kilómetros de Río de Janeiro, se encontraba aislado de la toma de decisiones que se llevaba a cabo en la capital. A su vez, estaba plagada de una inmensa pobreza dado que la mayor parte de su riqueza estaba controlada por un pequeño grupo de criollos. El levantamiento se denominó Cabanagem, llamado así por las simples chozas que utilizaban los pobres. Río de Janeiro envió tropas para arrestar a los líderes y sofocar el levantamiento, pero la situación permaneció tensa.

Ese mismo año, Río Grande del Sur buscó separarse. Esa rebelión se conoció como la Revolución Farroupilha, llamada así por los míseros harapos que utilizaban sus combatientes, y fue parte de un movimiento para crear la República Riogran-

[29] Andrew Graham-Yooll, *Imperial Skirmishes: War and Gunboat Diplomacy in Latin America* (New York: Interlink Books, 1983).

dense. La república debía ser una variación de la Liga Federal que había sido promovida por Artigas. En esta ocasión, el movimiento incluía a Uruguay y Paraguay, dado que sus seguidores estaban conectados en gran medida por su afinidad cultural. Dada la prevalencia de la cultura gaucha y guaraní a lo largo de las planicies del sudeste, existía un fuerte sentido de parentesco entre las comunidades vecinas. [30] Brasil y Argentina sintieron que la solidaridad entre las comunidades representaba una amenaza mortal; esta fue la causa principal de la Guerra de la Triple Alianza unas décadas más adelante.

Las tropas imperiales enviadas a Río Grande del Sur restituyeron el orden, pero existía la sensación de que Brasil se estaba desmoronando. Parte del problema era la falta de un liderazgo definido. De acuerdo a la constitución, Pedro II no podía ser nombrado monarca hasta cumplir los dieciocho años. Sin embargo, el gobierno decidió acelerar el proceso y lo coronó en 1841, cuando solo tenía quince años. La coronación ayudó a centralizar el poder en el símbolo de la monarquía, pero no mitigó el ambiente de inestabilidad. En 1848, una revuelta en el Estado de Pernambuco marcó la tercera insurrección desde que Pedro II asumió el poder. Conocida como la revuelta Praieira, fue una reacción a las rebeliones que estremecían a Europa. Los rebeldes demandaban la introducción de democracia y libertades civiles.

No sorprende que el gobierno se haya desesperado por estabilizar el ambiente político. La situación en Río Grande del Sur permaneció delicada; el gobierno se negó a permitir la separación del estado. La perdida de la Provincia Cisplatina había producido tanto malestar social que Don Pedro I se había visto forzado a abdicar. La secesión de una parte tan integral de Brasil produciría una repercusión política mucho mayor y pondría en peligro el futuro de la monarquía.

El gobierno de Río de Janeiro concluyó que la guerra civil en Uruguay debía ser detenida para extinguir movimientos similares que estaban brotando por toda la región. La única posibilidad de que esto sucediera era terminar con el involucramiento de Argentina en Uruguay, lo cual implicaba declarar la guerra a Juan Manuel de Rosas. Sin otra alternativa, el gobierno se alió con los enemigos de Rosas.

El tirano argentino tenía dos grandes adversarios, Justo José de Urquiza y los Colorados de Montevideo. Por lo tanto, Río de Janeiro envió misiones diplomáticas a los dos grupos para formar una gran coalición. En 1849, el gobierno brasileño comenzó a asistir abiertamente a los Colorados sitiados en Montevideo. Esta ayuda se transformó a su vez en asistencia militar para enfrentar a los Blancos. Argentina comprendió lo que estaba ocurriendo y supo que la guerra con Brasil se avecinaba.

---

[30] Antonio Augusto Fagundes, *Revolução Farroupilha: Cronologia do Decênio Heróico, 1835 à 1845*, 2da. ed. (Porto Alegre, Brasil: Martins Livrerio, 2003).

Al mismo tiempo, los brasileños convencieron a Urquiza de unirse a su campaña. El plan consistiría en dos partes. La primera sería una invasión aliada de Uruguay, con fuerzas brasileñas ingresando desde el norte y el grupo de Urquiza desde el oeste. La segunda parte sería el despliegue de la Armada brasileña para prevenir cualquier refuerzo desde Buenos Aires. Esto permitiría a los aliados derrotar a los Blancos y quebrar el sitio sobre Montevideo.

A fines de mayo de 1851, se anunció formalmente la alianza, y las tropas imperiales arribaron a Uruguay en agosto. Esto no dejó más alternativa a la Argentina que declararle la guerra a Brasil. El siguiente mes, una fuerza invasora de dieciséis mil soldados brasileños ingresaron desde el norte, mientras que quince mil gauchos de Entre Ríos ingresaron desde el oeste. Ambos grupos convergieron en Montevideo. Los Blancos, al darse cuenta de que estaban rodeados y apartados de Buenos Aires, se rindieron sin efectuar un sólo disparo.[31].Los miembros argentinos del ejército se incorporaron al ejército brasileño y se dirigieron luego hacia Buenos Aires.

A principios de febrero de 1852, los aliados llegaron a las afueras de la ciudad, listos para enfrentarse con Rosas. Los argentinos los estaban esperando y ambos bandos se enfrentaron en Caseros. Ambos bandos estaban emparejados numéricamente, pero la moral de las tropas de Rosas colapsó al observar la inmensa coalición a la que debían enfrentarse. Sabían que tenían una posibilidad muy baja de derrotar el poderío imperial de Brasil y los gauchos de Urquiza, por lo que su voluntad de pelear se fue debilitando. La subsiguiente Batalla de Caseros duró tan solo tres horas, tiempo en el cual los soldados de Rosas comenzaron a huir o a cambiar de bando. Al darse cuenta de que todo estaba perdido, el líder Argentino huyó. Presentó su renuncia y abordó un buque de guerra británico con destino a Inglaterra. Esto marcó el fin de la Guerra Platina.

La Guerra Cisplatina y la Guerra Platina nacieron a partir de las ambiciones de una reina de establecer un nuevo imperio, pero su partida hacia Lisboa dio por finalizada la iniciativa. Como resultado, Brasil quedó con un territorio inestable, situación que generó dos problemas políticos serios. El primero fue la inherente fricción surgida al compartir la frontera con un vecino tan poderoso como Argentina, demasiado fuerte y dominante para consentir los caprichos de Río de Janeiro. Por lo tanto, siempre existiría el potencial de una confrontación militar. La segunda dificultad fue lo profundamente instalada que estaba la cultura guaraní y gaucha en las planicies del sudeste de América del Sur. El deseo de independencia de estos pobladores se manifestó en la Guerra de los Farrapos, que amenazó la integri-

---

[31] Beatriz Bosch, *Urquiza: Gobernador de Entre Ríos, 1842–1852*, 2da. ed. (Paraná, Argentina: Editorial de Entre Ríos, 2001)

dad geográfica de Brasil. La escisión de Uruguay en un país independiente fue una manera de curar ambos problemas. Como Estado barrera, separaba a Brasil de la Argentina. La nueva frontera, a su vez, serviría para contener las influencias que alimentaban los fuegos separatistas de Río Grande del Sur.

Argentina no estaba tan deseosa de que se creara un estado barrera independiente. Rosas lo permitió inicialmente como forma de eliminar una amenaza competitiva para Buenos Aires, pero su constante intervención mantuvo a Uruguay en un estado de sometimiento permanente. La inestabilidad continua terminó de convencer a Río de Janeiro de que no tenía más alternativa que organizar una alianza para derrocar a Rosas. Sin embargo, la cultura guaraní permanecería como una espina en su costado, y la herida pronto se pudriría y convertiría en la Guerra de la Triple Alianza.

3 LA GUERRA CONTRA LA CONFEDERACIÓN PERÚ-BOLIVIANA: ALTO PERÚ, BAJO PERÚ Y CHILE

LA GUERRA CONTRA LA CONFEDERACIÓN
PERÚ-BOLIVIANA: ALTO PERÚ, BAJO PERÚ Y CHILE

En una gélida mañana de 1837, el omnipotente ministro chileno Diego Portales era conducido en su carruaje cuando este se detuvo bruscamente. Sus escoltas militares le ordenaron bajar y lo asesinaron de manera brutal. A pesar de que Portales provocaba una aversión generalizada, su muerte violenta logró que la nación entera alentara una guerra contra Bolivia y Perú —la Guerra contra la Confederación Perú-Boliviana— que no contaba con apoyo popular y que no hizo más que exacerbar los problemas causados por el colapso vertiginoso de la monarquía española y la posterior fragmentación del imperio. Las colonias habían sido relativamente estables y prósperas, pero el proceso de liberación desató un torbellino de fuerzas que llevaron a una seguidilla de guerras civiles y conflictos fronterizos.

En contraste con otras revoluciones, la ideología no fue un impulsor fundamental en la búsqueda de la independencia de América Latina. El objetivo principal fue la preservación del *status quo*. Criollos y europeos, abrumadoramente superados en número por esclavos y nativos, no se atrevieron a impulsar los ideales de la Ilustración, como la autodeterminación y la libertad. Las pocas imprentas existentes estaban dedicadas en gran parte a temas religiosos o asuntos administrativos.[32] Algunos criollos, como José Antonio de Rojas en Chile y Francisco de Miranda en Venezuela, eran lo suficientemente ricos para haber sido educados en Europa y por lo tanto buscaban una forma liberal de gobierno. Otros, como Simón Bolívar y Bernardo O'Higgins, afirmaron su intención de demoler el estricto y rígido orden social liberando esclavos y destruyendo el sistema de castas que mantenía a la población nativa en la servidumbre... para posteriormente anular, al poco tiempo de finalizada la guerra, muchas de las libertades civiles que ellos mismos habían otorgado. Los liberales eran la minoría y muchas veces se encontraban enfrentados con la mayoría conservadora que había liderado la lucha. La esencia de la revolución, por lo tanto, fue la preservación del modo de vida de las clases altas.

Intentos previos de mejorar las condiciones sociales habían provocado malestar en la sociedad. En 1542, a instancias de los jesuitas, Carlos I introdujo las Leyes

---

[32] Eduardo Cavieres y Crístobal Aljovín de Losada, *Chile-Perú, Perú-Chile en el Siglo XIX: La Formación del Estado, la Economía y la Sociedad* (Valparaíso, Chile: Ediciones Universitarias de Valparaíso, Pontificia Universidad Católica de Valparaíso, 2005).

Nuevas, un conjunto de medidas orientadas a eliminar el sistema de encomiendas bajo el cual a los españoles se les entregaban tierras a cambio de su promesa de convertir al cristianismo a sus esclavos indígenas. Blasco Núñez Vela, el primer virrey de Perú, fue enviado desde España con órdenes estrictas de implementar las Leyes Nuevas. Dándose cuenta de que el fin de la esclavitud destruiría sus lucrativas operaciones de minería, los colonizadores se alzaron en armas contra el virrey. Un ejército al mando del hermano de Francisco Pizarro, Gonzalo, venció y asesinó a Núñez.

El levantamiento fue aplastado en 1548 y Pizarro fue ejecutado. Sin embargo, el monarca español revocó las Leyes Nuevas, temiendo que el fin de la esclavitud llevaría a la división de su colonia más próspera. El precedente estaba establecido y no fue sorpresa cuando las elites criollas finalmente decidieron valerse por las suyas, inspiradas por la necesidad de preservar su sistema socioeconómico. Algunos pelearon por mejores oportunidades de negocios al liberarse del yugo español y abrir los puertos al libre intercambio. Esto no solo les permitiría ganar acceso a mayores bienes sino que además los aranceles aduaneros se transformarían en una fuente importante de ingresos para el gobierno. Otros fueron motivados por ambiciones políticas, reacios a limitar su ascenso social por no haber nacido en Europa. Por lo tanto, los principios de la Ilustración nunca fueron una parte significativa de la lucha por la independencia.[33]

Los conceptos iluministas de igualdad socavaban la rígida jerarquía social creada y abrazarlos hubiera destruido el sistema de trabajo colonial. Este profundo sentimiento de conservadurismo estaba particularmente arraigado en Lima, que era un bastión de la autoridad española y una de las últimas colonias que cayeron. Luego de la independencia, los peruanos se dedicaron a recrear la riqueza, el poder y la gloria del virreinato anterior.

Como se mencionó anteriormente, las colonias españolas estaban inicialmente organizadas en dos grandes unidades de gobierno, cada una centrada en la administración de una de las grandes civilizaciones, Aztecas e Incas, y en la supervisión de las operaciones mineras en Zacatecas y Potosí. A medida que las colonias prosperaron, España dio forma a virreinatos más pequeños, reduciendo el territorio y los recursos de los originales. El capítulo anterior trató el modo en que las Reformas Borbónicas de 1776 marcaron un hito importante para el virreinato de Perú al transferirse la Real Audiencia de Charcas al recientemente creado Virreinato del Río de la Plata. Esta reorganización despojó a Perú de casi la mitad de su territorio y de su principal fuente de ingresos, razón por la cual la *elite* peruana se obsesionó

---

[33] La presencia notoria del clero católico fue otro aspecto interesante del movimiento de independencia en América Latina. La iglesia católica jugó un rol importante, con figuras religiosas que se transformaron en partes integrantes de los nuevos gobiernos provisionales. Esto se debió en parte a una animosidad residual contra España por la expulsión de los Jesuitas de América Latina en 1767 y en parte al reconocimiento, de parte de los colonos, de que podían controlar el orden social a través de la religión.

tanto con la recuperación de su posesión anterior, luego de finalizada la guerra de independencia.

Los peruanos siempre consideraron a Charcas como una parte esencial de su territorio, remontándose al imperio Inca. La Real Audiencia de Charcas fue establecida en 1559 para brindarle al rey Felipe II el control personal sobre la lucrativa región minera, conocida como Alto Perú dado que se situaba en el altiplano. Mientras tanto, el resto del país era conocido como Bajo Perú ya que su ubicación era más cercana al nivel del mar. El intercambio comercial entre Alto y Bajo Perú se redujo luego de la transferencia del territorio al Virreinato del Río de la Plata, pero los lazos culturales y sociales se mantuvieron fuertes. Había un movimiento fluido de personas, con familias y comercios abarcando ambas regiones.

Para ejercer control sobre un territorio tan grande los españoles gobernaron con mano firme. Impusieron su jerarquía social a través de un rígido sistema de castas y una dosis importante de religión.[34] Sin embargo, el movimiento independentista barrió con las instituciones coloniales, provocando una situación caótica. La ley y el orden se desintegraron luego de que las tropas realistas fueron retiradas y el clero huyó. La aspereza de la tierra, canales de comunicación insuficientes y una fuerte presencia de poblaciones indígenas y mixtas incrementaron la sensación de anarquía. Caudillos locales restablecieron el orden, creando en el proceso feudos que quisieron convertir en países soberanos. Como se mencionó en el primer capítulo, Simón Bolívar aplicó el precedente romano de *uti possidetis juris* para impedir que el imperio se descompusiera en docenas de pequeños Estados. Por lo tanto, el nuevo mapa de América Latina reflejaría los virreinatos, capitanías generales y audiencias originales.

Los historiadores tienden a usar términos geopolíticos para explicar la decisión de convertir a Charcas en un Estado independiente. Argumentan que fue una jugada de Bolívar para limitar el poder de Perú y Argentina a través de la creación de un estado barrera, de manera similar a lo que había ocurrido con la creación de Uruguay. Hay mucho de verdadero en esta explicación, pero la motivación primaria fue la necesidad del Mariscal Antonio José de Sucre de encontrar fuentes de ingresos para financiar su ejército.[35] Sucre era el general que contaba con la total confianza de Bolívar.

El 9 de diciembre de 1824, Sucre lideró un ejército de ocho mil quinientos hombres contra un contingente apenas más numeroso de realistas en la Batalla de Ayacucho. La contienda culminó con la derrota del último regimiento español y la captura del virrey José de la Serna. Sin embargo, a medida que el humo de los cañones se disipó Sucre tuvo que enfrentar un problema acuciante: no tenía más dinero, y ahora tenía un contingente enorme de soldados y mercenarios que exigían su

---

[34] Leslie Bethell, *Colonial Spanish America* (Cambridge: Cambridge University Press, 1987).

[35] José Luis Roca, *Ni con Lima ni con Buenos Aires: La Formación de un Estado Nacional en Charcas* (Lima: Instituto Francés de Estudios Andinos, 2007).

paga. No realizarla podía desencadenar un motín. Más aún, bajo los términos de la rendición española, el general sudamericano había acordado continuar pagando los haberes de los oficiales derrotados y su traslado seguro a España.

El Bajo Perú estaba en bancarrota. Su economía había sido aniquilada, en gran parte gracias a la expropiación de propiedades realizada por Bernardo de Monteagudo, ayudante de San Martín. La actividad comercial colapsó cuando la mayoría de los españoles y extranjeros fueron expulsados. Sucre sabía que la recaudación de impuestos en el Alto Perú era todavía fuerte gracias a la actividad de la minería de plata. El campo de batalla en Ayacucho estaba al pie del altiplano por lo que rápidamente se abrió camino a Charcas, con la intención de convertirla en un Estado soberano. De esta manera, razonó, podría utilizar los ingresos de la recaudación impositiva para pagar a sus hombres.

Al recibir noticias de las intenciones de Sucre, Bolívar se enfureció. No consideraba a Charcas como un Estado soberano viable; dado que no contaba con un puerto de aguas profundas no había forma de que pudiera sobrevivir como una nación comercial. Sin embargo, Bolívar también sabía que cederla a Argentina o Perú desestabilizaría el continente al crear un gigante que alteraría el equilibrio de poder. El libertador fluctuó durante un largo tiempo y hasta vivió en el Alto Perú durante un período de cinco meses, brevemente ocupando la presidencia. Se encariñó con la población y finalmente se rindió ante la idea de su independencia cuando la legislatura decidió llamar Bolivia al país, en su honor.

Las inquietudes de Bolívar respecto a la viabilidad del país eran válidas. Técnicamente, Bolivia tenía acceso al Pacífico a través de la región de Atacama, pero la mayoría de su intercambio comercial pasaba por el puerto de Arica, y, en menor medida, a través de Ilo, ambos en el sur de Perú. Bolívar rogó a los peruanos que le transfirieran el puerto de Arica a la nueva nación pero estos se negaron —utilizando el argumento de *uti possidetis juris* como razón para que el territorio no fuera subdividido–. Como consecuencia de esto, Bolívar laboriosamente intentó establecer el puerto boliviano de Cobija, pero su ubicación era poco práctica. Para llegar , los comerciantes necesitaban cruzar el desierto de Atacama, uno de los más inhóspitos del mundo. No sólo no contaba con población ni estructura para operar un centro de intercambio comercial sino que además Cobija estaba lejos de los centros de actividad económica de Bolivia. La duración del viaje desde la ciudad capital de Santa Cruz era de dieciocho días en mula, un viaje que serpenteaba por picos nevados y atravesaba el desierto. En contraste, el viaje a Arica llevaba solamente tres días.

La decisión de desviar el intercambio comercial boliviano a Cobija también tuvo repercusiones en el sur de Perú. Durante siglos las comunidades de Cuzco y Arequipa produjeron muchos de los productos que fueron usados en Potosí. Como consecuencia de esto los vínculos comerciales eran muy estrechos. Sin embargo, la economía del sur de Perú sufrió después de 1776, cuando Charcas fue transferida al Virreinato del Río de la Plata. En el marco del nuevo acuerdo mucho del intercambio comercial se redirigió a Buenos Aires. Sin embargo, alguna actividad comercial logró sobrevivir y todos los cargamentos de mercurio llegaron a través de Arica. El mercurio era vital para las operaciones mineras y se usó en el proceso de amalgamiento que se hizo imperativo cuando los minerales de alta calidad se agotaron y los mineros se vieron forzados a recurrir a materiales de calidad inferior. La fuente principal de mercurio era un conjunto de minas en Huancavelica en el centro de Perú. El metal líquido era llevado en mula al puerto de Pisco y luego transportado en barcaza a Arica desde donde finalmente era trasladado a las operaciones de minería de plata.[36]

El intercambio comercial entre Charcas y Argentina se frenó durante la guerra de independencia, luego de que Buenos Aires se rebelara. Como resultado de esto todo el comercio fue desviado al sur de Perú, llevando a una renovación de antiguos vínculos comerciales. La presencia Realista en Charcas se mantuvo fuerte durante toda la guerra y la colonia nunca se separó. Formó una junta para repeler las repetidas incursiones de los rebeldes argentinos. Sin embargo, el desvío del intercambio comercial a través de Cobija, volvió a deprimir, una vez más, los vínculos comerciales con el sur de Perú.

Si bien existía una afinidad natural entre el sur de Perú y Bolivia, la idea de cooperación no simpatizaba con todos. Al sur, Chile, recientemente establecido como país, intentaba encontrar su estabilidad. Como la mayoría de los otros países que surgieron de los restos del imperio español, los chilenos se esforzaban por encontrar un modo de administración de su nación. El país estaba dividido en dos bandos; uno defendía la centralización del poder a través de un gobierno fuerte y autoritario y el otro impulsaba un ordenamiento democrático flexible de Estados regionales.[37]

Al principio, las diferencias de opinión se discutieron en panfletos y se pusieron a prueba en debates públicos, pero pronto los desacuerdos derivaron en una confrontación militar entre los líderes de los dos bandos, Bernardo O'Higgins y Ramón Freire. O'Higgins era un personaje épico. Era el hijo ilegítimo de Ambrosio O'Higgins, antiguo virrey de Chile y Perú. Aunque irlandés, O'Higgins padre había logrado obtener su alto rango por haber nacido en Europa, una cuestión que causaba dolor a los criollos. El virrey nunca conoció a su hijo, pero este recibió la mejor educación en el exterior. A su regreso, el joven novato se convirtió en O'Higgins el Director Supremo. Aunque en el fondo era un liberal, había desarrollado un estilo fuertemente autoritario. Luego de un tiempo, una rebelión liderada por Freire, se desató en el sur del país.

A diferencia de O'Higgins, Freire no provenía de una familia acomodada. Huérfano, había crecido en una sucesión de hogares y familias en la ciudad sureña

---

[36] Nicholas A. Robins, *Mercury, Mining, and Empire: The Human and Ecological Cost of Colonial Silver Mining in the Andes* (Bloomington, IN: Indiana University Press, 2011).

[37] Los debates que contraponen estas dos aproximaciones al gobierno se han repetido durante toda la historia de América Latina. Lamentablemente, la intensa contienda entre centralismo y federalismo permanece como un impedimento al crecimiento y desarrollo de la región.

de Concepción y se unió al movimiento de independencia muy joven, ascendiendo posiciones en la jerarquía militar. Una vez culminada la guerra, regresó a su hogar y se encontró con un país arruinado. Campos y fábricas habían sido destruidas y miles de personas sufrían hambre. Freire culpó por el malestar económico a la falta de transferencia de recursos económicos, por parte de O'Higgins, necesarios para estabilizar regiones y comunidades. La prensa abrazó la causa liberal y atacó al Director Supremo. Al percibir que estaba perdiendo apoyo y sin intenciones de hundir al país en una guerra civil, O'Higgins renunció en 1823, pasándole el bastón a su adversario. Como nuevo Director Supremo, Freire inmediatamente comenzó a descentralizar Chile, modificando la constitución y delegando más control a los gobiernos locales.

Sin embargo Freire enfrentó un obstáculo económico importante que solo podía resolverse a nivel nacional. Durante la guerra, el gobierno chileno había solicitado un préstamo de un millón de libras a una financiera de Londres, Hullet & Co., para solventar los gastos de la campaña de Perú. Desde la independencia la suspensión del intercambio comercial con Lima venía devastando la economía. En tanto Lima permaneciera siendo un bastión realista los comerciantes tendrían prohibido comerciar con Estados rebeldes. Chile no contaba con la abundancia de metales preciosos que había servido de fuente de riqueza en otras colonias. Había abandonado la minería durante la segunda mitad del siglo diecinueve, momento en el que las Reformas Borbónicas finalmente habían permitido a las colonias comerciar entre ellas. Casi de la noche a la mañana los productores de trigo chilenos habían comenzado a prosperar al exportar granos a las zonas áridas del norte de Perú. Durante la guerra, sin embargo, la pérdida del mercado peruano fue un golpe duro para los comerciantes, productores agropecuarios y propietarios de tierras chilenos y fue determinante para que estos apoyaran la independencia peruana. Con ese fin Chile nombró al experimentado general argentino José de San Martín para liderar una expedición militar a Lima. Para asegurarse los fondos necesarios destinados a comprar buques de guerra, armas y pagar mercenarios, el flamante gobierno independiente chileno solicitó un préstamo. Tuvo éxito con la financiación de la expedición pero el préstamo dejó a la nación altamente endeudada.

Para hacer frente a la deuda el gobierno recurrió a un emprendedor con contactos políticos, Diego Portales; menudo, con pelo oscuro y ojos penetrantes, un personaje misógino y desagradable que alguna vez había aspirado a formar parte del clero. Percibiendo una oportunidad de negocios, Portales acordó hacer frente al pago de la deuda si el gobierno le otorgaba el monopolio de importación de bienes socialmente proscriptos como el tabaco, bebidas alcohólicas y naipes. La operación debía ser lucrativa pero no lo fue. Bajo la iniciativa descentralizadora de Freire, tropas y oficiales utilizados para patrullar contra el contrabando se habían relajado. Como resultado de esto los comerciantes podían burlar los controles de tarifas impositivas, socavando así el monopolio de Portales. Pronto comenzó a estar en mora con los banqueros de Londres y Chile se vio menospreciada por la comunidad financiera internacional. La *elite* económica del país se vio profundamente afectada cuando otros financistas londinenses interrumpieron sus líneas de crédito, perjudicando aun más el intercambio y el comercio.[38]

Fue en este contexto que Portales comenzó a respaldar a un joven y advenedizo político que venía ganando popularidad en el sur del país. Como Freire, José Joaquín Prieto era un veterano de la guerra contra España y un aliado de O'Higgins. Apoyaba la idea de un gobierno central fuerte, temiendo que la descentralización dejaría al país vulnerable frente a invasiones externas o inestabilidad política interna, una perspectiva común a la mayoría de las elites criollas. Cansado de las políticas liberales de Freire, Prieto reunió una fuerza de mil hombres en 1892 y marchó sobre Santiago.

Portales tuvo noticias del ejército que avanzaba y vio una oportunidad para establecer un régimen autoritario que mejorara sus operaciones comerciales. Prieto no contaba con grandes cantidades de municiones, armas o fondos por lo que fue receptivo a las ofertas de financiamiento que le hizo Portales. Durante los siguientes seis meses Chile fue azotada por la guerra civil. Finalmente, en abril de 1830, Prieto se anotó una victoria impactante en la Batalla de Lircay, quedando el país bajo su yugo conservador. El nuevo gobierno fue liderado por José Tomás Ovalle, que recompensó a Portales nombrándolo ministro de Defensa, Interior y Relaciones Exteriores.

Protagonista principal del poder en Chile, Portales consolidó su posición enviando a Freire al exilio y despidiendo a 136 oficiales superiores que habían peleado en contra de los conservadores. Como muchos de ellos eran veteranos de la Guerra de Independencia, la acción generó una reacción pública adversa. Sin embargo, Portales mantuvo su popularidad entre las elites comerciales del país. Introdujo medidas para promover los negocios y llevó a cabo el primero censo nacional, realizando una encuesta para poder proyectar los depósitos minerales e infraestructura de la construcción en Chile. Sin embargo, la prioridad principal de Portales era la promoción de sus propios intereses comerciales.

Mientras tanto, las cosas en Bolivia no marchaban bien. Lo que alguna vez había sido la joya de la corona del imperio español se estaba derrumbando. Las minas de Potosí fueron abandonadas después de la guerra, permitiendo que las galerías se inundaran. Existía también una resistencia generalizada a Sucre y a su fuerza de ocupación de soldados colombianos, cuya cultura entraba en fricción con las tradiciones del altiplano.

Las elites bolivianas también se quejaban de la alta carga impositiva y se denunciaba que la derrota de los españoles solo había llevado a la imposición de un señorío colombiano. Países vecinos también realizaban maniobras para desestabilizar a Bolivia. Oficiales y soldados colombianos eran repetidamente sobornados

[38] Francisco Antonio Encina, *Portales: Introducción a la Historia de la Época de Diego Portales, 1830–1891* (Santiago, Chile: Nascimento, 1934).

por agentes peruanos y argentinos para que se rebelaran y Sucre tuvo que sofocar cuatro motines.

Enfurecido por los intentos de Perú de socavar la estabilidad de Bolivia y su rechazo a transferir el puerto de Arica, la Gran Colombia de Bolívar le declaró la guerra en junio de 1828. El libertador ordenó al ejército de Sucre abandonar las tierras altas para ir al encuentro del enemigo, pero su partida de Bolivia sólo empeoró las cosas. En su ausencia, la situación se tornó caótica, permitiendo que los caudillos se hicieran cargo del poder. La ley y el orden fueron restablecidos únicamente cuando Andrés de Santa Cruz regresó de Perú.

Santa Cruz era mestizo, de una familia próspera de Charcas. Las Reformas Borbónicas habían permitido que jóvenes mestizos y criollos, previamente restringidos a la categoría de soldado raso, pudieran ascender socialmente accediendo al cuerpo de oficiales. Como resultado, las familias criollas enrolaban de manera entusiasta a sus hijos y la familia Santa Cruz no fue una excepción. Andrés de Santa Cruz se había alistado como cadete militar en el ejercito español, con la ambición insaciable de subir en la escala social.

Milicias reales y cuarteles militares se encontraban dispersos por todos los virreinatos, pero había una concentración masiva en Lima debido a la importancia de la ciudad. Conventos barrocos, monasterios, palacios y catedrales en el centro de Lima aun hoy sirven como testimonios físicos de la riqueza y el poder que abundaban en el virreinato. Lima era la envidia de América del Sur, con las altas sociedades de Santiago, Bogotá y Buenos Aires aspirando a copiar su estilo. Dada su importancia, Lima también fue el centro del alto comando militar español, y cada criollo ambicioso quería estar destinado allí. Fue por eso que muy pocos se unieron a la causa rebelde hasta que el resultado de la lucha por la independencia se perfiló con certeza.

Como muchos de sus pares, Santa Cruz combatió valientemente junto a los realistas hasta que fue capturado un mes después de la batalla de Pasco. En ese momento el oficial de rango medio fue llevado ante San Martín y se cambió de bando. Se supo que una fuerza expedicionaria de veinte mil hombres se había rebelado en España, generando un levantamiento en contra de las políticas reaccionarias de Fernando VII. Los realistas se dieron cuenta de que los españoles –quienes tenían problemas más acuciantes en casa– los habían abandonado y era cuestión de tiempo hasta que fueran derrotados.

Esto le dio al siempre ambicioso Santa Cruz una nueva oportunidad de avanzar, abrazando la causa liberal. Ascendió por la jerarquía, ganándose la confianza de Bolívar y fue nombrado Jefe del Estado Mayor. El libertador le ordenó permanecer en Perú mientras él regresaba a Colombia en 1826 para hacer frente a una intriga política. Mientras Bolívar se encontraba alejado, Santa Cruz se involucró en la política local e incluso tuvo funciones de presidente interino. Sin embargo, siendo boliviano de nacimiento, nunca fue completamente aceptado en la sociedad peruana, por lo que finalmente decidió retirarse a su tierra de origen. Casualmente, su país estaba en una situación de convulsión y la población, desesperada por tener un líder que restableciera el orden, lo proclamó presidente a su regreso.[39]

Santa Cruz estabilizó al país, pacificó a los caudillos y reactivó la economía. Como era el caso con muchos bolivianos, sus conexiones personales con el sur de Perú eran fuertes. Su esposa era de la región y mantenía lazos comerciales cercanos con su familia política. Comprendió que Bolivia se beneficiaría enormemente de una unión con su vecino, pero Lima y el norte de Perú se oponían a esta idea. Una mayor cooperación permitiría que el sur de Perú prosperara y esto modificaría el balance de poder en detrimento del norte; por esta razón Lima, empecinadamente, se negó a permitir una mayor integración. Si Santa Cruz quería concretar su sueño, necesitaba lograr que esto ocurriera.

Su oportunidad llegó ese mismo año cuando el gobierno del presidente peruano José de la Mar implosionó. La guerra contra la Gran Colombia había resultado un fiasco. Aunque joven, bien parecido y ambicioso, fue un mal estratega y sufrió derrotas dramáticas en las batallas de Saraguro y Tarqui. Finalmente luego de ser abatido en la batalla y de perder el apoyo popular fue derrocado por su antiguo aliado, el general Agustín Gamarra.

Como la mayoría de sus pares peruanos, Gamarra era mestizo, había nacido en Cuzco y se unió a la milicia real cuando tenía veinticuatro años. En 1814, estuvo en la escena de los hechos durante las incursiones rebeldes argentinas. Actuó con distinción y obtuvo el cargo de coronel en 1820. Pero, como Santa Cruz, cambió de bando cuando se dio cuenta de que la guerra estaba perdida. Al concluir el conflicto aceptó un nombramiento en el ejército peruano, pero pronto se encontró enfrentado al presidente. Cansado de la incompetencia de José de la Mar en la guerra contra la Gran Colombia, Gamarra lideró un golpe para derrocarlo. Asumió la presidencia y acordó la paz con el fin de dedicar toda su atención a estabilizar el caos interno que estaba consumiendo a la nación.

La abundancia de oficiales criollos desempleados y ambiciosos era un problema en todas las colonias, pero especialmente en Perú debido a sus grandes cuarteles. Gran parte de los oficiales y soldados europeos fueron repatriados luego de rendirse pero los criollos no tenían futuro en Europa. Serían discriminados y no podrían avanzar en sus carreras. Sus raíces estaban en las Américas. La incorporación de estos oficiales a los ejércitos rebeldes ayudó a que se diera vuelta el curso de la guerra contra España, pero luego de la guerra se convirtieron rápidamente en fuente de inestabilidad.

En 1833, culminó el periodo de Gamarra como presidente y una convención nacional nombró al general Luis José de Orbegoso para reemplazarlo. Eran rivales encarnizados y Gamarra intentó derribar al nuevo líder supremo pero los ciudadanos de Lima se levantaron y lo obligaron a huir. En enero de 1834, cruzó a Bolivia

---

[39]   Oscar de Santa Cruz, *El General Andrés de Santa Cruz, Gran Mariscal de Zepita y el Gran Perú: Documentos Históricos* (La Paz, Bolivia: Escuela Tipográfica Salesiana, 1924).

y le propuso a Santa Cruz tramar la unificación de Perú y Bolivia si este lo ayudaba a vencer a Orbegoso. El líder boliviano estaba extasiado ante la posibilidad de realizar su sueño, pero desconfiaba profundamente de Gamarra. El general peruano había sido su segundo en el mando y Santa Cruz sabía cuan traicionero podía ser. Más aun, había sido testigo reciente de la traición de Gamarra a José de la Mar. Por lo tanto, Santa Cruz decidió aceptar una propuesta similar de Orbegoso.

Atónito ante el rechazo de Santa Cruz, Gamarra regresó a Lima donde fue capturado y deportado a Costa Rica. Mientras tanto, Felipe Santiago Salaverry, otro joven militar, le arrebató las riendas a Orbegoso y salió al encuentro de Santa Cruz.[40] Sin embargo, la destreza militar de Salaverry no pudo con el experimentado general. Salaverry carecía de la grandeza y la agudeza de Santa Cruz y de sus tropas. Bolivia, poco después de la independencia, contaba con uno de los mejores ejércitos de América del Sur, con sargentos de instrucción y oficiales europeos. Entre los líderes mercenarios más formidables estaban el general Otto Phillipp Braun, un oficial prusiano nacionalizado y Francisco Burdett O'Connor, de Irlanda. Estos dos oficiales fueron los dos tenientes de más confianza de Santa Cruz, y la clave secreta de muchas de sus victorias.

Los bolivianos armaron una fuerza militar y marcharon al encuentro del ejército de Salaverry, que había desembarcado en Cobija. Las fuerzas peruanas se orientaron hacia el interior, en dirección a la capital regional de Arequipa, esperando encontrar una recepción cálida de sus compatriotas. Sin embargo, el sur de Perú simpatizaba más con Santa Cruz que con Salaverry, y la población le brindó muy poca asistencia. En la mañana del 7 de febrero de 1836, sus soldados fueron emboscados en Socabaya. Aunque las dos fuerzas eran parejas, Santa Cruz contaba con una caballería más grande y pudo derrotar al enemigo. El desafortunado Salaverry fue capturado, trasladado a Arequipa y ejecutado. Habiendo vencido al ejército enemigo, Santa Cruz marchó sobre Lima y declaró la creación de la Confederación Perú-Boliviana el 28 de octubre de 1836.[41]

La nueva Confederación estaba constituida por una coalición igualitaria de tres partes: Bolivia, el sur de Perú y el norte Perú. El general Ramón Herrera fue designado presidente del sur de Perú, el general José Miguel de Velasco fue nombrado presidente de Bolivia y a Orbegoso se le concedió el norte de Perú. Santa Cruz asumió el título de "Protector de la Confederación," asignándose el cargo de manera vitalicia. Los peruanos le dieron la bienvenida porque era reconocido por su fuerte liderazgo. Pero no todos estaban seducidos por el nuevo formato organizativo. Un grupo prominente de ciudadanos del norte preferían la incorpo-

---

[40] David P. Werlich, *Peru: A Short History* (Carbondale: Southern Illinois University Press, 1978).

[41] Carlos Donoso Rojas y Jaime Rosenblitt Berdichesky, *Guerra, Región, y Nación: La Confederación Peru-Boliviana, 1836–1839* (Santiago de Chile: Ediciones de la Dirección de Bibliotecas, Archivos y Museos, 2009).

ración de Bolivia a Perú; les disgustaba la noción de una confederación igualitaria ya que disminuía la importancia de Lima. Armado de una nueva causa, el siempre ambicioso Gamarra regresó a Lima, presumiblemente para armar un movimiento de restauración que devolviera ambos países a sus condiciones anteriores.

Chile se opuso a la Confederación. Durante el período colonial había estado subordinado a Lima, lo cual le dio a los chilenos una cierta sensación de inferioridad. Santiago era considerado un cuartel de frontera, pero la transformación de Chile en una nación soberana le permitió contar con igualdad de condiciones.[42] La Confederación parecía ser la reencarnación del viejo Virreinato de Perú, y muchos chilenos creyeron que sería un nuevo poder hegemónico que impondría su voluntad sobre el antiguo vasallo. Además, Chile comenzó a darse cuenta de que su futuro se encontraba en las extensiones vacías del desierto de Atacama. Así como Estados Unidos utilizó la doctrina del Destino Manifiesto como forma de justificar la apropiación y anexamiento de territorios, Chile creía que sus legítimos reclamos de prosperidad debían dirigirse más allá de su frontera norte. Sin embargo, la unión de Perú y Bolivia impedía esa posibilidad por lo que Chile decidió lanzar un ataque preventivo.

Las cuestiones geopolíticas no fueron el único factor detrás de la animosidad chilena contra la Confederación. También estaban en juego los intereses económicos de Portales. Aunque los comerciantes chilenos financiaron gustosos la liberación de Perú, el final del conflicto introdujo nuevas complicaciones comerciales. Los puertos de Callao, Perú, y Valparaíso, Chile, eran los mejores puertos de la costa del Pacífico en América del Sur. A medida que las nuevas naciones empezaron a prosperar, los dos puertos comenzaron a competir. Valparaíso, un puerto de aguas profundas relativamente cercano al Cabo de Hornos y al estrecho de Magallanes, se encuentra resguardado por altos acantilados circundantes pero brinda poco refugio frente a las tormentas marinas. El puerto de Callao está encerrado por la Isla de San Lorenzo, que ofrece protección contra los elementos, además de tener mayor potencial para el intercambio comercial regional, dada su ubicación central en la costa del Pacífico. A medida que Valparaíso comenzó a perder lugar frente a Callao, las actividades comerciales de Portales se vieron afectadas. Otros empresarios y comerciantes chilenos tenían sentimientos similares, particularmente después de que Lima aumentara los aranceles a la importación de los granos. En 1835, los dos países quisieron apaciguar la situación firmando un tratado para estimular la cooperación y el intercambio comercial. Sin embargo, no fue suficiente para atenuar la creciente enemistad chilena hacia Perú.

Las elites chilenas querían la guerra, pero el pueblo no estaba interesado. Las cenizas de la revolución todavía ardían y el nacionalismo aún no se había instalado. Peruanos y chilenos eran vecinos, y sus pueblos se veían a sí mismos como herma-

---

[42] Guillermo Feliú Cruz, *Historiografía Colonial de Chile* (Santiago de Chile: Fondo Histórico y Bibliográfico José Toribio Medina, 1958).

nos y no como enemigos. Las cosas cambiaron a fines de 1836 cuando el anterior presidente chileno, Ramón Freire, fue descubierto frente a la costa con dos fragatas y una fuerza de invasión, avanzando hacia la isla de Chiloé en el sur de Chile. En el camino la tripulación de uno de los buques se amotinó y capturó al líder rebelde. Fue enjuiciado y obligado a volver al exilio.

Nunca fue claro si Santa Cruz tuvo algo que ver con esta campaña fracasada, pero fue suficiente para que Portales le echara la culpa a la Confederación. Envió una delegación diplomática a Lima con cinco demandas. La primera fue que Perú asumiera las deudas que Chile había contraído durante la liberación del país; esto lo absolvería de tener que reembolsar a Hullet & Co. La segunda fue que se pusiera fin a la guerra comercial entre Valparaíso y Callao, movimiento que beneficiaría sus intereses comerciales. La tercera fue que Perú y Bolivia limitaran el tamaño de sus fuerzas militares. La cuarta, una indemnización completa por los costos de reprimir la fuerza expedicionaria de Freire. Por último, exigió la disolución de la Confederación.

Santa Cruz, conocido ahora como el Protector, deseaba evitar la guerra, particularmente con Chile, que, aunque relativamente pequeño en tamaño, tenía reputación de ser un adversario tenaz. Durante los tres siglos previos, habían estado en guerra con las tribus mapuches del sur, y a los soldados chilenos se los consideraba feroces y experimentados. Por consiguiente Santa Cruz aceptó todas las condiciones excepto la última. Se negó a disolver la Confederación porque de haberlo hecho su posición se hubiera tornado obsoleta y se hubieran reanudado los problemas portuarios de Bolivia. A su regreso a Valparaíso, la delegación diplomática informó a Portales, quien rechazó la contra oferta y declaró la guerra el 28 de diciembre de 1836.

Con una conflicto armado en puerta, el maquiavélico Portales se preparó para consolidar su posición en casa y en el exterior. Introdujo la ley marcial, redujo las libertades civiles, cerró el congreso e instauró la pena de muerte para cualquier acusado de traición. En el frente externo lanzó una serie de iniciativas diplomáticas. En primer lugar firmó una alianza con Gamarra y su movimiento restaurador. A pesar de que el movimiento restaurador representaba a las elites económicas del norte de Perú, que incluía al puerto rival de Callao, el principal objetivo de Portales fue eliminar a la Confederación Perú-Boliviana. Con ese fin Portales envió un escuadrón chileno a bloquear la flota peruana y asegurar así la supremacía de su armada en el mar. Simultáneamente le encargó al almirante Manuel Blanco Encalada que reuniera una fuerza expedicionaria para liderar el Ejército Unido Restaurador. Por último, envió embajadores a Ecuador y Argentina para convencerlos de unirse a la campaña. La delegación a Ecuador fue bien recibida, pero como el país se encontraba en medio de un conflicto sangriento entre Guayaquil y Quito, el gobierno decidió permanecer neutral.

La misión diplomática a Buenos Aires fue más exitosa. Durante un año Portales había intentado seducir al déspota argentino Juan Manuel de Rosas, compartiendo datos de inteligencia que mostraban que Santa Cruz estaba brindando asistencia a las guerrillas que realizaban incursiones en el norte de Argentina. Portales presentó documentos que descubrían un plan detallado para transformar el norte de la Argentina en un nuevo Estado soberano. Las guerrillas unitarias también realizaban incursiones desde Uruguay, y Rosas temía que ambas actividades combinadas podrían desestabilizar a su país.[43] Estaba al principio de su mandato y expuesto al ataque constante de sus enemigos políticos. Por lo tanto, la información lo convenció de declararle la guerra a la Confederación.

Portales aún no sabía que su mayor amenaza provendría no del exterior sino de sus propias filas. Aunque había realizado una purga de 136 oficiales de los altos mandos que habían luchado junto a Freire, quedaban muchos oficiales de rangos intermedios e inferiores que apoyaban la causa liberal. En junio de 1837, Portales viajó a inspeccionar los cuarteles militares de Quillota. Muchos oficiales pensaban que la guerra contra la Confederación era un simple pretexto para vaciar las filas de los elementos liberales que quedaban. En el momento en el que los soldados pasaban revista el Coronel José Antonio Vidaurre detuvo a Portales y lo engrillaron.

Pronto se conocieron las noticias del motín, pero el levantamiento no se propagó. Al contrario, Encalada interrumpió sus preparativos de invasión y abandonó la insurrección. Al darse cuenta de que su táctica había fallado, Vidaurre forzó a Portales a escribir una carta ordenándole al general Encalada que se rindiera. Sin embargo, el general se negó a hacerlo, al darse cuenta de que la orden había sido escrita bajo coacción. Mientras ambos bandos se alistaban para la batalla, los rebeldes decidieron transportar a Portales a una nueva ubicación. En el camino, su carruaje fue detenido y él fue ejecutado.

El estilo autoritario de Portales no era popular, como tampoco lo era la idea de una guerra con la Confederación, pero su asesinato movilizó a la nación. El pueblo y los medios culparon a Santa Cruz por el asesinato y despertaron un fervor patriótico que persuadió a los hombres a enrolarse. Con los preparativos de la invasión en curso, el foco de atención se desplazó a la costa peruana y a la frontera de Bolivia con Argentina.

El primer contacto entre Chile y la Confederación ocurrió en alta mar. El bloqueo de Callao arrojaba resultados dispares. A pesar de que el puerto no estaba completamente aislado, el tráfico marítimo era limitado. Hubo, además, una serie de pequeñas batallas navales, particularmente sobre la costa de Ecuador, pero los hechos más interesantes ocurrieron en la frontera Argentina. Santa Cruz intentó apaciguar a los argentinos, pero Rosas ya había declarado la guerra. Puesto que la frontera con Bolivia estaba tan lejos de Buenos Aires, los confederados pudieron atacar primero. Tropas de la Confederación, al mando del general Braun, se adentraron en la provincia de Jujuy. Esto obligó a los argentinos a tomar posiciones defensivas, a pesar de que habían sido los iniciadores del conflicto. De pronto, Buenos Aires se encontraba apresurándose a enviar tropas, armas y municiones para evitar

---

[43] Rojas and Berdichesky, *Guerra, Región, y Nación.*

el colapso de las provincias del norte. Para empeorar las cosas, Santa Cruz negoció una serie de tratados ventajosos de intercambio comercial con Estados Unidos, Gran Bretaña y Francia. A cambio, estos países reconocieron diplomáticamente a la Confederación y presionaron a Buenos Aires para que rompiera con su aliado, pero Rosas se mantuvo intransigente.

Los franceses se enfurecieron frente a la arrogancia argentina, especialmente dado que ya tenían una larga lista de quejas como la imposición del servicio militar a los ciudadanos franceses y la negativa argentina a otorgarle a Francia el carácter de "nación más favorecida" en el intercambio comercial. Cuando Buenos Aires se negó a dar lugar a las nuevas demandas, París ordenó el bloqueo del Río de la Plata en 1838, lo cual no hizo más que empeorar las penurias económicas de Argentina. Como se mencionó en el capítulo anterior, el embargo no se levantó hasta pasada la guerra.

Entre tanto, en Chile, las fuerzas armadas preparaban el ataque. El 15 de septiembre de 1837 la flota expedicionaria zarpó de Valparaíso. El ejército restaurador, bajo el mando del almirante Encalada, estaba compuesta por 3200 soldados chilenos y 420 peruanos. A pesar de que el bloqueo de Callao no restringió todo el intercambio comercial, impidió que las fuerzas navales de la Confederación zarparan al encuentro de la fuerza de expedición. La invasión aliada debía coincidir con una nueva ofensiva argentina contra Bolivia. La idea era que Santa Cruz fuera forzado a dividir su ejército a lo largo de dos frentes, con una parte desplegada en la frontera argentina y la otra parte en la costa, enfrentando al ejército restaurador. Sin embargo, los argentinos recapacitaron en la víspera de la batalla. Sus fuerzas ya se habían desempeñado pobremente contra los bolivianos. Temiendo poner en peligro las provincias del norte, se echaron atrás a último momento.

Dos semanas después de que la flota del movimiento restaurador abandonara Valparaíso, los buques desembarcaron en Cobija, y las tropas marcharon hacia Arequipa. Avanzaron siguiendo una serie de suposiciones equivocadas e inteligencia errada de sus unidades de reconocimiento: creían que incorporarían voluntarios en el trayecto, que los agricultores peruanos contribuirían con provisiones y que las deserciones masivas de las filas confederadas engrosarían las propias y sumarían a los números del ejército restaurador. Nada de esto sucedió. Como quedó en evidencia durante la ofensiva de Salaverry contra Santa Cruz, el sur de Perú simpatizaba con la causa confederada. Un mal presentimiento comenzó a crecer a medida que la fuerza expedicionaria se adentró más en territorio enemigo, desandando los desastrosos pasos que Salaverry había dado un año atrás.

A medida que se acercaba a Arequipa, la fuerza encontró a las tropas de Santa Cruz que los aguardaban del otro lado del río Paucarpata. Los dos ejércitos realizaron maniobras, pero las tropas confederadas se encontraban en terreno elevado. Con los dos ejércitos atrincherados, el líder confederado ordenó a su artillería que disparara una descarga por encima de las cabezas de los chilenos. Luego envió a

Encalada a proponer una instancia de diálogo. Los chilenos presentaron sus demandas. Luego de algunos días, la Confederación firmó el Tratado de Paucarpata, en el que acordó cumplir con todos los términos y condiciones, incluyendo el reconocimiento total de la deuda externa chilena, aunque se rechazó la disolución de la Confederación.

Blanco Encalada sabía que la disolución de la Confederación era un objetivo clave, pero percibió que su situación era grave. Con Portales muerto, supuso que el gobierno estaría más interesado en encontrar una solución pacífica al conflicto. También se encontraba aislado y con pocas provisiones. Más aún, el aporte argentino nunca se materializó y el ejército confederado entero se encontraba ejerciendo presión sobre sus espaldas. Deseando evitar un final como el de Salaverry, Blanco Encalada se dispuso a asegurar el mejor acuerdo posible y retroceder con sus tropas intactas.[44]

Desafortunadamente no obtuvo una recepción favorable a su regreso a Valparaíso. El almirante fue puesto en ridículo y sumariado por haber negociado condiciones tan lamentables –por haber acordado los mismos términos que la misión diplomática previa había rechazado el año anterior–. Finalmente fue absuelto de todos los cargos. Sin embargo, Chile se negó a ratificar el tratado y comenzó a preparar una nueva campaña ofensiva.

Al despuntar el alba los primeros días de enero de 1838, el gobierno chileno lanzó una segunda ofensiva invasora, esta vez con el general Manuel Bulnes al mando. El robusto general provenía de una distinguida familia militar. Su padre, capitán en el ejército Real, había obtenido un nombramiento para que su hijo estudiara en el cuerpo de infantería, pero cuando el joven fue designado adjunto de un brigadier general español durante la guerra de independencia, rechazó la designación. Los españoles sospecharon, con razón, que el joven simpatizaba con la causa rebelde y lo exiliaron en una isla remota del Pacífico. Bulnes eventualmente escapó y se unió a los rebeldes, participando en varias de las batallas chilenas más importantes. Luego se conectó con su tío, José Joaquín Prieto. Además de contar con poderosos contactos, el líder corpulento era un estratega habilidoso. Al iniciarse la Guerra contra la Confederación Perú-Boliviana ya era un oficial de alto rango; se le había otorgado el comando de la segunda expedición restauradora del Ejército Unido Restaurador que contaba con peruanos que luchaban bajo el mando del siempre oportunista Gamarra.

Confiado de que el Protector aún se encontraba en Perú, Bulnes decidió concentrar sus esfuerzos en la captura de Lima. Sorteando el sur, podía sitiar la capital y bloquear las líneas de suministro de la Confederación. Sin embargo, en primer lugar necesitaba neutralizar la fuerza naval que había sido desplegada bordeando

[44] Fabio Galdámez Lastra, *Historia Militar de Chile: Estudio Crítico de la Campaña de 1838–1839* (Santiago de Chile: Trabajo Premiado En El Certámen Del Centenario, 1910).

la costa sur de Perú. El 12 de enero de 1838, un escuadrón de fragatas liderado por el almirante Robert Simpson, un mercenario inglés, sorprendió y atacó a un pequeño destacamento de buques de guerra de la Confederación en el puerto de Islay, cerca de la costa de Arequipa. Los dos grupos intercambiaron embates pero las fuerzas de la Confederación fueron ampliamente superadas en armamento. A medida que anochecía, las tropas confederadas huyeron, permitiendo que la flota invasora continuara hacia el norte.

Entre tanto, el apoyo de Lima a la guerra mermaba. El siempre ventajista presidente Orbegoso decidió separarse de la Confederación y demandar la paz a medida que la fuerza expedicionaria chilena se acercaba al puerto de Callao. No sorprende que el general Bulnes, conociendo la reputación de traicionero de Orbegoso, haya descreído de su llamado a la paz, a pesar de lo cual utilizó el tiempo de negociación para brindarle un descanso a sus tropas, fatigadas por el largo viaje. El 7 de agosto de 1838 la fuerza invasora finalmente desembarcó en Ancón, casi cincuenta kilómetros al norte de Lima.

Las tropas de Orbegoso tomaron posiciones defensivas y esperaron la llegada de los chilenos. Luego de dos semanas, el ejército llegó a Portada de Guías, una de las entradas a la ciudad vieja amurallada. Un pequeño destacamento de caballería, liderado por el futuro presidente peruano, Ramón Castilla, se encontraba explorando las defensas externas cuando fue emboscado. Negándose a ser derrotado, Bulnes ordenó que se trajeran cañones desde la retaguardia y se dispararan sobre las líneas enemigas. Los defensores se replegaron y reagruparon en un pequeño puente de piedra. El general chileno no quería perder impulso por lo que ordenó una carga de caballería. Los atronadores jinetes avanzaron sobre los soldados de infantería que, presas del pánico, huyeron a las corridas.

Los soldados abandonaron la ciudad y Orbegoso tuvo que ocultarse. Este tipo de ataques frontales caracterizaron las tácticas de Bulnes durante el resto de la campaña. Era audaz y decidido y a fuerza de su ímpetu lograba prosperar en situaciones desesperadas. Las fuerzas de la Confederación se encontraban desbandadas y un contingente de setecientos hombres, la mayoría bolivianos, huyeron a la Fortaleza del Real Felipe que protegía la entrada al Puerto. Finalmente los peruanos sufrieron una tremenda derrota. Más de mil soldados yacían muertos mientras que el ejército restaurador había perdido solamente cuarenta.

Esa misma tarde tuvieron lugar dos acontecimientos importantes. El primero fue la jura de Gamarra como presidente de Perú. El segundo fue el sitio de la Fortaleza del Real Felipe. Además de los setecientos hombres de las tropas confederadas que escaparon de la batalla de Portada de Guías, la Fortaleza estaba ocupada por otros quinientos hombres bajo el mando del coronel Manuel de la Guarda. Los chilenos necesitaban mantenerlos acorralados.

Las tropas de la Confederación continuaron convergiendo en la fortaleza. El comandante estaba más que dispuesto a brindarles refugio, pero se negó a permitirle el ingreso a su líder, el mariscal de campo Domingo Nieto. Como Orbegoso, Nieto había tenido un comportamiento cobarde en la batalla de Portada de Guías, huyendo en medio de la noche. Cuando intentó ingresar al fuerte, de la Guarda lo forzó a irse exiliado a bordo de un buque con rumbo a Guayaquil. Orbegoso también llegó al fuerte. Se le permitió ingresar pero fue encarcelado por su conducta cobarde. Durante los siguientes dos meses los mil doscientos hombres vivieron sitiados y bloqueados por la armada chilena y rodeados por el ejército restaurador en la costa.

Aunque Bulnes era un excelente estratega de campo, no era habilidoso conduciendo operaciones fijas. El área alrededor de la fortaleza era pantanoso y estaba infestada de mosquitos. Muchos chilenos enfermaron durante el sitio, que diezmó sus filas. El general tampoco contaba con el equipamiento y armamento necesarios para quebrar las defensas formidables del fuerte. Este había sido construido a mediados del siglo XVIII con gruesas paredes de piedra para defenderlo de los ataques de piratas. Bulnes carecía de armas de asedio y cañones que pudieran abrir una brecha en los muros del fuerte. Más aún, su ejército se encontraba dispersado. Contaba con un contingente importante de hombres en las sierras para resguardar el flanco occidental de Lima, así como un gran despliegue de soldados para proteger los flancos norte y sur. La organización militar chilena y su armamento, sumada a la fuerza naval, hicieron de ellos una fuerza formidable en las regiones costeras, pero la situación era diferente en los angostos pasajes montañosos de los Andes. Tenían poco conocimiento del territorio y no estaban acostumbrados ni al clima ni a la altura. Por lo tanto, los soldados de la Confederación podían enfrentarlos fácilmente.

Una intervención militar tuvo lugar el 18 de septiembre de 1838, cuando 272 soldados chilenos fueron emboscados en el pueblo de Matucana, ochenta kilómetros al este de Lima. Los atacantes, una columna de vanguardia del ejército de la Confederación de Santa Cruz, se dirigían hacia el norte con destino a la Capital. El batallón chileno se encontraba celebrando el día de la independencia con un saludo de veintiún disparos cuando fue sorprendido de manera repentina.

Reinaba el caos mientras los soldados de Santa Cruz salían de los escarpados pasajes montañosos, y todo indicaba que los chilenos serían derrotados. Afortunadamente para ellos, su entrenamiento superior les permitió reagruparse y contraatacar. El batallón pudo replegarse pero el choque hizo patente al alto comando que controlar las tierras altas sería una empresa difícil.

Asimismo, la armada chilena se encontraba con problemas para sostener el bloqueo. Una de las dificultades era la presión constante de la comunidad internacional. Una multitud de buques de Estados Unidos, Francia y Gran Bretaña se encontraban más allá de la flota chilena y demandaban acceso irrestricto al puerto de Callao. Por lo tanto, la armada se vio obligada a disminuir el control, permitiendo que algo de tráfico se transportara a través del puerto. El relajamiento del bloqueo permitió a de la Guarda introducir furtivamente provisiones y equipamiento. A principios de noviembre, se sabía que Santa Cruz ya había llegado a las afueras de Lima. Bulnes sabía que sería un blanco fácil si no se mudaba, dado que el Protector podía sitiar la capital. No sólo tendría que ocuparse de las necesidades de sus hombres, sino que también debería alimentar a la población de Lima. Por lo tanto decidió abandonar la ciudad y buscar un lugar más favorable para enfrentar al enemigo.[45]

El 8 de noviembre, Bulnes ordenó a su infantería y artillería embarcarse; mientras tanto la caballería recibió órdenes de marchar hacia el norte. Un pequeño escuadrón fue asignado al bloqueo y el resto de la flota transportó al ejército. Una semana después, las fuerzas anfibias llegaron a Trujillo. Los hombres desembarcaron y pronto se encontraron con la caballería. Las fuerzas restauradoras recientemente reunidas se adentraron más profundamente en el norte de Perú. Su huida permitió a la Confederación retomar Lima, liberar la fortaleza sitiada y comenzar a planificar una nueva campaña ofensiva.

Santa Cruz sabía que la mayor debilidad de los chilenos era su línea de abastecimiento y el acoso a la flota era la mejor manera de socavar la fuerza invasora. Para fortalecer sus recursos navales, el Protector emitió patentes de corso ofreciendo a los buques extranjeros la oportunidad de atacar legalmente a barcos chilenos y quedarse con el botín obtenido. Varios capitanes aprovecharon la oferta. El 24 de noviembre de 1838, bajo el mando del capitán francés Juan Blanchelet, un pequeño escuadrón de invasores británicos, mexicanos y peruanos zarparon desde Callao.

Durante muchos meses, el escuadrón a cargo del bloqueo estuvo bajo el mando de Jorge Bynnon, un mercenario galés. Los buques de Bynnon estaban en malas condiciones, las provisiones escaseaban y reinaba la baja moral. El día anterior al choque Bynnon envió mensaje al almirantazgo solicitando provisiones y refuerzos porque sabía que su escuadrón no podría repeler un ataque en el estado en el que se encontraba. Cuando los corsarios de Blanchet se acercaron, Bynnon no tuvo más remedio que levantar el bloqueo y luego escapar a la seguridad del mar abierto.

Con el bloqueo quebrado, Santa Cruz preparó a sus hombres para la ofensiva final. Pensando que Bulnes no tenía provisiones, las tropas confederadas le siguieron el paso. Si embargo, el ejército restaurador no estaba tan maltrecho. El norte de Perú simpatizaba con la causa rebelde y estaba dispuesto a prestar ayuda. Lo único que necesitaba Santa Cruz era encontrar la ubicación indicada para presentar batalla.

A medida que se dirigía hacia el norte, Bulnes intentó demorar el avance de Santa Cruz cortando puentes y preparando emboscadas. El 17 de diciembre, un escuadrón de diez soldados chilenos impidió la toma de un puente en Llaclla por cincuenta bolivianos. Un mes más tarde la retaguardia del ejército restaurador entró en contacto con la vanguardia de la Confederación en el puente sobre el río Buin. El general chileno ordenó a tres batallones detener el avance de las fuerzas confederadas mientras sus hombres avanzaban hacia Yunguay, un pueblo en el me-

---

[45] Gonzalo Búlnes, *Historia de la Campaña lel Perú en 1838* (Santiago de Chile: Imprenta de los Tiempos, 1878).

dio de un cañón –Callejón de Huaylas–. La escaramuza resultó en empate, pero Santa Cruz perdió a uno de sus mejores hombres, el general de la Guarda, valiente coronel que había logrado contener el sitio de Callao.

Dos semanas después, los dos ejércitos finalmente se encontraron en Yungay. Ambos bandos eran parejos en número, con alrededor de cinco mil hombres cada uno. Habían soportado semanas de marcha forzada y los ánimos no eran los mejores. Aproximadamente un cuarto de las tropas de Santa Cruz eran bolivianos, mientras que una quinta parte del Ejército Restaurador estaba compuesto por peruanos. Por lo tanto, los altos mandos eran una mezcla de oficiales de diferentes nacionalidades.

Bulnes estaba auxiliado por Ramón Castilla, oficial de caballería que había enfrentado al enemigo en Portada de Guías. En esta oportunidad, el Protector, que había sido asistido previamente por los generales Braun y O'Connor, se encontraba solo. Sin embargo, su intención no era enfrentar al enemigo. Aislado de sus buques de aprovisionamiento, Santa Cruz pensó que el enemigo negociaría. Pero los chilenos tenían claro que esto no era una opción. Habiendo visto la recepción que sus predecesores habían obtenido al regresar con las manos vacías, sabían que no tenían otra opción más que defender a la Confederación o morir en el intento.

Para acosar a Bulnes, Santa Cruz hizo que la situación pareciera inquietante. Sus tropas ocuparon las tierras altas de Punvan y Pan de Azúcar, dos colinas sobresalientes que dominaban el valle. El Callejón de Huaylas es un valle angosto entre dos cadenas montañosas: la Cordillera Blanca con sus cumbres nevadas de un lado y la imponente Cordillera Negra por el otro. El terreno ofrece poco margen para maniobrar o escapar. El río Santa atraviesa el cañón estrecho. El menos caudaloso río Ancash fluye por la base del Pan de Azúcar y desemboca en el Santa.

Al controlar el Callejón de Huaylas, la Confederación controlaba una optima posición estratégica en el valle. El panorama en el campo de batalla era, en efecto, sombrío para el Ejército Restaurador. La defensa controlaba las tierras altas, pero Bulnes se destacaba en estas condiciones, por lo que pudo mantener su posición. Sus triunfos anteriores habían ocurrido al atacar con decisión y mantener la ofensiva en marcha, a pesar de las bajas. Su plan era seguir la misma estrategia en la batalla de Yungay.

El ejército de Bulnes atacó al amanecer y todas las piezas comenzaron a ubicarse en su lugar. Bulnes dio orden al batallón Aconcagua de tomar Punyan, la más pequeña de las dos colinas que se extendían a lo largo del valle. El coronel Pedro Silva se encontraba a la cabeza, con tres batallones de reserva. La colina tenía una pendiente suave y el coronel Eusebio Guilarte esperaba en la parte superior con un batallón de defensores de la Confederación. También contaba con tres compañías de reserva. Al avanzar los chilenos hacia la cima, Guilarte repentinamente dio orden a sus hombres de abandonar las tierras altas —sin realizar un solo disparo–. En muchos sentidos la Guerra contra la Confederación Perú-Boliviana fue una guerra civil entre el norte y el sur de Perú y el cambio de bando no era inusual. Con la deserción de Guilarte, los chilenos tomaron rápidamente la colina, elevando así la moral y el ánimo de las tropas.

A las nueve de la mañana Bulnes lanzó su segundo ataque. Esta vez, contra el más imponente Pan de Azúcar. La tarea fue asignada al coronel Jerónimo Valenzuela al mando de una columna de cuatrocientos hombres. El sol ecuatorial se tornaba abrasador a medida que los soldados trepaban por los riscos escarpados. Muchos de ellos usaban sus rifles a modo de piqueta para poder ascender. Soldados de la Confederación abrieron fuego y arrojaron piedras sobre los atacantes. Los hombres heridos caían al vacío o rodaban cuesta abajo chocando contra aquellos que los seguían. En el transcurso de pocos minutos, un tercio de los atacantes había sido liquidado, incluyendo el coronel Valenzuela. Sin embargo, las fuerzas restauradoras perseveraron. Menos de la mitad llegaron a la cima pero aquellos que lo hicieron saltaron por encima de las barricadas y las bayonetas fijas y cargaron contra las líneas enemigas. El resultado fue un baño de sangre. Los chilenos, enardecidos, invadieron las líneas de defensa apuñalando incluso a los soldados que se rendían. Una de las compañías era liderada por Candelaria Pérez, una joven chilena que se había alistado en el ejército restaurador cuando este entró a Lima. Hasta ese momento, había trabajado como empleada doméstica para una familia danesa afincada en Callao. Dentro del ejército escaló hasta el grado de sargento. Durante el asalto murieron todos los oficiales de su compañía por lo que repentinamente se encontró al mando, por ser la oficial de mayor rango. Se convirtió en heroína nacional al guiar a su compañía en la toma de una colina a través de una lluvia de disparos.

Las bajas chilenas en Pan de Azúcar fueron altas, a pesar de lo cual el ataque continuó. Compañía tras compañía acometió la carga colina arriba, superando grandes obstáculos para llegar a las tropas confederadas. El asalto fue efectivo y a medida que el día avanzaba parecía que las fuerzas de Santa Cruz habían sido derrotadas. El Protector ordenó a su cuarto batallón cruzar el río Ancash para atacar a los chilenos por detrás. Santa Cruz imaginó que al encontrarse atrapados entre los defensores en la colina y el cuarto batallón, el asalto chileno se desmoronaría, pero se equivocó. Bulnes contraatacó haciendo ingresar su batallón Colchagua. Las tropas se formaron y dispararon sobre las fuerzas de ataque de la Confederación provocando la baja de un tercio de sus hombres.

Con la situación virando claramente a favor de los chilenos, Santa Cruz decidió convocar a la mayor parte de su ejército, que se encontraba resguardado en un conjunto de trincheras y fortificaciones a un lado del río Ancash. A pesar de que el río no tiene un gran caudal a fin de año, las márgenes empinadas suponían un obstáculo formidable. No obstante, el Protector ordenó a los soldados de la Confederación fijar bayonetas y atacar. Así, los chilenos se encontraron a la defensiva y Bulnes se vio obligado a pedir refuerzos para repeler el ataque.

Las fuerzas de la Confederación se reagruparon del otro lado del Ancash, pero los chilenos contraatacaron antes de replegarse a su lado del río para recargar municiones. Se perdió tanta sangre en los cruces de río que la corriente se tiñó de un pálido rojo carmesí. Repentinamente los ascensos y descensos se detuvieron al rendirse los últimos defensores confederados del Pan de Azúcar y los colores del estandarte chileno se desplegaron en la cima de la colina. Al tiempo que un rugido de euforia surgía de las filas del Ejército Restaurador, Bulnes comprendió que había recobrado impulse y preparó un último ataque frontal. Con un nueva batería de artillería desplegada sobre Punyan azotando a las tropas confederadas, el ejército restaurador se formó para preparar la carga.

En lo alto de la orilla opuesta, las tropas de la Confederación esperaban detrás de un baluarte apresuradamente improvisado. Bulnes imaginaba que su táctica tenía un 10 por ciento de posibilidades de éxito, pero aún esas escasas probabilidades le alcanzaron para avanzar. En tanto los chilenos y peruanos del norte avanzaban, la caballería realizaba maniobras por detrás de ellos. Atacaron todos de una vez, quebrando las líneas de la Confederación y generando una gran conmoción. Al ver que sus tropas se fragmentaban y desintegraban, Santa Cruz abandonó el campo de batalla.

De manera furtiva Santa Cruz hizo el camino de regreso al sur de Perú y Bolivia. Todo estaba perdido. Ya no era el Protector. Ya no tenía el apoyo del pueblo y se vio obligado a huir del país al cual nunca más retornaría. Bulnes, al contrario, regresó como un héroe. Los éxitos militares ayudaron a lanzar su carrera política y dos años más tarde se encontró ocupando la presidencia.

Como un sueño que se esfuma con las primeras luces del amanecer, la batalla de Yungay marcó el fin de la Confederación. Cuando el Ejército Restaurador regresó a Lima, las tropas desfilaron orgullosamente por la ciudad. No hubo animosidad ni agitación; eso quedaría para una guerra por venir. A fin de cuentas, el desempeño militar de Chile transformó a la nación. No solo infundió un fuerte sentido de patriotismo que ayudó a cicatrizar heridas que se habían creado durante la Guerra civil, sino que también le dio al país una sensación de vigor que le permitió medirse con competidores superiores a su categoría durante los siguientes dos siglos.

Chile pudo hacerle frente a una alianza que era superior en tamaño, población y recursos. El conflicto estimuló su apetito por las riquezas minerales incrustadas en el desierto del norte y le brindó al país la confianza para enfrentar nuevamente a los mismos adversarios antes de terminar el siglo. La guerra también convenció a la *elite* del país de la necesidad de mantener un ejército estable de gran tamaño y una marina imponente para proteger su poder tanto en casa como en el exterior.

La Guerra contra la Confederación Perú-Boliviana se convirtió en un crisol de fuego que permitió a los estados beligerantes forjar sus identidades nacionales. Fracturados por años de colonización, segmentación en castas y enfrentamientos civiles, la guerra amalgamó a un conjunto dispar de personas bajo una misma bandera. Por desgracia también plantó las semillas de la animosidad que llevaría a rivalidades nacionales que aún hoy determinan la falta de comunicación y cooperación entre los miembros de la región, a pesar de su origen similar.

La guerra dinamitó la Confederación Perú-Boliviana y sus protagonistas pronto estarían enfrentados en el cuadrilátero. Sin embargo, la unión entre Perú y Bolivia es una idea que permanece vigente aun en la actualidad. Previo a su asunción en 2011, el presidente peruano Ollanta Humala volvió a introducir la iniciativa de unir ambos países. La Guerra contra la Confederación Perú-Boliviana puede haber sido un conflicto remoto ocurrido hace dos siglos, pero su problemática continua siendo relevante hoy en día.

Por ultimo, la guerra puso en evidencia ciertas fuerzas desencadenantes de conflictos en América del Sur. Las disputas territoriales ocupaban el centro de la escena. En el caso del conflicto en cuestión, se trató del acceso de Bolivia al Océano Pacífico y si este debía ser a través de Arica o Cobija. Mientras, un elenco de poderes externos actuó para instigar el estado de animosidad. Estas fuerzas externas, sin embargo, jugarían un rol más explícito en conflictos por venir.

4 LA GUERRA DE LA TRIPLE ALIANZA: TODOS CONTRA UNO

LA GUERRA DE LA TRIPLE ALIANZA:
TODOS CONTRA UNO

El primero de marzo de 1870, el presidente paraguayo Francisco Solano López se detuvo en la ribera del Río Aquidabán. Se encontraba huyendo, escondido en la selva de su devastado país. Su pequeño destacamento de 200 soldados era lo único que quedaba del otrora poderoso ejército patriótico paraguayo. Durante un enfrentamiento que había tenido lugar el mismo día, en el Cerro Corá, Solano López había sido herido en el estomago y en la cabeza y se encontraba separado de sus hombres. Inesperadamente fue emboscado por el general Antônio Correia da Câmara y un escuadrón de seis soldados. Solano López enfrentó a sus enemigos y fue mortalmente herido en el proceso. Este violento final dió cierre a la guerra más sangrienta en la historia de América Latina y envió a una nación con gran potencial al cesto de basura de la historia.

Como fue el caso de la Guerra Civil Norteamericana (1861-1865) y la Guerra Franco-Prusiana (1870-1871), la Guerra de la Triple Alianza fue un conflicto que anticipó algunas de las armas mortales y técnicas bélicas que se implementarían en el siglo veinte. Buques con armadura, armas de repetición, globos de observación, telégrafos y guerra de trincheras fueron características del conflicto. A su vez, fue también un temprano ejemplo de guerra total, incluyendo trescientos mil soldados de cuatro países beligerantes que se enfrentaron en el campo de batalla. Hacia el final, Paraguay se encontraba devastado. Perdió más del 60 por ciento de su población, 40 por ciento de su territorio y gran parte de su dignidad dejando un recuerdo que aún persiste en la psiquis nacional.

Paraguay había pertenecido al Virreinato del Rio de la Plata. Desprovista de recursos minerales, la nación era conocido más que nada por su gran población de indígenas guaraníes. Fue por esto que se puso bajo el patronato de la Iglesia Católica que implementó un sistema de misiones con el fin de hacer proselitismo y utilizar a la comunidad indígena para manufacturar productos con destino a los mineros del Potosí.[46] Una vez iniciada la guerra de la independencia, Paraguay, al igual que Bolivia, quedó separada y aislada. Hubo intentos, por parte de los rebeldes en Buenos Aires, de reclamar estos territorios. Al general argentino Manuel Belgrano se le asignó la fútil tarea de recapturarlos pero su intento fracasó. Los líderes revolucionarios even-

[46] Nelsy Echávez-Solano y Kenya C. Dworkin y Méndez (Editores.), *Spanish and Empire* (Nashville, TN: Vanderbilt University Press, 2007).

tualmente perdieron interés y se concentraron en cuestiones más urgentes como erradicar la amenaza española del flanco occidental.

Luego de la guerra, las Provincias Unidas dedicaron su atención a la resolución de disputas internas, dejando las cuestiones de Paraguay y Bolivia de lado. Al mismo tiempo, Brasil prefirió mantener una barrera con Argentina. Las guerras Platina y Cisplatina habían sido experiencias dolorosas. Las tensiones habían disminuido con un estado barrera entre los dos vecinos. Esta fue la razón por la cual Brasil fue el primer país en reconocer a Paraguay como estado independiente y soberano.

Paraguay carecía de grandes depósitos de metales preciosos, pero contaba con abundante tierra fértil y una gran fuerza de trabajo. Aún así, contaba con una gran desventaja: era un país sin salida al mar. Brasil se encontraba al norte y al este, Bolivia al oeste y Argentina al sur. El único acceso que tenia Paraguay al mundo era a través de los afluentes que desembocaban en el Rio de la Plata. Esto forzó al gobierno a tener una relación de dependencia con Argentina, que se convirtió en una constante fuente de tensión política. Rodeado de naciones grandes y poderosas, el ejército de Paraguay debía estar permanentemente en pie de guerra. Por esta razón, como en la antigua Troya, la pequeña nación tenía una larga tradición de autoritarismo, militarismo y poder centralizado.

El sistema de administración paraguayo había sido jerárquico desde sus días de colonia jesuita, en los que pequeños grupos de clérigos gobernaban a la gran población indígena. Esto impregnó al país con un legado de autocracia, pero con giro humanista que facilitó el ascenso de líderes paternalistas.[47] José Gaspar Rodríguez de Francia fue el primero, seguido por su sobrino, Carlos Antonio López, y luego por el hijo de Carlos, Francisco Solano López.

Existen dos versiones predominantes acerca de sus legados históricos. Ciertos historiadores los presentan como señores feudales que esclavizaban a la población indígena con el fin de acumular una riqueza extraordinaria. Otros los describen como visionarios utópicos que utilizaron el control del estado para avanzar el desarrollo de la nación. Lo cierto es que fueron una combinación de ambas cosas, y, hayan sido déspotas o paternales, definitivamente fueron autócratas. Las políticas macroeconómicas de Paraguay se podrían calificar como autárquicas, de estado y mercantilistas; limitaron las importaciones, los negocios privados y la inversión extranjera. Como resultado, el país estuvo forzado a depender de mayores niveles de ahorro y sustitución de importaciones para crecer.

Los pilares del modelo económico eran las haciendas estatales; poco después de la independencia, el gobierno había nacionalizado las tierras pertenecientes a los oficiales realistas, simpatizantes, y enemigos políticos, y las había convertido en enormes campos estatales que producían yerba mate, tabaco, granos, algodón y madera para exportación. Así se generaron los ingresos necesarios para la cons-

---

[47] Isidoro J. Ruiz Moreno, *El Misterio De Pavón: Las Operaciones Militares y sus Consecuencias Políticas* (Buenos Aires: Claridad, 2005).

trucción del primer ferrocarril y la primera red de telégrafos de la región. También permitió al gobierno establecer astilleros, industrias metalúrgicas y el ejército regular más grande de América del Sur. El ejército paraguayo había sido bien entrenado y equipado con tecnología de punta, por mercenarios europeos.

La organización de la economía paraguaya era muy diferente —y más próspera— que la de sus vecinos. El modelo económico impulsado por el estado creó una distribución mas equitativa del ingreso, lo que generaba un fuerte contraste con la concentración de riqueza que caracterizaba a Argentina y Brasil. La sociedad paraguaya también se estructuraba de manera diferente. A diferencia de muchas otras colonias latinoamericanas que restringieron el acceso a la educación con el fin de mantener segmentada la estructura social jerárquica, el gobierno paraguayo fomentaba la educación publica. Incluso otorgaba becas a miembros de las clases mas bajas para estudiar en el exterior, con el fin de promover la movilidad social.

Existen también puntos de vista encontrados respecto a la política exterior de Paraguay. Muchos la describen como la de un estado expansionista, con la ambición de obtener acceso directo al Océano Atlántico, mientras que otros resaltan su carácter defensivo consecuencia de recelos genuinos sobre sus vecinos hegemónicos. Estos argumentan que las tendencias agresivas demostradas por Argentina y Brasil amenazaban la soberanía de las naciones regionales más pequeñas. Por esta razón, la Guerra de la Triple Alianza no fue tanto un intento de obtener tierras por parte de Paraguay, sino una lucha necesaria para asegurar su supervivencia.

Esta percepción dicotómico es crucial en la descripción de este conflicto. La historia la escriben los vencedores. En este caso, Argentina, Brasil y Uruguay describieron a Paraguay como el agresor, en lugar de la víctima de una guerra genocida. Para perpetuar este punto de vista, los aliados quemaron los archivos nacionales en Asunción. La mayoría de los registros históricos que sobrevivieron fueron escritos en Buenos Aires y Río de Janeiro. Sin embargo, muchas crónicas, diarios y cartas sobrevivieron y pintan un cuadro un tanto más complejo que el que narra el relato establecido.

El primer hito importante del conflicto ocurrió en 1862, cuando el bastón presidencial pasó a Francisco Solano López. Malcriado de niño, era impetuoso y autocrático. A los dieciocho años fue promovido al rango de brigadier general. A los veintiséis, fue enviado a Europa con poderes plenipotenciarios, donde pasó un año y medio en Gran Bretaña, Francia e Italia. Quedó embelesado con los cuentos de Napoleón y desarrolló una fascinación romántica por las guerras napoleónicas al punto de mandar a confeccionar uniformes similares para sus tropas y una réplica exacta de la corona de oro de Bonaparte. En Paris, López conoció a Eliza Lynch, una cortesana irlandesa con quien regresó a Paraguay convertida en amante y pareja. Sobre su arribo en 1855, su padre lo nombró ministro de guerra y sirvió en ese cargo hasta que asumió la presidencia siete años más tarde.

El balance de poder se encontraba en flujo cuando Solano López se colocó la banda presidencial en 1862. Un año antes, las fuerzas militares de Buenos Aires, a las órdenes de Bartolomé Mitre, habían entrado en conflicto con el ejercito de la Confederación Argentina en la batalla de Pavón. Las fuerzas confederadas, dirigidas por José Justo de Urquiza, estaban triunfando cuando, sorpresivamente, Urquiza abandonó el campo de batalla. Al advertir que sus adversarios se esfumaban, Mitre, quien hasta ese momento se encontraba en retirada, dio la vuelta e inició la persecución. Esto marcó un giro decisivo en la historia del país. Desde su independencia, medio siglo antes, Argentina había sido devastada por una contienda entre Unitarios y Federales. Cuando Urquiza decidió abandonar Pavón, el movimiento Federal se desarmó completamente y el país se consolidó bajo el modelo unitario.[48]

Uno de los oficiales de mayor confianza de Mitre fue el General Venancio Flores, un uruguayo con una veta extremadamente violenta. Un mes después de la victoria de Pavón, sus hombres sorprendieron a un contingente de trescientos hombres federales en Cañada de Gómez. En lugar de tomar prisioneros, dio la orden que se los degollara. Sanguinario y ambicioso, tenía el deseo ardiente de hacerse de la presidencia de su país. Como se trató en un capítulo anterior, Uruguay había sido asolado, desde su independencia, por un conflicto entre las dos principales facciones políticas, los Blancos y los Colorados. Cansados del derrame de sangre, firmaron una tregua en 1860 y crearon una coalición, nombrando a Bernardo Berro, un Blanco, como jefe de estado.

El fin de la guerra civil argentina convenció a Flores de que ya era momento de regresar a su hogar. Pidió a Mitre asistencia para derrocar al gobierno legítimamente electo. El líder argentino accedió y le brindó fondos, armas y soldados. El 19 de abril de 1863, Flores arribó a un desembarcadero uruguayo, convenientemente llamado Rincón de las Gallinas, ubicado levemente al sur de Fray Bentos, donde comenzó a pergeñar una nueva insurrección que se denominó la Cruzada Libertadora. La reanudación de las hostilidades y la decisión de los Colorados de unirse a Flores llevaron al colapso de la coalición fusionista. Sin embargo, este último no pudo derrocar el gobierno.[49]

Berro era un hombre de mano firme. Aristócrata, proveniente de una gran familia terrateniente, fue el primer presidente del país. Ahora ocupaba el sillón presidencial por segunda vez. Flores llegó con hombres, equipamiento y municiones, pero no fue suficiente para ganarse el favor de la nación. Estuvo forzado, por lo tanto, a iniciar una campaña de guerrilla. En marzo de 1864, Berro terminó su mandato pero el conflicto vigente impidió que se celebraran elecciones. Por lo tanto, fue reemplazado provisionalmente por el presidente del senado, Atanasio Aguirre, quien también provenía de los Blancos. Logró mantener a raya a Flores, pero la situación cambiaría rápidamente.

....

[48] Isidoro J. Ruiz Moreno, *El Misterio De Pavón: Las Operaciones Militares y sus Consecuencias Políticas* (Buenos Aires: Claridad, 2005).

[49] . Gordon Ross, *Argentina and Uruguay* (New York: Macmillan, 1916).

Las relaciones de Uruguay con Brasil habían sido tumultuosas desde el final de la Guerra Cisplatina. El contrabando estaba fuera de control y los bandidos atacaban haciendas a ambos lados de la frontera. En mayo de 1864, el gobierno imperial de Brasil le presentó a Uruguay una lista de incidentes y reclamó una indemnización; Aguirre se negó. El emperador de Brasil respondió ordenando la invasión de Uruguay. El objetivo era ocupar el Puerto de Paysandú, la segunda ciudad más grande del país, como represalia.

La campaña fue encomendada al Marqués de Tamandaré, Almirante Joaquim Marques Lisboa, quien ordenó a un escuadrón de cinco buques de guerra remontar el río Uruguay. Dado que el rio era compartido por Uruguay y Argentina, se solicitó libre paso a Buenos Aires, que accedió de buena gana. Esto no generó sorpresa en el gobierno uruguayo dado que Argentina apoyaba abiertamente las acciones subversivas de Flores. Acorralado por las fuerzas hegemónicas de Argentina y Brasil, Berro apeló al apoyo de sus vecinos, Solano López y Urquiza.

Las fuerzas de Urquiza eran formidables, a pesar de su revés en Pavón. Era por lejos el hombre más rico de la Argentina. Miles de gauchos respondían a sus órdenes, y la provincia de Entre Ríos era su domino. Una delegación uruguaya viajó a su hogar y le informó que Montevideo no tenía oportunidad de hacer frente a la Argentina y Brasil; le advirtieron a Urquiza que lo que sucedía en Uruguay era un anuncio de lo que le sucedería a él mismo. Sin embargo, Urquiza estaba agotado por la causa federalista y las constantes disputas entre las diferentes facciones políticas. Se había resignado a la supremacía de Buenos Aires y focalizaba sus esfuerzos en agrandar su ya enorme riqueza.[50]

Solano López no fue tan complaciente. Paraguay era un país soberano, y él sabía que lo que estaba ocurriendo en Uruguay preanunciaba lo que le esperaba. Buenos Aires había estado distraída durante los últimos cincuenta años por disputas internas, pero ahora que la Guerra Civil había concluido, iba a reclamar los territorios del viejo virreinato. Brasil tenía una misión similar, deseando dominar los estados más pequeños en su flanco sur. Por lo tanto, Solano López decidió actuar. El 13 de noviembre de 1864, la armada paraguaya capturó el buque a vapor *Marquês de Olinda* mientras navegaba hacia el norte sobre el río Paraguay. Una agresión de este tipo constituía un acto de guerra sin retorno.

Solano López se había estado preparando para una situación como esta desde convertirse en ministro de guerra. Unos años antes, había ordenado a espías paraguayos realizar tareas de reconocimiento en las regiones del sur de Brasil, diseñando tácticas y planes para una invasión preventiva. Sus tropas estaban bien preparadas para la lucha. A pesar de que sus vecinos eran más grandes y ricos, no contaban con fuerzas terrestres tan bien organizadas. Paraguay tenía un ejército de cuarenta y cuatro mil hombres. Luego de sus guerras civiles, el ejército argentino se había

[50]   William Hartley Jeffrey, *Mitre and Urquiza: A Chapter in the Unification of the Argentine Republic* (Madison, NJ: Library Publishers, 1952).

reducido a menos de cinco mil hombres, y la mayoría de estos estaban desplegados en el sur para defender al país de los malones indígenas. El ejército brasileño era más grande, con más de dieciséis mil hombres, concentrados en su mayoría en Río Grande Do Sul, donde se habían desplegado luego de la Revolución Farroupilha. El ejército de Uruguay era el más pequeño de los tres aliados, con menos de dos mil hombres.

En el frente naval, la situación era diferente. Gracias a su programa de construcción de barcos y a las adquisiciones extranjeras, la marina paraguaya tenía veintinueve buques de Guerra. La marina argentina tenía un total de cinco buques. Uruguay no contaba con ninguno. Mientras tanto, la Armada de Brasil estaba formada por cuarenta y dos buques de guerra; su flota había disminuido considerablemente desde su independencia, pero seguía siendo formidable. Como se mencionó en el capítulo de las guerras Platina y Cisplatina, el legado portugués de una armada fuerte brindaba una ventaja militar muy importante.

A pesar del acto inicial de agresión perpetrado por Paraguay, Brasil se encontraba concentrado en su venganza contra Uruguay.[51] El primero de diciembre de 1864, Brasil atacó la ciudad uruguaya de Paysandú con una fuerza combinada de veinte mil soldados y marinos, asistidos por los rebeldes uruguayos liderados por Venancio Flores. Bombardeada desde la tierra y el mar, la ciudad fue reducida a escombros. Una semana después, las mujeres, los niños y los ancianos fueron evacuados a una isla cercana. Todavía existía la esperanza de que Urquiza se uniera a la contienda y diera vuelta la historia. Muchos argentinos de Entre Ríos fueron voluntarios en la defensa frente al asedio, pero Urquiza mantuvo su postura. De hecho, traicionó a sus vecinos al venderle treinta mil caballos a los brasileños, a un precio muy inflado, lucrando así con su neutralidad.

Al ser testigo de la impunidad con la cual Brasil, asistido por Argentina, trataba a Uruguay, Paraguay resolvió actuar con mayor decisión. Proclamaron que la invasión a Uruguay había sido un claro acto de agresión, y le declararon la guerra a Brasil el 13 de diciembre de 1864. Diez días más tarde, un batallón de cuatro mil doscientos soldados abordó siete transportes militares y se dirigió hacia el norte sobre el río Paraguay. Su destino era la ciudad brasileña de Coimbra, en el estado de Mato Grosso do Sul.

El 27 de diciembre, lanzaron un ataque sorpresa contra un cuartel compuesto de 155 hombres. Los brasileros resistieron durante dos días antes de escapar rio arriba hacia la ciudad militar llamada Corumbá. Esta fortificación era más grande, y estaba defendida por quinientos soldados, pero el comandante, al darse cuenta de que estaba superado tanto en número de tropas como en armamento, decidió emprender la retirada hacia Cuiabá, la capital de Mato Grosso, donde podía contar

[51] Guido Rodríguez Alcalá y José Eduardo Alcázar, *Paraguay y Brasil: Documentos sobre las Relaciones Binacionales, 1844–1864* (Asunción: Editorial Tiempo de Historia, 2007).

con mayores recursos. Dado que la poca profundidad del río no permitía la navegación de buques de vapor, las tropas paraguayas se instalaron en Corumbá, donde cavaron trincheras, emplazaron sus piezas de artillería y permanecieron hasta el final de la guerra.

Una columna paraguaya separada lanzó una incursión en simultáneo en el flanco sudoeste de Mato Grosso do Sul. Arribaron al puesto militar de Dourados, defendido por una pequeña compañía de dieciséis hombres. Luego de una batalla sangrienta en la cual todos los soldados perdieron la vida, la fuerza invasora continuó su marcha hacia el norte, deteniéndose en Miranda. Como resultado, el ejército paraguayo había establecido dos frentes distintos dentro del territorio. Su estrategia fue crear un ataque que distrajera a las fuerzas imperiales de la operación más grande que estaba por abrirse paso hacia el sur, a través de Argentina, uniendo fuerzas con Uruguay.

En Paysandú, la situación se tornaba desesperante. Superados en cantidad de hombres y fuerzas de artillería, la cuidad sucumbió y se rindió el 2 de enero de 1865. Cuando el líder del cuartel, Leandro Gómez, se acercó a los brasileños para establecer los términos de la rendición, fue detenido y entregado a Flores. Ignorando las convenciones de guerra, el general uruguayo ordenó el fusilamiento de Gómez, poniendo fin al asedio. A continuación, Flores lideró a sus rebeldes y a una fuerza de ocho mil soldados imperiales con destino a Montevideo.

En el ínterin, el período de Aguirre había concluido. Tómas Villalba, presidente provisional, fue elegido por el senado para reemplazarlo. Temiendo un baño de sangre y una repetición de lo sucedido en Paysandú, Villalba comenzó a negociar. Ambos lados acordaron permitir que el salvaje general tomara el poder hasta que se pudiera llamar a elecciones, además de perdonar a todos los Blancos y Colorados para evitar represalias. La instalación de Flores como el líder legítimo de Uruguay convirtió al país en un estado títere, bajo las órdenes de Argentina y Brasil.

El desenlace de los eventos sucedidos en Uruguay preocupó a Solano López. Mientras que la posición de Brasil era clara, él no estaba seguro cómo proceder con Argentina. Buenos Aires continuaba declarando su neutralidad, sin embargo la postura cómplice de Mitre al permitir navegar a buques de guerra brasileños por ríos argentinos y su abierto apoyo a Flores sugerían otra cosa. Para sondear las verdaderas intenciones de la Argentina, solicitó permiso para que el ejército paraguayo cruzara por la provincia de Corrientes con el fin de asistir a los uruguayos asediados. Mitre se rehusó, afirmando que la Argentina era neutral y que no podía permitir el ingreso de beligerantes.

Los paraguayos señalaron el hecho de que Mitre había permitido que los buques de guerra brasileños navegaran por el río Uruguay para asistir en el asedio de Paysandú, y preguntaron cómo eso podía considerarse un comportamiento neutral, sin embargo, no hubo respuesta de Mitre. La suerte estaba echada. La guerra con Argentina era inevitable, pero primero, Solano López tenia una última carta diplomática para jugar. Envió un emisario a Urquiza, proponiendo una alianza contra Buenos Aires y prometiéndole la presidencia del país, si ganaban. Pero el caudillo había perdido interés en la defensa de causas perdidas.[52]

Al quedar sin otra opción, Solano López instó al congreso paraguayo a declarar la guerra contra la Argentina. El tema fue debatido durante más de un mes y finalmente se declaró la guerra el 13 de marzo de 1865, otorgándole a Solano López poderes militares y dándole el comando del ejército paraguayo. Su estrategia era invadir la provincia de Corrientes con la esperanza de que la población local se uniera a su causa. Repleta de indios guaraníes y sus descendientes, la provincia compartía estrechos lazos de parentesco con Paraguay y los paraguayos. La invasión consistío en dos incursiones. La primera bajando por el río Paraná hacia la ciudad de Corrientes; la segunda adentrándose por el otro lado de la provincia, bordeando el río Uruguay.

La campaña se dirigió desde Humaitá, una Fortaleza asentada sobre la confluencia de los ríos Paraguay y Paraná. Al controlar el acceso fluvial a Asunción, la capital, podía decirse que Humaitá era la puerta de entrada a la nación. La fortificación impenetrable era defendida por anillos de paredes gruesas y por baterías de artillería independientes. Al comenzar el conflicto, Solano López reubicó su cuartel general en la fortaleza para dirigir la campaña.

La ciudad de Corrientes era un importante centro de comercio en Argentina. Capital de la provincia homónima, el gran puerto se asentaba sobre una serie de barrancas. Dado que las hostilidades eran inminentes, el gobernador solicitó armas y tropas a Buenos Aires, pero Mitre ignoró sus pedidos. Todavía se encontraba lidiando con las insurrecciones en el oeste y necesitaba racionar sus recursos. Por otro lado, desconocía la declaración de guerra realizada por Paraguay dado que el documento aún estaba en camino. Preventivamente envió dos viejas cañoneras para asistir en la defensa de la ciudad. No imaginaba lo que le esperaba.

El jueves santo de 1865, un escuadrón de cinco buques de guerra paraguayos con una dotación total de cinco mil soldados fue enviado a tomar la ciudad. La flotilla, bajo las órdenes del general Wenceslao Robles, pasó inadvertida por el puerto de la ciudad, al amparo de la noche, dando la vuelta para tomarla por sorpresa.

La caída de Corrientes desató temblores sísmicos en Buenos Aires, especialmente cuando se reveló que la ciudad había caído sin disparar un solo tiro en defensa propia. Tal como lo imaginó Solano López, la población local dio la bienvenida a los paraguayos. Una delegación de ciudadanos prominentes recibió a las tropas invasoras, agitando banderas paraguayas. Temeroso de que su nación recientemente consolidada se fragmentara, Mitre se comprometió a dar fin al conflicto e ingresar a Asunción en un plazo no mayor a tres meses. Mientras tanto, Solano López redobló sus esfuerzos, agregando veinte mil tropas a las fuerzas invasoras. Robles dejó un contingente de mil quinientos soldados para vigilar la ciudad y continuó bajando por el río Paraná.

---

[52] Miguel Angél de Marco, *La Guerra del Paraguay*, 1st ed. (Buenos Aires: Planeta, 2003).

Mitre estaba conmocionado. Paraguay debía ser destruido antes de que la situación se saliera de control. Conociendo sus limitaciones, convocó a Brasil, némesis de su país, a unirse a la campaña; lo mismo con su nuevo estado cliente, Uruguay. Brasil, como prontamente quedaría en evidencia, necesitaba la guerra para sofocar sus propios focos separatistas. El tratado tripartito, firmado el primero de mayo de 1856, fue mantenido en secreto dado que avalaba el uso de una fuerza descomunal contra una nación mucho más pequeña. El tratado significó la formalización de la alianza improvisada que había tomado forma el año anterior en Uruguay, y terminó confirmando el temor de Solano López sobre las tendencias hegemónicas de Brasil y Argentina. Conocida formalmente como la Triple Alianza, esta designó a Mitre como cabeza de la expedición.

Ahora Mitre debía agitar el fervor patriótico de su país. Para hacer esto, cambió la narrativa política nacional. Hasta ese momento, el debate ideológico se había focalizado en la dicotomía de las formas unitarias o federales de gobierno. Sin embargo, la Batalla de Pavón había tornado obsoleta esa discusión. Luego de la batalla, Buenos Aires había accedido a un esquema de reparto de ingresos conocido como coparticipación, que distribuía los ingresos aduaneros al resto de las provincias. Como resultado de esto emergió una forma híbrida de administración, con ingresos divididos de manera federal, pero con Buenos Aires comandando unilateralmente a la nación. Mitre creó un nuevo discurso para redirigir la atención del pueblo lejos de esta realidad. Argumentó que la guerra contra Paraguay era una lucha contra la barbarie. La cruzada de Argentina era para su "liberalización", en el sentido económico y político, y el fin de la "salvaje tiranía" representada por el estatismo.

Como resultado, Mitre encuadró la lucha contra Paraguay como una cruzada liberal. Esto le dio al conflicto una dimensión económica que era particularmente atractiva para Brasil —y Gran Bretaña. La organización económica mas igualitaria de Paraguay generaba un contraste vergonzoso comparado con los arreglos de propiedad privada que se empleaban en Brasil y Argentina, junto con las grandes concentraciones de riqueza que producían. También representaban un obstáculo a los esfuerzos Británicos de generar incursiones comerciales en el país, por medio de mercados de capitales o a través de inversión extranjera directa. Fue una de las primeras ocasiones en la cual la ideología económica fue utilizada como una justificación de guerra.

El primer capítulo de la ofensiva aliada tuvo lugar en Corrientes, cuando un escuadrón de ocho buques de guerra y dos buques a vapor argentinos retomaron la ciudad. Mitre planeó la operación que fue liderada por el general argentino Wenceslao Paunero. La invasión fue sangrienta, con combates despiadados casa por casa, lo cual resultó en unas quinientas bajas de ambos lados. Para sorpresa de los aliados, no hubo una recepción de bienvenida.

Preocupados por la posibilidad de que los habitantes se rebelaran contra ellos cuando los paraguayos contraatacasen, los aliados se retiraron y regresaron a sus buques. Cuando esto ocurrió, los paraguayos reingresaron a la ciudad y reforzaron sus posiciones defensivas. Sin embargo, la flota brasileña permaneció anclada al sur. A partir de mediados de abril, estableció un bloqueo que no sólo impidió el comercio, sino que también obstaculizó el transporte de municiones y armas destinadas a Paraguay. Esto se tornó en un contratiempo importante para Solano López, quien necesitaba procurar más equipamiento desde Europa y Estados Unidos. Necesitaba encontrar la manera de quebrar el bloqueo.

En junio de 1865, Solano López lanzó una operación que se convertiría en la batalla naval más grande en la historia de América Latina. Su plan era tomar por sorpresa a la flota aliada; esperaba capturar varios buques de gran tamaño y utilizarlos para quebrar el bloqueo. La misión fue encomendada al comodoro Pedro Ignacio Meza, uno de los oficiales navales con mayor experiencia en Paraguay. Sin los recursos apropiados, el escuadrón improvisado de Meza consistió en ocho buques a vapor armados con treinta cañones. Además de los buques a vapor, el escuadrón paraguayo remolcaba siete barcazas con armas que podían ser utilizadas para proveer apoyo armamentístico. Solamente el buque insignia, el *Tacuarí*, tenía armadura. La mayoría de las otras naves eran barcos de madera, incluyendo el buque mercante brasilero, *Marquês de Olinda*, que había sido capturado unos meses antes. Además de los cuatrocientos noventa y dos marineros embarcados en los buques, las fuerzas incluían un batallón de quinientos soldados que servía como grupo de abordaje. Eran apoyados por veintidós cañones desplegados a lo largo de los puntos altos de la ciudad, bajo las órdenes del teniente coronel José María Bruguez. Por último, un regimiento de refuerzo de dos mil hombres se encontraba preparado para entrar en acción. El escuadrón estaba compuesto por nueve buques a vapor con armadura, mil cuatrocientos marinos y mil trescientos soldados.[53]

El poderoso rio Paraná es la segunda vía acuática más grande de Sudamérica, con un caudal de agua mayor al del Mississippi. El río desemboca en la parte central del continente, convirtiéndolo en un conducto importante para el comercio y las comunicaciones. Pasa por la ciudad de Corrientes, que se encuentra a mil kilómetros de la desembocadura del río, con un ancho de más de tres kilómetros. El nombre de la ciudad hace referencia a las corrientes que se arremolinan a su paso por la ciudad. La presencia de grandes islas crea un efecto Bernoulli que acelera la velocidad del agua mientras crea una cascada de remolinos que dificulta mucho la navegación.

Cada noche, la flota brasileña abandonaba su puesto veinte kilómetros al sur de Corrientes para instalar un campamento nocturno en la vera opuesta. La tripulación anclaba y desembarcaba, y mientras tanto mantenía vigilado el tráfico que podía acercarse. Los paraguayos sabían que estaban superados en potencia de fuego, y decidieron utilizar el factor sorpresa para tomar desprevenida a la armada

---

[53] Leslie Bethell, *The Paraguayan War, 1864–1870* (Londres: Institute of Latin American Studies, 1996).

imperial. El plan era navegar por el Paraná al amparo de la oscuridad de la noche. Las cuadrillas de asalto capturarían las naves antes de que los brasileños pudiesen volver a embarcar y contraatacar.

La operación fue lanzada durante la noche del 10 de junio de 1865. Todo comenzó bien. El escuadrón zarpó desde Humaitá y navegó por el río Paraguay. Pasada la media noche, los buques habían ingresado al río Paraná cuando la hélice del *Yberá* fue dañada por residuos sumergidos. A pesar de que no era el buque principal, era uno de las naves más grandes de Meza —y una de las pocas que utilizaba un sistema de propulsión de hélice. El almirante decidió seguir adelante, pero a marcha más lenta. Como resultado, el escuadrón arribó de frente a la flota brasileña al amanecer, envuelto en una espesa niebla. La corriente del río era mas rápida de lo que él había esperado y creyó que las anclas no le darían tiempo suficiente a las cuadrillas de asalto para realizar el abordaje de los barcos. Decidió, por tanto, concluir con la estrategia planeada y pasar por el costado del escuadrón , regando los barcos con cañonazos. Su decisión generó descontento entre los miembros de la cuadrilla de asalto, quienes estaban preparados para desembarcar.

El estruendo anunció el arribo paraguayo y los marinos imperiales regresaron rápidamente a sus buques. Mejor armados, dañaron seriamente uno de los buques a vapor que merodeaba y hundieron una de las barcazas. Varios buques de ataque también fueron impactados, produciendo grandes bajas al bando invasor. A medida que pasaba junto al enemigo anclado, Meza se dio cuenta que se encontraba en apuros. Había perdido el factor sorpresa, su única ventaja táctica, y ahora se encontraba en un brete. Río arriba se encontraba una fuerza superior y río abajo un escuadrón enemigo aún mayor con tareas de bloqueo. Por lo tanto, no le quedó otra opción que luchar. Ordenó a sus buques frenar y preparar un contraataque.

La flota brasileña inmediatamente levantó anclas y se dirigió río abajo a gran velocidad. Al mando del comodoro Francisco Manuel Barroso, a las tripulaciones se les ordenó que ocuparan su puestos de batalla. El crucero pesado *Belmont* fue el primero en la fila. A medida que se acercó al escuadrón enemigo, la artillería emplazada en la costa abrió fuego y envolvió al buque en llamas. El siguiente crucero, el *Jequitinhonha*, dio la vuelta para evitar caer en la trampa, pero terminó encallando. La artillería paraguaya reaccionó desatando una tormenta de fuego sobre el segundo buque. La flota brasileña se encontraba en una situación caótica.

El almirante paraguayo ordenó a tres de sus buques ir al encuentro del *Belmont*. También dio orden a los marineros del *Marquês de Olinda* de abordar el *Jequitinhonha*. Para evitar que su escuadrón se desintegrase, Barroso ordenó que se reagruparan río arriba. Sabiendo que los buques de madera de Meza no eran rivales para sus cruceros con armadura, el comodoro imperial indicó a su buque insignia, el *Amazonas*, embestir al segundo buque más grande de Meza, el *Paraguarí*. El buque de guerra golpeó fuerte sobre el costado de la nave de madera, forzándolo a abandonar la acción. Esto generó que la dinámica de la situación girara a favor de los brasileños. Viendo la facilidad con la que su nave blindada había quebrado al

Paraguarí, Barroso ordenó al *Amazonas* embestir a otros dos buques adicionales, incluyendo el *Marquês de Olinda.* Asimismo ordenó a sus artilleros apuntar a los vapores a ruedas, dejándolos a la deriva. Habiendo destruido más de la mitad del escuadrón enemigo, los artilleros imperiales apuntaron a las barcazas que permanecían a flote y hundieron a todas. La batalla se había extendido durante el día entero, pero la Armada Imperial Brasileña cesó con el ataque al caer la noche. Permitió a los paraguayos que habían sobrevivido escabullirse y retornar a su base en Humaitá. Sobre la cubierta del *Tacuaré,* que se encontraba en retirada, yacía Meza, con heridas mortales. Murió una semana después.

La contienda, que terminó llamándose la batalla del Riachuelo, fue la batalla naval de mayor envergadura en la historia de América Latina, con el número más alto de combatientes y naves involucradas. Marcó un hito importante al establecer la superioridad naval de Brasil y su dominio sobre los sistemas fluviales. El equipamiento y tecnología superior de Brasil fueron clave. Era claro que Paraguay precisaba mejores buques si planeaba enfrentar al enemigo. Sin embargo, debido al bloqueo , Paraguay no podía recibir equipamiento adicional, y por lo tanto estuvo obligado a depender de sus propias fábricas, fundiciones y astilleros para satisfacer sus necesidades bélicas.

A pesar del revés, el Ejercito Paraguayo continuó su campaña. Robles avanzó lentamente por las costas del río Paraná, bombardeando, incluso, el escuadrón brasileño mientras este navegaba hacia el sur luego de su victoria en el Riachuelo. El general continuó hasta Goya, donde la mayor parte de la flota brasileña se encontraba realizando tareas de bloqueo. Al mismo tiempo, un contingente de doce mil soldados paraguayos se movía hacia el sur a lo largo del río Uruguay, que marcaba el limite entre Brasil y Argentina. La ribera oriental de la vía acuática marcaba la frontera brasileña, mientras que la costa oeste era argentina. Ambas campañas separaron efectivamente las provincias de Corrientes y Misiones del resto del país, produciendo la mayor invasión, hasta entonces, del territorio argentino.

La fuerza de expedición que avanzaba a lo largo del río Uruguay estaba bajo las órdenes del teniente coronel Antonio de la Cruz Estigarribia. Su primera parada fue la ciudad brasileña de São Borja, que cayó el día siguiente de la batalla del Riachuelo. El coronel se encontraba bajo estrictas ordenes de detener su avance en el pueblo de Itaqui, pero decidió continuar avanzando luego de observar al enemigo en retirada. Hacia fines de junio de 1865, dividió sus fuerzas en dos grupos y reanudó la invasión, con una columna a cada lado del cauce fluvial. Del lado argentino, una columna de tres mil hombres fue puesta bajo el mando del mayor Pedro Duarte. Estigarribia controlaba el resto de la fuerza del lado brasileño. Ambas columnas se detuvieron, finalmente, cien kilómetros al sur de Itaqui, cuando sus líneas de reabastecimiento se sobrecargaron peligrosamente. Duarte se detuvo en Paso de los Libres y Estigarribia en Uruguayana, en el lado opuesto del río.

Mientras tanto, los aliados preparaban su ofensiva. El nuevo centro de operaciones estaba en la ciudad argentina de Concordia, doscientos kilómetros río abajo de Paso de los Libres y Uruguayana. La ciudad era un bullicio en el que toneladas de armas, uniformes y suministros arribaban desde todo el país. Buques extranjeros llenaban los muelles con municiones importadas. Miles de reclutas argentinos arribaban todas las semanas. Había mucho entusiasmo, como si la campaña se tratara de una gran aventura. Se alistaban voluntariamente hijos de prominentes politicos y familias adineradas, pero no todos estaban tan entusiasmados con la guerra. Un mes antes, en el pueblo entrierrano de Basualdo, un ejército de diez mil gauchos montados liderados por Ricardo López Jordán había desertado al enterarse de que estarían luchando contra los paraguayos. Habían sido convocados por Urquiza y se habían alistado voluntariamente creyendo que lucharían contra los brasileños, quienes habían asediado Paysandú. Como se hizo evidente durante la caída de Corrientes, la población del noreste argentina tenía más en común con los paraguayos que con los brasileños. Compartían idioma, costumbres y los ancestros del pueblo guaraní que habitaba la región.[54]

La cultura guaraní también se encontraba profundamente arraigada en el sur de Brasil, lo cual determinó que varios pueblos brasileños cayeran ante los invasores paraguayos sin oponer resistencia. La personas de Río Grande do Sul tenían poco en común con la nobleza de origen europeo de Río de Janeiro, lo cual se hizo evidente durante el levantamiento de Farroupilha. Más aún, los altos mandos imperiales habían entrado en pánico a raíz de las deserciones desenfrenadas que habían empezado a producirse. Por lo tanto, las rendiciones rápidas en Corrientes, São Borja, Itaqui, y Uruguayana confirmaron los temores en Río de Janeiro y Buenos Aires de que Paraguay era una amenaza real que debía ser erradicada dado que la invasión podría brindar el pretexto necesario a otros estados que buscaran separarse.

Esta fue la esencia de la Guerra de la Triple Alianza. Nunca se trató de un esfuerzo por contener las ambiciones expansionistas de Solano López o por erradicar sus políticas estatistas; fue una iniciativa conjunta de dos enemigos mortales, Argentina y Brasil, por eliminar una entidad exitosa enquistada en su domino común. Esta fue la conclusión que también se le hizo evidente a Urquiza y que explica por qué abandonó la causa federal. Se dio cuenta de que nunca podría contrarrestar el enorme poderío de Buenos Aires. Por ende, dio su consentimiento y se dedicó a cuidar sus intereses comerciales. Solano López, sin embargo, nunca tuvo esa opción. Con la invasión de Uruguay y la masacre de Paysandú, sabía que sólo era una cuestión de tiempo hasta que su país sufriera el mismo destino.[55]

Dado que Paraguay era el centro de la cultura Guaraní, su misma existencia era una amenaza. Por lo tanto, debía ser eliminado —su economía destruida, su lideraz-

---

[54] Barbara Anne Ganson, *The Guaraní Under Spanish Rule in the Río de la Plata* (Palo Alto, CA: Stanford University Press, 2003).

[55] Moniz Bandeira, *La Formación de los Estados en la Cuenca del Plata: Argentina, Brasil, Uruguay, Paraguay*, primera edición. (Buenos Aires: Grupo Editorial Norma, 2006).

go erradicado y su pueblo diezmado por medio de nada menos que una campaña genocida. Esa fue la razón por la cual la elite económica y política de Río de Janeiro decidió que debía prestarle más atención al conflicto. Así, contra los deseos de su congreso, el emperador Don Pedro II decidió ingresar al escenario bélico.[56]

En agosto de 1865, los aliados, liderados por Flores y Mitre, lanzaron su campaña. Partieron desde Concordia con un ejército de doce mil soldados y treinta y dos cañones. Su primer objetivo fueron la fuerzas de Duarte, que contaban con tres mil hombres en Paso de los Libres. A medida que los aliados se acercaron, Duarte envió un mensaje urgente al coronel Estigarribia, solicitando refuerzos. El coronel no solo desestimó el pedido, sino que menospreció a Duarte por su cobarde impertinencia. Así, Duarte no sólo estaba superado en cantidad de hombres, sino que toda su artillería se encontraba del lado opuesto del río; sabia que sus probabilidades de supervivencia eran prácticamente nulas.

El ejercito paraguayo había estado, hasta el momento, a la ofensiva, lanzando una serie de ataques sorpresivos que le habían permitido incursionar a fondo en Brasil y Argentina. Ahora, se encontraba a la defensiva y enfrentando fuerzas superiores. En busca del mejor terreno, Duarte posicionó a sus tropas en los bancos del arroyo Yatay, por lo que sólo contaban con dos opciones: luchar o nadar. En la víspera de la batalla, las tensiones afloraron cuando un destacamento de argentinos proveniente de Corrientes, alertó a viva voz a los paraguayos, en guaraní, que en caso de no huir, al día siguiente serían masacrados. Los soldados paraguayos respondieron que debían cumplir con su deber.

A las diez horas de la mañana siguiente, el 17 de agosto de 1865, comenzó el ataque con un feroz carga de caballería. Los paraguayos aguantaron durante tres horas la embestida de una fuerza muy superior. La mitad de los hombres fueron muertos en batalla, excepto unos cuantos cientos que escaparon nadando por el rio. Duarte intentó lanzar un ataque final, pero su caballo fue herido de bala y él mismo fue capturado. El coronel fue presentado al sanguinario Flores, quien ordenó su ejecución. Afortunadamente para Duarte, su vida fue perdonada por Paunero, el general argentino que había intentado retomar la ciudad de Corrientes unos meses antes.

El resto de las tropas no contó con la misma suerte. Al interrogar a los prisioneros, Flores encontró que varios soldados eran uruguayos que se habían unido al ejército paraguayo, así como también argentinos, confirmando así la idea de que la causa paraguaya tenia una amplia convocatoria. Por lo tanto, ordenó que se les disparara o se les ejecutara con garrote. Muchos soldados y oficiales argentinos se horrorizaron con las atrocidades cometidas; Mitre encabezó las duras quejas contra el general uruguayo. Los prisioneros que no fueron masacrados fueron compulsivamente alistados en el Ejército Uruguayo, que se encontraba desprovisto de soldados, y se les obligó tomar las armas contra sus hermanos.

....

[56] Lília Moritz Schwarcz, *The Emperor's Beard: Don Pedro II and the Tropical Monarchy of Brazil*, primera edición estadounidense. (New York: Hill and Wang, 2004).

El foco de atención viró hacia el pueblo de Uruguayana luego de la derrota en Yatay. Una división brasileña sitió la ciudad el 16 de julio de 1865. Con la batalla finalizada del lado argentino del río, varios regimientos fueron enviados para incrementar a diecisiete mil hombres las fuerzas del asedio. La Armada de Brasil también había tomado posición, un mes antes, previniendo que el ejercito paraguayo se escapara o se reabasteciera. La falta de alimentos debilitaba a los hombres. Varios cayeron enfermos y la deserción aumentó. El 11 de septiembre de 1865, Don Pedro II arribó al campo de batalla. Se encontró con Mitre y Flores para repasar el progreso de la campaña. El embajador británico, Sir Edward Thornton, también participó de las tratativas. Gran Bretaña tenía grandes intereses involucrados en la guerra; no sólo quería abrir la economía paraguaya a préstamos e inversiones externas, sino que al continuar encarnizadamente la guerra civil norteamericana, los británicos precisaban de manera desesperada fuentes de algodón alternativas. Paraguay había comenzado a exportar esta materia prima unas décadas atrás, pero Solano López se rehusaba a permitir que los extranjeros compraran tierras. Por último, los británicos deseaban seguir de cerca la guerra, dado que algunos de sus bancos financiaban la campaña brasileña.

El 18 de septiembre, a Estigarribia se le entregó un ultimátum: rendición o, caso contrario, sufriría un asalto aliado en un plazo de dos horas. Superado en número, sin prácticamente ninguna posibilidad de retornar a Paraguay, solicitó los términos de rendición. Pidió que a los oficiales de rangos altos se les permitiera escapar adonde ellos eligiesen, incluyendo Paraguay. También solicitó que los soldados de origen uruguayo no fueran entregados a Flores. Los aliados accedieron. Así, el general paraguayo que había menospreciado anteriormente a su subordinado por buscar apoyo frente a una fuerza cuatro veces mayor, se rindió sin efectuar un solo disparo.

Solano López lloró al recibir la noticia. Con un tercio de su ejercito profesional desaparecido, sus esperanzas y ambiciones de limitar el poderío hegemónico de Brasil y Argentina se evaporaron. Se encontraba en una posición similar a la de Hitler cuando cayó Stalingrado; no había nada entre él y el enemigo y era sólo una cuestión de tiempo hasta que los cuatro jinetes del apocalipsis llegaran a su puerta. Muchas personas le reprocharon en secreto no haber tomado el control directo de su ejército. Los líderes soberanos de Brasil, Argentina y Uruguay se encontraban en el frente, siendo testigos directos de lo que sucedía con sus fuerzas. Si Solano López hubiera hecho lo mismo, podría haber prevenido errores cometidos, como haber extendido demasiado las líneas de reabastecimiento y la rendición de Estigarribia en Uruguayana.

A pesar de las garantías de los aliados, muchas de las atrocidades que se cometieron en Yatay se volvieron a repetir. Varios prisioneros fueron asesinados en el momento en que se rendían. Se estima que entre ochocientos y mil hombres capturados fueron tomados por los oficiales brasileros como esclavos, y el resto fue incorporado compulsivamente a la recientemente conformada división paraguaya del ejército de Uruguay para la lucha contra sus compatriotas. Incluso Duarte, el valiente coronel que había liderado la defensa de Yatay, fue tomado como una posesión personal de los vencedores de la batalla.

Los aliados descansaron durante dos meses antes de partir hacia la ciudad de Corrientes. Los paraguayos se encontraban en franca retirada, con Robles volviendo sobre sus pasos. En varias ocasiones los oficiales argentinos intentaron sobornar al general paraguayo para que abandonara su puesto de mando. A pesar de que Estigarribia se rehusó, los rumores llegaron a oídos de Solano López. Inmediatamente relevó al general de sus funciones, lo arrestó y se lo condujo de regreso a Paraguay para ser ejecutado. En pleno ocaso de su campaña militar, Solano López se volvía una figura trágica. La paranoia comenzó a instalarse en su entorno, aislándolo a medida que su estrategia viraba de conducir una campaña ofensiva a intentar salvar a su nación. El 3 de octubre, el líder paraguayo ordenó al resto de sus tropas abandonar la Argentina. Una invasión aliada era inevitable y necesitaba prepararse para el asalto.

Ciudades, pueblos y aldeas argentinas enteras fueron saqueadas a medida que los soldados se retiraban. Buques a vapor paraguayos totalmente cargados, transportaban muebles, máquinas y hasta campanas de iglesia. Muchas mujeres y niños argentinos, particularmente familiares de los altos mandos militares y políticos, fueron tomados como rehenes. El 22 de octubre, los últimos soldados paraguayos abandonaron Corrientes.

El esfuerzo bélico aliado se encontraba en su punto culminante. El inmenso conjunto de recursos financieros y manufacturas de los dos países más grandes de Sudamérica se vertía sobre una de las naciones más pequeñas del continente. El Paraná rebosaba de transportes que llevaban suministros de guerra al frente de batalla, y los reclutadores se extendían a lo largo y ancho de Argentina y Brasil. Sin embargo, las cosas tomaron un giro inesperado el 8 de noviembre, cuando estalló un motín de seis mil reclutas en la zona norte de Entre Ríos. El entusiasmo bélico inicial se había desvanecido, y los jóvenes huían hacia las sierras o se escondían al ver que los reclutadores se aproximaban. Las islas arenosas de los ríos Paraná y Uruguay se convirtieron en escondites para los desertores y aquellos que buscaban evitar ser reclutados. Muchos habían sido obligados a ingresar al ejército a punta de pistola y existían historias de hombres llevados al frente encadenados. Los gobiernos de Buenos Aires y Río de Janeiro temían que este nuevo motín pudiera propagarse a otros sectores del ejército. Decidieron, por lo tanto, dar una lección de disciplina. Tropas brasileñas y argentinas fueron utilizadas para poner fin a la insurrección, y media docena de los cabecillas fueron ejecutados sumariamente.

Mientras tanto, Solano López se preparaba para el asalto aliado. Ordenó la movilización de la población campesina. También mudó su cuartel central a Paso de Patria, tradicional desembarcadero utilizado para el cruce de transbordadores del Paraná desde la Argentina, ubicado junto a la ciudadela impenetrable de Humaitá. Al mudarse a Paso de Patria, Solano López podía supervisar y dirigir todas las operaciones militares.

En el amanecer de 1866, una masa de cincuenta mil hombres de las tropas aliadas tomó posiciones en el costado argentino del río. Del otro lado, lo que quedaba del ejército paraguayo aguardaba el comienzo del asalto. Las tropas se encontraban desplegadas en las pesadas fortificaciones de Itapirú, Curupaytí y Humaitá, tres fuertes que habían sido diseñados y organizados para apoyarse mutuamente y para impedir el acceso fluvial hacia Asunción. El fuerte de Curuzú era utilizado para proteger la retaguardia.

La invasión de Paraguay iba a ser extremadamente dificultosa, y los aliados necesitaban prepararse. Durante el último año, la guerra había trascurrido de manera vertiginosa. La invasión de Mato Grosso do Sul, la campaña de Corrientes, las derrotas del Riachuelo y Yatay, junto con la rendición en Uruguayana se habían sucedido muy rápidamente. Sin embargo, en el presente, el conflicto se encontraba en una pausa prolongada. Por más de tres meses, los aliados se sofocaron bajo el sol tropical. Los campamentos, divididos por nacionalidad, estaban plagados de comerciantes, prostitutas y cabichui negros (avispas). Los soldados mataban el tiempo apostando y bebiendo, o realizando excursiones a la ciudad de Corrientes. A pesar de que Mitre estaba a la cabeza del esfuerzo bélico, la Armada de Brasil se rehusaba a abandonar su anclaje en la costa de la ciudad hasta el regreso, después de una estadía prolongada en Buenos Aires, del almirante Lisboa, Marqués de Tamandaré.

Los paraguayos utilizaron esta pausa para minar la moral del enemigo. Durante la noche, grupos de canoas cargadas partían de las costas fortificadas de Paso de Patria para asaltar los campamentos aliados. Los ataques no eran mucho más que un hostigamiento a las tropas, pero enfurecían a Mitre. Le solicitó a la Armada de Brasil que los interceptara, pero la respuesta fue negativa. Finalmente, decidió enseñarles a los enemigos una lección. El treinta de enero de 1866, le ordenó al general Emilio Conesa, quien estaba a la cabeza de la división de Buenos Aires, emboscar a los merodeadores.

Esa noche, 250 paraguayos cruzaron el río. Unos pocos kilómetros tierra adentro, detrás del arroyo de Pehuajó, Conesa aguardaba con mil seiscientos hombres. Aunque contaba con el factor sorpresa y la ventaja numérica, desperdició ambas cosas al alentar a sus hombres estruendosamente; sus hombres contestaron del mismo modo al iniciar la carga. Alertados sobre la emboscada, los paraguayos huyeron. La mayor parte de ellos estaban descalzos y familiarizados con el terreno pantanoso, y por lo tanto pudieron huir ágilmente a través de los arroyos y la densa maleza. Los argentinos eran en su mayoría gauchos quienes habían arribado recientemente desde Buenos Aires y no estaban familiarizados con la topografía; utilizaban botas pesadas que se atascaban en el grueso pantano. Al oír el tumulto, los paraguayos enviaron doscientos refuerzos, y luego setecientos soldados adicionales. El resultado fue un baño de sangre.

Los francotiradores paraguayos se escondieron en los árboles, apuntando a los argentinos. Docenas cayeron en el transcurso de unos pocos segundos. Mitre oyó el caos desde su campamento, pero se negó a enviar tropas adicionales. Muchos especularon que existía animosidad entre él y Conesa porque este último había luchado del lado de Urquiza durante la batalla de Caseros. El resultado fue novecientas bajas argentinas contra ciento setenta paraguayas.

La batalla de Pehuajó no fue un enfrentamiento mayor. No marcó un revés en la guerra ni alteró su resultado. Mostró, sin embargo, la tenacidad de los paraguayos. A pesar de sus derrotas en Riachuelo, Yatay, y Uruguayana, permanecían comprometidos con la causa, e incluso estaban más enardecidos en la defensa de su hogar. La batalla fue premonitoria de la masacre que se avecinaba.

El 20 de marzo, el Marqués de Tamandaré finalmente trasladó su flota a la desembocadura del río Paraguay. Durante tres semanas, cuatro cruceros blindados descargaron sus municiones sobre el fuerte Itapirú, reduciéndolo a escombros y permitiendo que los desembarcos comenzaran el 17 de abril. Los primeros hombres en bajar de los barcos fueron cien prisioneros paraguayos, seguidos por diez mil soldados, veinticinco botes de transporte de madera y ochenta y siete piezas de artillería. La fuerza invasora descargó tropas y suministros en plena vista del cuartel general de Solano López en Paso de Patria. Una vez que la cabecera de playa estuvo asegurada, cincuenta mil hombres adicionales cruzaron el río y tomaron posiciones.

La invasión coincidió con el comienzo de la época de lluvias. Diluvios torrenciales empaparon a los combatientes, muchos de los cuales estaban obligados a dormir a la intemperie. A pesar de que los gobiernos argentino y brasileño dedicaron incontables recursos al esfuerzo bélico, no todos los fondos se utilizaron de manera sabia o justa; muchos de los proveedores maximizaban sus ganancias recortando y economizando, enviando armas y municiones defectuosas, comida podrida y vacas enfermas. Los grandes terratenientes o barones de la tierra como Urquiza, José Gregorio de Lezama, y Anacarsis Lanús se beneficiaron generosamente con la contienda, mientras que los soldados aliados morían por la falta de equipamiento, armamentos y alimentos.

Solano López mudó su cuartel general a Paso Pucú, cuatro kilómetros tierra adentro. El nuevo puesto de mando se encontraba sobre una colina y estaba conectado a los fuertes más grandes de Curuzú y Curupaytí, así como al de Humaitá. Los aliados establecieron su campamento principal en Tuyutí. Mucha sangre fue derramada en el intento paraguayo de expulsar al enemigo de su tierra natal.

Desde su puesto en Paso Pucú, Solano López siguió de cerca los preparativos de los aliados. Fue testigo del arribo sin pausa de tropas y suministros, pero también pudo percibir indecisión e inseguridad. Al comienzo, Mitre había estado ansioso por dar fin a la campaña cuanto antes, pero luego de llegar a suelo paraguayo actuó con mucha mayor prudencia. Carecía de inteligencia sobre el enemigo. No contaba con abundancia de mapas ni conocimiento del terreno. Durante la parte argentina de la campaña, había contado con gran cantidad de información topográfica, pero ahora se encontraba perdido. Esto generó tensiones con los altos mandos brasileños, que deseaban terminar con la guerra a la mayor brevedad.

Solano López utilizó la pausa como oportunidad para lanzar una contraofensiva. El 2 de mayo de 1866, ordenó un ataque sorpresivo sobre una columna uruguaya que subía por el Estero Bellaco bajo el mando de Flores. A medida que el general uruguayo atravesó el paisaje poco familiar, los paraguayos atacaron. A lo largo de las orillas del arroyo, miles de soldados armados con espadas, lanzas y bayonetas brincaron desde los arbustos. Ambos lados chocaron en una orgía de sangre. Algunos de los peores actos de brutalidad jamás registrados tuvieron lugar en los combates mano a mano de la batalla del Estero Bellaco. Miembros y cuerpos mutilados cubrían el suelo. Más de cuatro mil hombre muertos y agonizando cubrieron el campo de batalla antes del final del día, marcando esta batalla como uno de los enfrentamientos más sangrientos de la guerra.

Ambos lados se adjudicaron la victoria en Bellaco, pero Solano López perdió más hombres —recurso que no podía darse el lujo de perder. Sin embargo, tres semanas después, decidió redoblar la apuesta y lanzar un nuevo ataque sorpresa. Solano López necesitaba una victoria decisiva para negociar un fin a la guerra. Necesitaba levantar la moral para disimular el hecho de que se estaba quedando sin tropas y suministros. Contra el consejo de sus oficiales de rango más alto, quienes enfatizaron que las fuerzas aliadas eran superiores y que el terreno pantanoso impedía el uso de caballería, López Solano decidió atacar Tuyutí la mañana del 24 de mayo.

El plan era asaltar a los aliados por tres flancos: una columna de tropas hostigando por la izquierda, otra incursionando sobre la derecha, y una tercera cargando de frente. Luego del ataque de infantería, la caballería arrasaría por el medio de la formación aliada, dividiéndola en dos, limitando así la capacidad de las tropas de brindarse apoyo mutuo.

A las once de esa mañana, veintitrés mil paraguayos se lanzaron al campo de batalla. Eran lo último que le quedaba a Solano López en cuanto a infantería y caballería profesional. El ataque comenzó bien, pero los aliados arremetieron y la artillería brasileña entró en acción. A pesar de que la carga de la caballería paraguaya fue casi exitosa en dividir en dos el campo aliado, una embestida brasileña penetró entre los jinetes. La infantería argentina se movía en falanges, frustrando así el ataque montado. Al dispersarse el humo cinco mil paraguayos yacían muertos; y otros siete mil habían sido heridos mortalmente. Las bajas aliadas sumaban en total cinco mil. Había tantos cadáveres en el campo de batalla que los soldados lanzaron miles de ellos al río. Esto resultó en la contaminación de las aguas de los ríos Paraguay y Paraná, provocando una epidemia de cólera rio abajo que terminó propagándose a las comunidades litoraleñas más la sur de la Argentina.

La batalla de Tuyutí ha permanecido como la mayor batalla terrestre en la historia de América Latina, con más de sesenta mil combatientes y veinte mil bajas. También marcó un hito importante. A pesar de que el punto de inflexión de la guerra se dio en Uruguayana, la derrota en Tuyutí echó por tierra la posibilidad de que Solano López negociara favorablemente la paz. Su decisión de pasar por alto las recomendaciones de los altos mandos de su ejército terminó causando su derrota final, y selló la destrucción de Paraguay.[57] Aún así, es importante enfatizar que los aliados no obtuvieron ventajas territoriales significativas. Mientras que la batalla había sido una derrota humillante para los paraguayos, los aliados perdieron miles de hombres y solo ganaron unos pocos kilómetros. La tenacidad de los soldados defensores confirmó que aun quedaba más sangre por derramar. Lamentablemente, todavía faltaban tres años para el fin de la guerra.

La arrogancia genera unión. La victoria en Tuyutí impregnó a los aliados con una sensación de invencibilidad, pero tres meses más tarde, enfrentarían su derrota más grande. El 3 de septiembre lanzaron un ataque contra Curuzú, la siguiente fortificación a lo largo del río Paraguay. El fuerte estaba defendido por dos mil quinientos soldados, la mayoría de los cuales se encontraba en trincheras. El fuerte, considerado unos de los emplazamientos más seguros, cayó sin mucha resistencia, dando a entender a los aliados que la voluntad del enemigo se encontraba quebrada. Se preparaban para avanzar sobre Curupaytí cuando un soldado se acercó al frente llevando una bandera blanca. Solano López solicitaba una instancia de diálogo.

El líder paraguayo apareció en horas tempranas del día siguiente. Estaba vestido de manera majestuosa, incluso traía puesta una pequeña corona de oro. Mitre se acercó, vistiendo su equipo de combate, botas embarradas y su banda presidencial. El mariscal de campo brasileño Polidoro Quintanilha Jordão se negó a asistir al cónclave porque no contaba con órdenes precisas ni poder para negociar. Flores se sumó al grupo durante poco tiempo, retirándose luego de que Solano López lo regañara por haber comenzado la guerra, permitiéndole a Brasil invadir su país. Quedaron solos Mitre y Solano López, quienes hablaron durante cinco horas.

El líder paraguayo propuso que Argentina se retirara, permitiendo así que Paraguay continara la pelea contra Brasil—al que veía como el agresor principal. Con Argentina fuera, los brasileños ya no podrían usar el Paraná para transportar sus tropas o cruzar por suelo argentino, lo cual significaba que solo podrían participar del conflicto a través de Mato Grosso do Sul, prácticamente aislado del resto del país. Cuando esta oferta fue rechazada, Solano López ofreció una serie de indemnizaciones muy generosas. A pesar de que Mitre podría haberse inclinado por finalizar la guerra, estaba sujeto a los términos de la Triple Alianza y no podía actuar de manera unilateral. El emperador de Brasil, Don Pedro II, rechazó la propuesta categóricamente. Convenció al líder argentino que Paraguay seguía siendo una amenaza para la hegemonía de Brasil y Argentina y que por lo tanto, debía ser destruido.

Sin hacer honor a su apodo, "El magnánimo," la ardiente determinación de Don Pedro II de continuar la campaña contra una nación mucho más pequeña y derrotada, a pesar de sus súplicas de paz, evidenció la naturaleza genocida de la campaña. Brasil, y eventualmente Argentina, entendían que un Paraguay próspe-

[57] Christopher Leuchars, *To the Bitter End: Paraguay and the War of the Triple Alliance* (Westport, CT: Greenwood Press, 2002).

ro —un grupo étnico independiente que podía ser exitoso— era una seria amenaza.[58] Su autodeterminación podría incitar a otras regiones renegadas a separarse. Brasil y Argentina eran masas extremadamente grandes, incorporando un amplio espectro de conjuntos sociales que desbordaban de anhelos separatistas frente a la hegemonía de Río de Janeiro y Buenos Aires. Por lo tanto, se les debía enseñar que cualquier estado fuera de su dominio sufriría las peores represalias.

Era claro que la guerra tendría que ser continuada hasta su amarga conclusión. La propuesta de paz de Solano López fue vista como una señal de que el país estaba a punto de colapsar, por lo que Mitre decidió apresurarse a tomar Curupaytí. Ordenó a una barcaza de artillería quebrar las defensas del enemigo. Durante días, los aliados embistieron contra la fortificación. Cuando la descarga aliada finalmente cesó, los paraguayos entendieron que se avecinaba un ataque contundente y comenzaron a cavar una nueva serie de trincheras. Las excavaciones, hechas bajo la dirección de un ingeniero inglés llamado George Thompson, se llevaron adelante, día y noche, mientras sonaba la música marcial de las bandas militares, con el objetivo de ocultar el ruido.

Durante el amanecer del 22 de septiembre comenzó el asalto aliado. A las ocho de la mañana, el marqués de Tamandaré movilizó su flota cerca del fuerte y desató la furia de sus cañones. El plan era bombardear el fuerte y luego seguir con un ataque de infantería desde el campo principal de Tuyutí. El bombardeo fue realizado a distancia y la mayoría de los proyectiles cayeron lejos del blanco. A medida que la Armada de Brasil continuaba su bombardeo, las tropas aliadas, en su mayoría argentinos, comenzaron a formarse. Oficiales montados se colocaron sus uniformes de gala y se movilizaron hacia el frente seguidos por interminables filas de infantería. La líneas uruguayas se encontraban escuálidas, con cantidad de soldados desertores o masacrados en Bellaco. El resto de la fuerza de ataque estaba compuesta por brasileños. Muchos soldados iban equipados para el asedio con escaleras, soga, y morrales. Conformaban un enemigo formidable.

Las preparativos realizados por Thompson, sin embargo, resultaron providenciales. A medida que los aliados marcharon sobre el campo frente al fuerte, los defensores paraguayos emergieron de sus trincheras y abrieron fuego con cañones y armas de repetición, acribillando a miles de hombres. La metralla alcanzó a miembros de las familias más prominentes de Buenos Aires, incluyendo a los hijos del vicepresidente Marcos Paz y del futuro presidente, Domingo Sarmiento. Decenas de oficiales fueron muertos, dejando casi acéfalo el mando superior. En total, más de diez mil soldados aliados sucumbieron—ocho mil bajas argentinas y dos mil brasileñas. Los paraguayos prácticamente no perdieron hombres. La catástrofe en Curupaytí reveló uno de los problemas inherentes a la alianza. No existía unidad en el mando; la flota brasileña operaba independientemente y Mitre se veía obligado

[58] Mário Maestri, *Guerra no Papel: História e Historiografia da Guerra no Paraguai, 1864–1870* (Porto Alegre, Brazil: PPGH FGM Editora, 2013).

a coordinar los niveles jerárquicos de tres ejércitos nacionales. La única operación conjunta exitosa fue la defensa de Tuyutí, en la que las diversas fuerzas habían podido unirse en un ataque fulminante. La derrota humillante en Curupaytí dejó al esfuerzo de guerra en un estancamiento que duró el siguiente año y medio.

La calamidad de Curupaytí coincidió con un nuevo levantamiento en el oeste argentino. Como Don Pedro II había temido, Argentina y Brasil eran federaciones con lazos internos muy flojos, que podían desunirse muy fácilmente. En noviembre de 1866, estalló una huelga de oficiales de policía en reclamo de sueldos atrasados que devino en una franca rebelión. Enfrentado a las demandas financieras de la guerra, el gobierno se atrasó con varias de sus obligaciones, como el pago de funcionarios públicos. El pueblo argentino también estaba cansado de enviar a tantos de sus hombres jóvenes al matadero, con miles de bajas producto del conflicto.

El motín se propagó, con 280 reclutas destinados al frente paraguayo uniéndose a la revuelta. Abrieron las cárceles en Mendoza y dejaron libres a grandes grupos de subversivos capturados. Carlos Juan Rodríguez, un joven abogado que había sido arrestado en 1863, estaba entre ellos. Rápidamente se convirtió en el líder de la rebelión, a la que trasladó a otras provincias —particularmente San Luis, que estaba bajo el liderazgo de los hermanos Saá, y La Rioja, que se encontraba al mando de Felipe Varela. Así, Buenos Aires estuvo obligado a tomar cartas en el asunto. El vicepresidente Marcos Paz le ordenó al General Wenceslao Paunero retornar del frente para acabar con la rebelión, pero Paunero no tuvo mucho éxito. El 5 de enero de 1867, un destacamento federal en Rinconada del Pocito fue invadido. El retroceso obligó a Mitre a abandonar la Guerra y retornar con un destacamento de cuatro mil soldados experimentados para sofocar el levantamiento.

Como había ocurrido en el pasado, cuando las fuerzas de Buenos Aires enfrentaban una rebelión provincial, formaban alianzas con las provincias que no pertenecían al grupo disidente. En este caso, Mitre unió fuerzas con Santiago del Estero. Juntos comenzaron a vencer a los rebeldes. Llegado julio, las últimas fuerzas rebeldes habían sido derrotadas, permitiendo a Mitre retornar al frente.

Durante los meses en los que Mitre había estado ausente, los aliados habían permanecido en sus trincheras, aburridos hasta la distracción. Los soldados habían caído en un estupor y habían empezado a beber. Hacían bromas y pasaban el tiempo leyendo la gran variedad de periódicos de trinchera que proliferaban. Las cosas cambiaron cuando el regreso de Mitre permitió que se retomara la ofensiva.

En agosto, los brasileños comenzaron a bombardear Humaitá, el fuerte más sólido de Paraguay y el puerto principal de la armada. Además de su posicionamiento estratégico en la boca del Río Paraguay, una serie de recodos en las orillas formaban una forma de anzuelo precisamente frente al fuerte. Esto forzaba a los buques en tránsito a reducir su velocidad o, caso contrario, encallar, lo cual los dejaba expuestos a las numerosas baterías de artillería ubicadas sobre la costa. Además, los paraguayos fijaron a las barcazas ubicadas a lo ancho del río una serie de grandes cadenas para impedir que se pudiera pasar desapercibido durante la noche o entre la niebla.

Durante los meses siguientes, los buques de guerra brasileños bombardearon la enorme base naval. El campanario de San Carlos, en el que flameaba orgullosamente la bandera paraguaya, fue el blanco preferido. En intervalos de pocos días, proyectiles impactaban contra la iglesia, derribando así el estandarte nacional; los paraguayos volvían a izar la bandera, al día siguiente, en abierto desacato. La bandera nuevamente izada flameaba fuertemente en la brisa calurosa, simbolizando la férrea determinación de los defensores. Los artilleros también apuntaban contra las barcazas que mantenían las cadenas que impedían el acceso al río. La vida para los defensores era sombría, signada por los constantes bombardeos. Para mantener el reducto abastecido, convoyes de barcazas traían municiones y suministros desde Asunción. Mientras tanto, los aliados continuaban su asalto contra Humaitá, ajustando lentamente la soga alrededor del cuello de la defensa del fuerte.

Eventualmente, Solano López fue convenciéndose de que el fuerte estaba en peligro, y ordenó otro ataque sobre Tuyutí el 2 de noviembre. Una fuerza de nueve mil paraguayos tomó por sorpresa a los aliados e invadieron el fuerte de Tuyutí, pero cuando los hombres llegaron a los depósitos de suministros y descubrieron la abundancia de bebida, comida y provisiones, abandonaron cualquier tipo de disciplina y comenzaron a saquear. Luego de meses de privación, la abundancia de alimentos básicos fue demasiado tentador. Muchos se llevaron cajones llenos de abrigos y botas. Otros se alzaron con bolsas de dinero y correspondencia. El colapso de la ofensiva y de la disciplina permitió que los aliados se reagruparan y volvieran a atacar; masacraron a los soldados mientras comían, bebían y saqueaban. El resultado fue mil setecientos soldados muertos y el fracaso en el intento de romper el cerco de Humaitá.

Solano López decidió escapar a través del río Paraguay y movilizar el grueso de su ejercito al árido monte del Chaco. Se dirigió hacia Timbo, un pequeño fuerte dentro de Chaco, dejando un destacamento de tropas para defender Humaitá. Los sobrevivientes atravesaron el monte chaqueño hasta llegar al pueblo de San Fernando. Al llegar, en enero de 1868, se encontraron con la noticia de que el vicepresidente argentino Marcos Paz había caído víctima de la epidemia de cólera que estaba devastando a Buenos Aires. También se enteraron de que a Mitre se lo estaba obligando a retornar; su mandato estaba próximo a concluir, y era momento de traspasar la banda presidencial a otra persona. Mientras tanto, el duque de Casias, Luís Alves de Lima e Silva, quedó a cargo de las tropas aliadas. Solano López creyó que esto le daría algo de tiempo para organizar la defensa de Asunción. Sin embargo, los brasileños entraron en acción inmediatamente después de que el presidente argentino se retirara. Se habían cansado de su actitud dilatoria y había surgido un resentimiento notorio. Con él fuera de la escena, la campaña ingresó a una nueva etapa. Los oficiales brasileños fueron puestos al mando de la operación y las tropas imperiales asumieron el liderazgo hasta el final de la guerra.

La fuerzas aliadas en Tuyutí recibieron órdenes de preparar el asalto final sobre Humaitá. La Armada de Brasil redobló su asalto de artillería. Hasta ese momento, la armada había actuado de manera cautelosa. La flota era uno de los recursos más importantes del país y no era admisible que se la pusiera en riesgo. Sin embargo, el 3 de febrero, los aliados se movilizaron. A las tres de la mañana, abrieron fuego. La intención era distraer al enemigo mientras que la flota brasileña pasaba sigilosamente. El crucero brasileño *Barroso* fue el primero en pasar. Seguido del *Bahía* y luego el *Alagoas*, que se descompuso a cincuenta metros de la costa. Los artilleros en Humaitá abrieron fuego, y el barco fue impactado 180 veces, pero de alguna manera, la tripulación logró encender nuevamente las calderas y el *Alagoas* escapó río arriba. Al mismo tiempo, el duque de Caxias ordenó un ataque frontal contra Humaitá que produjo mil doscientas bajas aliadas, con sólo cien víctimas del lado de la defensa.

El fuerte no cayó, pero los cruceros habían logrado atravesar el puesto, por lo que era tan sólo una cuestión de tiempo antes de que llegaran a la capital. Solano López ordenó la evacuación de Asunción. Hordas de refugiados y funcionarios del gobierno se mudaron hacia el este, a la ciudad de Luque. Cuando la flota finalmente arribó el 22 de marzo, los cruceros brasileños tomaron sus posiciones de frente a la capital y abrieron fuego. Los artilleros apuntaron sobre el palacio presidencial y las estación de trenes más importante, dejando caer una una lluvia de metralla y esquirlas sobre los vagones de pasajeros que evacuaban civiles inocentes. Decenas de proyectiles explotaron sobre la ciudad, generando pánico y una verdadera carnicería. Cuando los barcos se movilizaron más cerca de la costa, una batería de artillería paraguaya abrió fuego, forzando la retirada temporaria del escuadrón río abajo.

La personalidad mesiánica de Solano López había devenido en paranoia y desesperación. La decisión de los aliados de no ocupar Asunción lo llevó a pensar que se estaba tramando una conspiración. En agosto, sus miedos se tornaron pesadillas cuando el destacamento que él había dejado en Humaitá para su defensa, se rindió. El 23 de julio, Solano López ordenó la evacuación final del fuerte. Con bandas militares tocando al mayor volumen posible para disimular el ruido, una pequeña flota de canoas comenzó a transportar sobrevivientes al otro lado del río, donde debían agruparse y escapar hacia San Fernando. Sin embargo, los aliados persiguieron a los soldados que huían. Fue una masacre. La mayoría de ellos estaban hambrientos y desarmados. Para prevenir un mayor derramamiento de sangre, el general argentino Ignacio Rivas le ofreció al coronel Pedro Martínez una oportunidad para rendirse. El oficial paraguayo aceptó con la condición de que sus soldados no fueran obligados a luchar contra su propio país. Al enterarse de esta novedad, Solano López se enfureció. Declaró traidor al coronel y arrestó a su esposa, Juliana Insfrán de Martínez, que fue torturada y fusilada.

La caída de Humaitá implicaba que no quedaba nada que contuviera a los invasores. La guerra se había perdido, gran parte de la elite paraguaya propuso la rendición. Algunos oficiales desertaron, robando armamento, planos y mapas. Determinado a resistir hasta el final, Solano López inició una caza de brujas. Hizo caso a todo tipo de rumor, encarcelando, torturando y ejecutando a miembros de los altos mandos, clérigos, e incluso a miembros de su propia familia. Creó tribunales de enjuiciamiento en su cuartel general de San Fernando que condujeron a casi quinientas ejecuciones.

Al poco tiempo, Solano López mudó su puesto de mando a Lomas Valentinas. Esto marcó la última etapa del amargo conflicto y ha sido llamado la Diagonal de la muerte. Fue la ultima retirada, con el séquito marchando hacia el noroeste del país. A lo largo del camino, muchos soldados desertaron, reemplazados por mujeres, niños y hombres mayores que buscaban, desesperadamente, refugio de la imparable arremetida de los aliados.

El 6 de diciembre, el duque de Caxias lanzó una serie de ataques que serían conocidos como la Decembrada. En un esfuerzo por aventajar a la fuerzas paraguayas en Lomas Valentinas, el duque ordenó a sus tropas cruzar el río y movilizarse hacia el Chaco, a un posición a mitad de camino entre el cuartel general de Solano López y Asunción. Luego cruzó el río y enfrentó a los paraguayos en una serie de escaramuzas que produjeron cuatro mil bajas. Esto abrió el camino hacia Lomas Valentinas. Con una fuerza defensiva de siete mil combatientes, consistente en su mayoría de soldados heridos, hombres mayores y muchachos muy jóvenes, la batalla estaba perdida antes de comenzar. El líder paraguayo logró escapar con un destacamento de noventa hombres hacia Cerro León. No había manera de que Solano López fuera a dejarse someter. A pesar de que había redactado su testamento, no pensaba rendirse. El se percibía a sí mismo como consustancial con Paraguay; era la encarnación del estado.[59]

El escape de Solano López no fue casual. El duque lo permitió como una muestra de que la Guerra había concluido, y que una cacería humana era lo último que restaba. Las fuerzas aliadas viraron hacia el norte y marcharon sobre Asunción el 5 de enero de 1869. Los soldados brasileños saquearon el pueblo, dedicándose al pillaje y a la destrucción, sin considerar si las propiedades atacadas pertenecían a extranjeros o a locales. El duque recibió órdenes de perseguir y capturar a Solano López, así como también de destruir la capacidad industrial de Paraguay. Sin embargo, éste se rehusó. Declaró que había completado la misión que se le había asignado, cedió su mando y se embarcó en un buque con destino a Río de Janeiro.

Sin embargo, Don Pedro II no iba a permitir que el líder paraguayo permaneciese prófugo. Coincidía con el concepto de consustancialidad que tenía Solano López de sí mismo y estaba determinado a matarlo para terminar de destruir el país. Apeló a su yerno, el príncipe Gastón d'Orleans, conde de Eu. El conde era el nieto del rey francés Luis Felipe I. Su familia había sido forzada al exilio en 1848 cuando su abuelo había abdicado. El conde fue entrenado como oficial militar y fue distinguido durante la Guerra de Africa de 1859. En septiembre de 1864, arribó a Río de Janeiro luego de que su tío, el rey Fernando II de Portugal sugiriera un

[59] James Schofield Saeger, *Francisco Solano López and the Ruination of Paraguay: Honor and Egocentrism* (Lanham, MD: Rowman & Littlefield, 2007).

matrimonio con Isabel, hija mayor de Don Pedro II. Luego de alguna vacilación—Gastón no la encontraba atractiva—accedió, y la pareja se casó al iniciarse la Guerra de la Triple Alianza.[60] El conde solicitó al poco tiempo ser enviado al frente, pero el consejo real rechazó su pedido. La partida súbita del Duque de Caxias creó la ocasión perfecta para él. También creó una excelente oportunidad para que Don Pedro II alzara el perfil público de su yerno, consorte de la heredera del trono.

El 22 de marzo de 1869, el conde de Eu asumió el mando en Asunción, lugar donde desató los cuatro jinetes del apocalipsis: conquista, guerra, hambruna y enfermedad. Lanzó una expedición conjunta para buscar a Solano López y destruir la capacidad industrial de Paraguay. Arrasó con la ciudad de Luque, convirtiéndola en una gigantesca pira fúnebre. Prendió fuego las herrerías en Ybicuí y destruyó la fábrica de municiones en Valenzuela. Esta política de quemar y destruir todo a su paso llevó al colapso del sistema agropecuario de Paraguay, desatando el hambre; los muertos comenzaron a acumularse, y una nueva epidemia de cólera arrasó al país, infectando tanto a los aliados como a los paraguayos.

Mientras tanto, Solano López continuaba su marcha hacia el noroeste, acompañado por su cónyuge, Eliza Lynch, y sus hijos. El grupo se refugió en el pueblo de Piribebuy, donde se había congregado lo que quedaba del gobierno y el ejército paraguayo.[61] El 10 de agosto, el conde de Eu se presentó acompañado de veinte mil hombres para enfrentar una fuerza de defensa improvisada y variopinta de mil seiscientos niños, mujeres y veteranos mutilados. Durante tres días, las fuerzas aliadas asaltaron el pueblo, mientras que los residentes luchaban casa por casa en un esfuerzo desesperado por sobrevivir. El ataque se convirtió en un masacre luego de que un buen amigo del conde, el General João Manuel Mena Barreto, fuera asesinado por un muchacho. Sumido en la ira, el príncipe Gastón ordenó que se descuartizara a todos los oficiales capturados y que se degollara a las mujeres y niños. Los brasileños prendieron fuego al hospital sin evacuar a los heridos. En Piribebuy también se encontraban los archivos nacionales. El conde ordenó que se incineraran todos los documentos, despojando oficialmente al país de su memoria e identidad.[62]

De alguna manera, Solano López logró huir una vez más. El líder paraguayo intentó retrasar el avance brasileño en Acosta Ñu el 16 de agosto utilizando un engaño elaborado, amasando un fuerza defensiva de tres mil niños, entre los 9 y 15 años, vestidos como soldados y utilizando barbas falsas. El conflicto ya no era una guerra abierta; era un holocausto.

[60] Heitor Lyra, *História de Don Pedro II, 1825–1891* (São Paulo: Companhia Editora Nacional, 1940).

[61] William E. Barrett, *Woman on Horseback: The Biography of Francisco López and Eliza Lynch* (New York: Fredrick A. Stokes Company, 1938).

[62] Robert Bontine Cunninghame Graham, *Retrato de un Dictador: Francísco Solano López, 1865–1870* (Buenos Aires: Inter-Americana, 1943).

Los fugitivos descansaron unos días en Curuguaty, antes de rodear la frontera brasileña y movilizarse hacia Punto Porã en el norte. Se dirigieron tierra adentro al Cerro Corá, que se convertiría poco tiempo después en el sitio de descanso final de Solano López. Con el séquito reducido a un pequeño destacamento de guardias personales y seguidores, el conde de Eu envió al general José Antônio Correia da Câmara con un regimiento de dos mil seiscientos soldados imperiales para el asalto final. Los brasileños se abalanzaron sobre el campamento el 1 de marzo de 1870, convirtiéndolo en un matadero. Los soldados masacraron a todo el se le cruzaba, sin importar si luchaban o se rendían. Solano López intentó huir, nuevamente, acompañado por sus guardias personales —un grupo de esposas e hijos de soldados conocidos como Las Residentes, lideradas por Eliza Lynch— pero había sufrido heridas en la cabeza y estómago. Descansando sobre la orilla del río Aquidabanqui, fue emboscado por el general Correia da Câmara y un escuadrón de seis hombres. El general le ofreció una oportunidad para rendirse, pero el líder paraguayo desenfundó su sable y cargó contra ellos al grito de, "moriré por mi país." El general ordenó que se le diera la muerte.

Y así llegó a su fin, tanto Solano López como la Guerra de la Triple Alianza. Inicialmente encuadrada por Bartolomé Mitre como una campaña contra la barbarie, fue la guerra más brutal en la historia sudamericana, con las batallas terrestres y marítimas más grandes, y también con la mayor cantidad de bajas. Paraguay perdió el 40 % de su territorio y más del 60 % de su población. La guerra devastó a uno de los países más desarrollados de la región, y transformó un rincón próspero del continente en un sumidero de pobreza, ignorancia y desigualdad.[63] Ha llevado al país mas de 140 años recuperarse.

También dejó la mayor parte de los recursos del país en manos extranjeras. Muchas de las haciendas, propiedad del estado, se vendieron a brasileños, argentinos y británicos a precio de remate. Por ejemplo, un beneficiario fue la *Anglo-Paraguayan Land Company,* convertida en uno de los terratenientes más grandes del país, con más de veintiún mil kilómetros cuadrados de tierra. En total, más de veinticinco millones de hectáreas de tierra extremadamente fértil, pertenecientes al país, se vendieron a compradores extranjeros. El gobierno fue puesto en manos de individuos que respondían a órdenes provenientes de Buenos Aires y Río de Janeiro hasta 1936, cuando los militares tomaron el poder durante los próximos cincuenta y cinco años. Los triunfadores buscaron eliminar la cultura paraguaya, prohibiendo el idioma guaraní. Sin embargo, la devastación generada por la Guerra Guazú, o la Gran Guerra, como la conocen los paraguayos, trascendió las fronteras de la pequeña nación.

Los efectos devastadores de la guerra no se limitaron a Paraguay. Cinco años de lucha consumió casi todas las reservas en oro de Brasil y dejó al país muy en-

---

[63] Harris Gaylord Warren y Katherine F. Warren, *Paraguay and the Triple Alliance: The Postwar Decade, 1869–1878* (Austin, TX: University of Texas at Austin, 1978).

deudado. La debilidad económica producida por la campaña eventualmente llevó a la caída de Don Pedro II y del imperio. Los costos de Argentina eran aún mas elevados. En adición a la carga económica que había generado la guerra, epidemias de cólera y fiebre amarilla devastaron gran parte de Buenos Aires, obligando a los residentes a abandonar los barrios de La Boca y San Telmo, buscando nuevas viviendas en Recoleta y Barrio Norte. La guerra también consolidó el rol de Uruguay como un estado barrera.

Venancio Flores no vivió para ver el final del conflicto. Fue asesinado a plena luz de día en Montevideo, víctima de todas las atrocidades que había cometido. Incluso Urquiza, el gran caudillo de Entre Ríos, encontró un fin ignominioso. Un mes después del fin de la guerra, asesinos irrumpieron en su estancia lujosa y lo asesinaron frente a su familia. La operación fue organizada por Ricardo López Jordán, el gaucho que lideró la deserción masiva de 1865, como represalia a Urquiza por haber permitido que Brasil pudiera circular libremente dentro de Argentina y Uruguay.

Finalmente, la Guerra de la Triple Alianza fue una extensión parcial de las guerras Cisplatina y Platina, dado que Uruguay fue el catalizador que desencadenó el conflicto. Así, existió una dimensión territorial en el conflicto. La guerra también tuvo que ver con la determinación de Gran Bretaña de acceder a la economía paraguaya y sus recursos naturales, particularmente el algodón. Para concluir, la guerra exhibió las capacidades militares de Sudamérica, y fue precursora de la muerte y destrucción que pronto devastaría la zona del Pacífico del continente.

5 LA GUERRA DEL PACÍFICO: REGLAS DE POTRERO

LA GUERRA DEL PACÍFICO: REGLAS DE POTRERO

En 1909, los químicos alemanes Fritz Haber y Carl Bosch sintetizaron artificialmente el nitrato de amonio. El procedimiento exigió la aplicación de altas temperaturas y presión para combinar nitrógeno atmosférico e hidrógeno y transformarlos en sustancias activas. A pesar de que el primer reactor sólo produjo unos pocos gramos por hora, hacia 1913 las empresas alemanas ya estaban produciendo veinte toneladas diarias.[64] Los nitratos son componentes esenciales en la producción de fertilizantes, pólvora y explosivos.

Hasta el proceso Haber-Bosch, las fuentes principales de agentes con base de nitrógeno eran los depósitos naturales encontrados en nitratos de sodio y de potasio, muy abundantes en toda la costa del norte de Chile. Mineros sudamericanos y europeos explotaron estos depósitos durante la segunda mitad de siglo XIX, generando grandes fortunas. La competencia por estas sales, también conocidas como salitre, culminó en la Guerra del Pacífico (1879–1884). Sin embargo, el desarrollo de nitrato sintético inundó el mercado un cuarto de siglo más tarde. Como consecuencia, los precios cayeron más de un 85%, transformando la enorme pérdida de vidas que causó el conflicto en un lamentable ejercicio de futilidad.

Los conflictos sudamericanos han sido siempre de naturaleza territorial. Los gobiernos históricamente se han visto obligados a enfrentar y resolver disputas fronterizas generadas por la caída del sistema colonial español. Los choques también han tenido una dimensión internacional que se fue pronunciando gradualmente a medida que los poderes externos compitieron por los productos industriales básicos del continente. Gran Bretaña fue uno de los principales instigadores en Sudamérica. Debido a que era uno de los países más industrializados, tenía un gran interés en asegurar su acceso a las materias primas esenciales que le hacían falta para alimentar su base manufacturera.

Los nitratos fueron la razón principal que motivó la Guerra del Pacífico, pero también existía mucho resentimiento latente en la región. La Guerra contra la Confederación Perú-Boliviana (1836–1839) había dejado una marca indeleble en los países beligerantes. Hubo algunas instancias de cooperación luego de la guerra; por ejemplo, en 1865, España despachó un grupo de batalla para recuperar algunos de los territorios e influencia que había perdido en las Américas. La fuerza estaba al mando del almirante Luis Hernández Pinzón, quien intentó intervenir en los asuntos

....

[64] Daniel Charles, *Master Mind: The Rise and Fall of Fritz Haber, a Nobel Laureate Who Launched the Age of Chemical Warfare* (NewYork: Ecco, 2005).

domésticos de Perú. Chile rápidamente se alió con Perú y derrotaron a la flota española, pero las heridas del conflicto anterior permanecían abiertas, y las ambiciones territoriales aún estaban candentes. La cuestión del acceso de Bolivia al mar se mantenía sin resolución. A pesar de que la guerra había puesto fin a la Confederación, Chile vigilaba cautelosamente la cercana relación entre sus vecinos.

La segunda parte del siglo XIX fue un período de transición económica. El colapso del sistema de virreinatos permitió que los gobiernos pudieran abrir sus puertos. Empresarios sudamericanos recorrieron las zonas del interior del continente buscando productos para exportar. El guano fue de una de las historias de éxito dado que había grandes depósitos del excremento de ave a lo largo de la costa del océano Pacífico. Su composición química, rica en nitrato, fosfatos y potasio, permitía el reemplazo de nutrientes del suelo, particularmente el óxido nitroso, que se agotaban por la explotación agrícola intensa. Su aplicación había sido descubierta por primera vez por los Incas, quienes consideraban al guano tan valioso que lo utilizaban como medio de pago. Los depósitos más grandes de guano se encontraban en varias islas pequeñas en el sur de Perú. Otros depósitos se hallaban a lo largo de las líneas costeras de Chile y Bolivia. El fertilizante dio impulso a la economía peruana y produjo un incremento considerable en las exportaciones.[65]

Los recién llegados comenzaron a prosperar poco tiempo después de arribar a las zonas desérticas, y pronto descubrieron otros depósitos minerales. Durante 1830, se encontró un filón de plata en las montañas del Norte Chico. Se descubrió otro en Caracol, en el sur de Perú. La atención luego viró hacia las inmensas salinas que cubrían el suelo del Desierto de Atacama. Los químicos se dieron cuenta de que los minerales tenían propiedades similares a las del guano, pero con un mayor rango de aplicaciones comerciales. Los depósitos eran principalmente de nitrato de sodio y de potasio, y podían utilizarse, adicionalmente, para la producción de pólvora y explosivos. Sus aplicaciones abordaban dos de las principales áreas de desarrollo del siglo XIX, la industrialización de la actividad agrícola, y la mecanización de la guerra.

Los depósitos de nitrato más abundantes estaban en Tarapacá, la provincia en el extremo sur de Perú. Una multitud de inversores locales y extranjeros establecieron grandes plantas de procesamiento, conocidas como "oficinas". A medida que el sector prosperaba, Lima ávidamente buscó quedarse con todos los beneficios. Con ese fin nacionalizó la industria en 1875, aunque debió indemnizar a los propietarios, lo cual puso un límite a sus repentinas ganancias. Aún así, las ganancias fueron suficientes para permitirle al gobierno realizar inversiones fuertes en infraestructura. El gobierno utilizó los fondos para completar el primer ferrocarril del país, levantar postes de luz en las calles y construir puentes. El ejército modernizó su equipamiento, artillería y buques. El episodio mostró, sin embargo,

---

[65] David Hollett, *More Precious than Gold: The Story of the Peruvian Guano Trade* (Madison, NJ: Fairleigh Dickinson University Press, 2008).

que los gobiernos estaban dispuestos y tenían la capacidad de expropiar operaciones comerciales privadas.

Los depósitos de nitrato en Tarapacá eran inmensos, pero también existían salinas dispersas a lo largo de los paralelos veintitrés y veinticuatro, en lo profundo del desierto de Atacama. Como se ha mencionado en un capítulo anterior, Simón Bolívar había asignado la mayor parte de esta zona a Bolivia, pero la dirigencia del país no le otorgaba importancia a la región dado que era inhóspita y de difícil acceso. El descubrimiento de los depósitos de sal alimentaron un gran interés comercial, pero el país no contaba con capital ni mano de obra para su explotación. El colapso de las minas de plata en Potosí había empobrecido mucho a Bolivia. Más aún, la mayor parte de su población indígena no contaba con educación básica ni las herramientas lingüísticas necesarias para ser económicamente activa. Por lo tanto, todo el capital y la mano de obra tenían que provenir del exterior.

Chile, sin embargo, estaba en una mejor posición. Era pequeño y rudimentario. El territorio del país conformaba un quinto del que tiene en la actualidad, abarcando mil kilómetros desde Coquimbo a Concepción. Afortunadamente, tenía una base empresaria muy próspera en Valparaíso. El puerto se había convertido en un importante centro comercial luego de la fiebre de oro de California de 1849, momento en el que buscadores de oro y aventureros migrantes decidieron afincarse. Los extranjeros se instalaron y amasaron fortunas a través del comercio, almacenamiento y finanzas. John North constituye un buen ejemplo. El joven inglés arribó a mediados de 1860 con unos pocos chelines en el bolsillo. Comenzó a trabajar como remachador en Tarapacá y utilizó sus ahorros para invertir en obras hídricas, empresas de transporte y plantas de procesamiento. En el lapso de dos décadas, North controlaba la mayor parte de la industria del nitrato.[66] Aún así, precisaba más capital para expandir su imperio.

Se necesitaban grandes sumas de dinero para la construcción de hornos de calcinación, prensas compactadoras y vías de ferrocarril. Entidades financieras chilenas, como el Banco de Valparaíso y Casa Gibbs, estaban más que dispuestos a ayudar.[67] Grandes financieras londinenses, como Rothschild & Sons, además de los poderosos terratenientes chilenos, participaron en la financiación. Mientras tanto, obreros chilenos viajaban a Perú y Bolivia para operar las nuevas minas. La Paz acogió entusiastamente la inversión y la inmigración. En 1868 se estableció el puerto de Antofagasta para dar asistencia administrativa a los nuevos arribos.[68]

---

[66] William M. Mathew, *La Firma Inglesa Gibbs y el Monopolio del Guano en el Perú* (Lima: Banco Central de Reserva del Perú, 2009).

[67] Los propietarios del Banco de Valparaíso cambiarían el nombre de la entidad a Banco Edwards—institución que se convertiría en uno de los pilares del desarrollo económico del país.

[68] Manuel Ravest Mora, "La Casa Gibbs y el Monopolio Salitrero Peruano: 1876–1878," *Historia* 41, no. 1 (2008): 63–77.

Las operaciones mineras de Atacama eran muy prósperas y para mediados de 1870 más de la mitad de los ingresos públicos de Chile provenían de impuestos a actividades relacionadas con el nitrato. Una de las empresas más grandes era la Compañía de Salitres y Ferrocarriles de Antofagasta. Sus principales accionistas eran ciudadanos británicos y chilenos, con una gran participación de la Casa Gibbs. El éxito de las operaciones mineras llevó al gobierno chileno a buscar actualizar el acuerdo de comercio bilateral con Bolivia. El nuevo tratado estipulaba que La Paz no cobraría ningún impuesto a empresas mineras chilenas durante los siguientes veinticinco años. A cambio, Chile renunciaría a su reclamo territorial sobre el desierto de Atacama. De acuerdo a los mapas coloniales chilenos, la frontera se encontraba en el paralelo veintitrés, a lo largo de la Bahía de Mejillones. Sin embargo, los mapas presentados por Bolivia indicaban que la frontera era el Rio Paposo, que corría a lo largo del paralelo veintiséis. A cambio de la promesa de no incrementar tarifas, Chile renunciaba a su reclamo de mas de trescientos kilómetros de costa. Chile, de cualquier modo, decidió no confiar ciegamente en la palabra de Bolivia. Perú había nacionalizado su industria de nitrato y estaba utilizando una porción de los ingresos para volver a armarse. Así, Chile decidió transitar un camino similar. Se destinaron fondos a la armada para adquirir dos nuevos cruceros, el *Almirante Cochrane* y el *Blanco Encalada*. Oficiales del ejército fueron enviados a Europa y Estados Unidos para adquirir lo más actualizado en armamento y piezas de artillería. Mientras tanto, se fomentaba que las compañías mineras chilenas entregaran datos topográficos al ejército para que se pudieran elaborar mapas detallados de la región.

Las relaciones entre ambos países permanecieron amistosas, pero la tensión aumentó cuando el general Hilarión Daza derrocó a Tomás Frías de la presidencia boliviana en 1876.[69] Daza había sido apoyado por los comerciantes bolivianos, principalmente por los dueños de la Compañía Minera Huanchaca, que deseaban desalojar a los mineros chilenos de la costa. Un año después de asumir el mando, el presidente Daza aplicó un impuesto de diez centavos por quintal sobre todos los nitratos exportados.[70] No se llegó a nacionalizar la industria, pero en cierto sentido fue una nacionalización encubierta. Se le ordenó a las compañías mineras pagar impuestos retroactivos sobre los productos que ya habían exportado. Caso contrario, sus propiedades serían confiscadas. Las nuevas reglas tuvieron serias consecuencias para la Compañía de Salitres y Ferrocarriles de Antofagasta. Entre los bienes que podían perder se encontraba el ferrocarril, que se había completado recientemente. Los bolivianos podían confiscar estos bienes sin verse obligados a pagar indemnización alguna, a diferencia de los peruanos que sí se habían visto

---

[69] Javier Romero, "The War of the Pacific,"*Strategy and Tactics* 262, no. 5 (2013): 6.

[70] El término "quintal" se refiere a la unidad de peso equivalente a entre 45 y 60 kg. El precio corriente en la época era de aproximadamente 1,70 soles por quintal. Por lo tanto, el incremento no fue significativo.

forzados a hacerlo. Lógicamente, los chilenos comenzaron una intensa campaña de presión contra el nuevo impuesto. Argumentaron que La Paz se estaba echando atrás en la aplicación del tratado fronterizo, y se rehusaron a cumplir la medida. El gobierno boliviano respondió con amenazas de establecer un embargo inmediato sobre todas las exportaciones de nitrato.

El enfrentamiento cargó de tensión el ambiente político chileno. Sumado a la presión ejercida sobre el presidente y el congreso por los grupos de influencia, la economía se estaba debilitando. Europa y Estados Unidos estaban en medio de una depresión económica. Estados Unidos buscaba estabilizarse luego de la guerra civil, ejerciendo presiones recesivas hacia el exterior del país. La Guerra Franco-Prusiana había devastado la economía francesa, desembocando en la Comuna de París. Como consecuencia, el malestar financiero global se expandía. Además, Chile estaba sufría sus propios problemas. El fenómeno de El Niño en 1876 había generado una serie de inundaciones que destruyeron varios de los puentes y rutas del país. El siguiente año, un poderoso terremoto y tsunami en el norte de Chile destruyó gran parte del sector minero. Por consiguiente, la población estaba sujeta a un considerable estrés. A pesar de esto, aún no había una justificación legal para declararle la guerra a Bolivia.

El gobierno chileno, liderado por el presidente liberal Aníbal Pinto, buscaba invadir la costa boliviana para proteger los intereses económicos de su nación. Al mismo tiempo, la iniciativa era cuestionada por los conservadores, liderados por el senador Benjamín Vicuña Mackenna, quien se oponía a una política de agresión por ser costosa y moralmente equivocada. Sin embargo, la medida fue aprobada de manera contundente por el congreso. El 14 de febrero de 1879, día en el cual las concesiones mineras debían ser confiscadas, el *Blanco Encalada* apareció en la costa de Antofagasta. Pronto se le unieron el *Almirante Cochrane* y el *O'Higgins*. Al mismo tiempo, una misión diplomática llegó a La Paz. El embajador chileno argumentó que la decisión de Bolivia de derogar el tratado comercial le permitía a Chile volver a instalar su reclamo territorial sin una declaración formal de guerra. Como justificación adicional, el país señalo que la mayor parte de la población de la región era chilena. De los setenta y dos mil habitantes en Atacama, solamente mil doscientos eran bolivianos. Por lo tanto, Chile reclamó la soberanía sobre el territorio. Los bolivianos rechazaron los argumentos por engañosos.

Al agotarse las opciones diplomáticas, las tropas comenzaron a desembarcar. Una fuerza invasora de ochocientos marinos y soldados inmediatamente tomaron control de la ciudad. Dos días más tarde, una pequeña fuerza anfibia desembarcó en Mejillones. Los soldados siguieron las vías del ferrocarril tierra adentro y capturaron las minas de plata de Caracol, que se encontraban indefensas, donde levantaron una serie de fortificaciones defensivas. La noticia de la ocupación chilena arribó a La Paz el 25 de febrero, mientras los habitantes de la ciudad festejaban el carnaval. Las festividades repentinamente se volvieron sombrías. Miles de bolivianos salieron a las calles a protestar. Las mujeres lloraban abiertamente, sabiendo que la guerra pronto traería muerte y destrucción, mientras los periódicos defenestraban a los agresores y exigían castigo. Dentro de este frenesí de nacionalismo, el congreso boliviano declaró la guerra el 28 de febrero. Daza ordenó la imposición de la ley marcial y la confiscación de toda propiedad privada chilena, desencadenando así los perros de la guerra.

Antofagasta fue utilizada como plataforma para colocar a la provincia entera bajo control chileno. La primera operación fue conducida por el coronel Emilio Sotomayor. Fue enviado con dos cuerpos de infantería y un destacamento de caballería para tomar Calama, un gran pueblo mercantil en la base de los Andes. Como había sucedido con Antofagasta, Caracol, se encontraba indefensa. Al enterarse de que las fuerzas chilenas estaban en camino, los terratenientes y los comerciantes congregaron a sus obreros y formaron una milicia armada. El 14 de marzo, los chilenos enviaron una delegación de paz solicitando enérgicamente que la guarnición se rindiera. El mayor Ladislao Cabrera le informó a la milicia que lucharían hasta las últimas consecuencias. La fuerza defensiva se había preparado para resistir el ataque derribando dos de los tres puentes que cruzaban el río Loa, obligando así a los chilenos a focalizar su ataque en el puente Topáter. La defensa estaba a cargo de Eduardo Abaroa, un ingeniero de minas de cuarenta y un años.

El 23 de marzo, los chilenos atacaron, marcando así el comienzo oficial del conflicto armado. La fuerza de resistencia no contaba con suficientes armas para todos los hombres, y más de uno debió esperar a que cayera alguno de sus compatriotas para levantar su arma.[71] Aún así, la milicia luchó valerosamente, rechazando varios ataques y ofensivas. Abaroa murió de manera heroica en su puesto. Rodeado y sin municiones, se le ordenó que se rindiera. Su famosa respuesta fue: "¿Rendirme? Dígale a su abuela que se rinda, maldición." Aún así, y a pesar de muchísimos actos valerosos y desinteresados, la milicia improvisada no pudo con los agresores bien armados. Los últimos sobrevivientes escaparon al desierto y se dirigieron hacia el norte. El mismo día en el que los chilenos arrasaban Calama, un escuadrón naval invadía los puertos de Tocopilla y Cobija, completando de ese modo la invasión de la provincia.

Las tropas chilenas estaban bien organizadas y contaban con un buen liderazgo, pero frecuentemente perdían la disciplina al tratar con los civiles. La Guerra del Pacífico estuvo plagada de atrocidades, la mayoría de las cuales fueron perpetuadas por soldados chilenos. Se saquearon hogares, violaron mujeres y se ejecutaron prisioneros. Una de las razones de este comportamiento fue que muchos de los soldados eran ex mineros, y traían consigo un profundo resentimiento contra los bolivianos por la expropiación de sus propiedades. Con evidente sensatez las autoridades bolivianas en Antofagasta se apuraron a dejar el sitio una vez que arribaron las tropas chilenas; ni siquiera hicieron el esfuerzo de destruir documentos oficiales o correspondencia.

[71] El coraje de los bolivianos trascendió gracias a los corresponsales de periódicos chilenos que escribieron sobre la valentía de la milicia en el Puente de Topáter y en la batalla de Calama.

Al inspeccionar las oficinas de gobierno, un pelotón encontró un archivo de documentos que aludía a un pacto secreto entre Bolivia y Perú. El acuerdo de defensa mutua, más conocido como el Tratado Riva Agüero-Benavente, había sido firmado en febrero de 1873 luego de que ambos países comenzaran a preocuparse por las ambiciones territoriales de Chile. El acuerdo también fue producto de intensas maniobras diplomáticas. A medida que los intereses chilenos en Atacama crecían, Santiago presentó varias propuestas para formar una alianza con Bolivia en contra de Perú. Chile prometió ayudar a Bolivia a expulsar a Perú de Tarapacá, con el fin de obtener control sobre Arica. A cambio, Bolivia cedería Antofagasta a Chile. Esto permitiría a ambos gobiernos obtener lo que mas deseaban: Bolivia recibiría un puerto de aguas profundas sobre el Pacífico y Chile obtendría control total sobre los depósitos minerales en el Atacama. Al enterarse de lo que ofrecían los chilenos, Lima impulsó a Bolivia a firmar el pacto de defensa mutua. La idea se le propuso a Adolfo Ballivián, nuevo presidente de Bolivia, de paso por Lima rumbo a su propia ceremonia inaugural. La propuesta chilena era interesante y pragmática, pero Bolivia tenía más afinidad con Perú.[72] El tratado, sin embargo, se mantuvo en secreto dado que ambas partes entendían que Chile reaccionaría violentamente frente a su existencia. Las memorias de la Guerra contra la Confederación Perú-Boliviana aún eran vívidas, y Santiago había dejado en claro que jamás toleraría una unión entre ellos.

Nunca ha sido claro si los documentos fueron auténticos, pero su publicación desató un revuelo político. Hasta ese punto, el gobierno chileno no contaba con más pretexto para su agresión contra Bolivia que la avaricia. Si la invasión de Antofagasta era motivo suficiente es debatible. Sin embargo, el descubrimiento del aparente pacto secreto entre Bolivia y Perú enardeció la imaginación del pueblo y le dio a Santiago la legitimidad que precisaba para tomar una actitud ofensiva contra sus vecinos. El mismo día en el que las fuerzas chilenas asediaban Calama, el embajador chileno en Perú, Joaquín Godoy, demandaba saber si existía en efecto el pacto secreto entre Perú y Bolivia. Cuando el gobierno finalmente admitió su existencia, Chile repatrió a su embajador y se preparó para la guerra.

Dos semanas después, el 5 de abril de 1879, Chile le declaró la guerra a Perú. Finalmente podría proyectar su mirada más allá de los campos áridos del Atacama y concentrar sus esfuerzos en la abundancia sin fin de Tarapacá. La guerra que siguió se desarrolló en dos fases: una campaña naval seguida por una operación terrestre. Los altos mandos militares entendían que necesitaban establecer su supremacía naval antes de embarcarse en una guerra terrestre. Dada la escasez de caminos en el desierto, el transporte marítimo era la única forma de sostener una

----

72   La intriga diplomática se limitó a los tres países. Como se mencionó anteriormente, en la escalada hacia la Guerra contra la Confederación Perú-Boliviana, Argentina y Ecuador también formaban parte de la ecuación. Buenos Aires fue invitada a firmar el pacto defensivo secreto. Una alianza entre Chile y Bolivia alteraría el equilibrio de poder en la región y constituiría una amenaza.

operación terrestre. La armada chilena necesitaba, por lo tanto, establecer control de los mares para llevar provisiones y refuerzos al escenario de operaciones. Asimismo, Perú entendía que su armada era la defensa más importante contra una invasión de su patria.

En abril de 1879, la armada chilena envió un escuadrón de cruceros para bloquear el puerto de Iquique. Se le entregó el mando al contraalmirante Juan Williams, quien tenía órdenes de atraer, enfrentar y eliminar a las fuerzas enemigas. La idea era que Lima enviaría su flota para proteger el puerto, de gran importancia económica. La decisión de hacer foco en Iquique se debió, en parte, a que había mas de ochenta mil chilenos trabajando en la región, y podía contarse con ellos para integrar la milicia. Algunos chilenos comenzaron a rebelarse cuando comenzó el bloqueo, obligando a las autoridades locales a encerrar a unos mil quinientos de ellos en depósitos.

La defensa del puerto fue liderada por el coronel Juan Dávila, a quien se le encomendó un regimiento de mil quinientos soldados y milicianos, junto con una batería de artillería móvil. Para forzar la capitulación de los defensores, el *Esmeralda* puso en marcha una descarga de artillería que destruyó la planta desalinizadora de la ciudad, eliminado así la fuente principal de agua potable del pueblo. Una línea ferroviaria conectaba Iquique con las zonas aledañas, pero las autoridades temían que los trenes transportando provisiones de agua serían un blanco fácil para los cañones de los barcos. Por lo tanto, durante la noche, se utilizaron mulas para realizar el transporte de provisiones. También se aplicó el racionamiento del agua, permitiendo a cada individuo únicamente un litro de agua diario. Afortunadamente, los ingenieros de la planta de nitrato crearon una tubería para traer agua fresca, evitando así el colapso de la ciudad. Sin embargo, los barcos chilenos continuaron debilitando las defensas. Dragaron el piso del océano cerca del puerto hasta encontrar e interrumpir el telégrafo submarino utilizado para comunicarse con Lima.

El contralmirante Williams comenzó a frustrarse ante la falta de resultados, por lo que envió alguno de sus buques a otros pueblos peruanos sobre la costa. El 15 de abril de 1879, las instalaciones de guano de Pabellón de Pica fueron bombardeadas. Tres días más tarde, una unidad de incursión destruyó todas las embarcaciones pequeñas ancladas en Pisagua. Finalmente, el 30 de abril, la armada bombardeó el puerto de Mejillones, hundiendo todas las naves que se encontraban fondeadas. Aún así, no aparecían rastros de la flota peruana. Lo que había comenzado como una campaña corta se convertía en un enfrentamiento prolongado.

Los aliados bolivianos y peruanos también se preparaban para un calvario extenso. El presidente boliviano Daza y el presidente peruano Mariano Ignacio Prado establecieron un cuartel general común en Arica para dirigir personalmente las acciones militares. Al mismo tiempo, Chile incrementó sus esfuerzos de reclutamiento, pero el entusiasmo popular inicial por la guerra había disminuido. Mucha gente vio el conflicto como lo que era —una lucha instigada por comerciantes británicos para robarse los campos de nitrato de Bolivia y Perú— y no deseaban morir en pos del beneficio económico ajeno. El proceso de reclutamiento quedó reducido al alistamiento obligatorio de vagabundos y delincuentes. Sin apoyo popular, el ejército necesitaba concluir rápidamente el conflicto. Por lo tanto, se aplicó una gran presión sobre el contralmirante Williams.

Este ordenó la partida de sus cuatro cruceros hacia Callao. Sin que el contralmirante chileno lo supiera, la razón por la cual no se había avistado la flota de Perú era que sus buques principales estaban en diques recibiendo reparaciones en sus calderas. Perú contaba con solo dos cruceros blindados: el *Huáscar* y el *Independencia*, mientras que Chile tenía cuatro: *Almirante Cochrane, O'Higgins, Magallanes* y *Abtao*. A pesar de que la economía peruana se había beneficiado enormemente con el auge del nitrato y del guano, no había invertido una parte importante de esa ganancia en adquirir buques de guerra. Chile había tomado muy en serio las lecciones de la Guerra de la Triple Alianza. La supremacía naval era esencial para mantener las líneas marítimas de comunicación abiertas. El gobierno entendía cuán decisivo era contar con una armada poderosa para determinar el resultado de un conflicto.

Williams dejó a sus dos buques más viejos, la corbeta *Esmeralda* y la goleta *Virgen de Covadonga* en puerto. Mientras que el escuadrón chileno se dirigía hacia el norte, los dos cruceros peruanos se movilizaron hacia el sur. Escoltaban a un grupo de buques de transporte que se dirigían hacia Arica. El convoy estaba al mando del almirante Miguel Grau, el mejor estratega naval peruano. Los dos grupos se cruzaron, pero jamás entraron en contacto. El almirante peruano entregó su carga y luego se dirigió hacia Iquique. Se había enterado de que los chilenos habían dejado dos buques antiguos a modo de barricada, y creyó que serían blancos fáciles para sus artilleros. Durante el amanecer del 21 de mayo, a media que la bruma matinal se disipaba, la flota peruana apareció en el horizonte.

El comandante Agustín Arturo Prat estaba al mando del pequeño destacamento chileno. De origen humilde, era graduado de la Academia Naval Chilena. Había servido de manera sobresaliente durante la guerra contra España en 1865, a bordo del *Esmeralda*. En 1870, comenzó sus estudios de derecho. Sin embargo, la guerra pronto se desató y volvió al servicio como oficial de línea.

El escuadrón peruano estaba liderado por el *Huáscar*. El modernísimo buque de guerra había sido construido en Birkenhead, Inglaterra, cuatro años antes. Se trataba de una pequeña embarcación blindada, protegida por una franja de hierro de 11,5 cm de espesor, equipada con dos cañones dentro de una torreta rotativa. Se lo llamó así por el desdichado rey inca asesinado por su hermano, Atahualpa, durante la invasión de Pizarro. Ahora, el destino de la nación recaía sobre su ignominioso nombre. El segundo buque del escuadrón, el *Independencia*, era una corbeta acorazada construida en 1864. Comandada por Juan Guillermo More, rebosaba de cañones de avancarga. Lamentablemente, los dos buques chilenos eran más antiguos e inferiores.

Prat arengó a sus hombres y condujo sus buques hacia el centro de la bahía. El comandante Condell, al frente del *Virgen de Covadonga*, tomó posición a popa del *Esmeralda*. A las 8:15 a.m., ambos lados intercambiaron los primeros disparos. Diez minutos después volvieron a enfrentarse. Un disparo desde el Huáscar arrasó con la popa del *Esmeralda*, asesinando a varios tripulantes en la enfermería del buque. Al darse cuenta de que estaban superados en potencia de fuego, el *Virgen de Covadonga* se acercó a la orilla. Prat hizo lo mismo. Esto creó un dilema para Grau. A pesar de que su armamento era superior, los cartuchos dirigidos al *Esmeralda* podían terminar impactando en Iquique —el mismo puerto que debía defender. Necesitaba usar, por lo tanto, un ataque parabólico para bombardear al enemigo, una destreza que superaba a sus artilleros. Durante una hora y media, el *Huáscar* intentó dar en el blanco; finalmente, los artilleros lograron un impacto directo sobre la proa del *Esmeralda*, matando a la tripulación al mando de las ametralladoras. Mientras tanto, Dávila había posicionado su batería y comenzó a descargar municiones sobre el *Esmeralda*. Atacado desde el mar y desde la costa, Prat ordenó velocidad máxima a sus buques. Desafortunadamente, el repentino incremento de vapor fue demasiado para las viejas calderas, y una de ellas explotó. Con el buque de guerra chileno prácticamente destrozado en el agua, Grau le ordenó al *Huáscar* embestirlo.

Prat utilizó la pequeña ventaja que tenía para maniobrar y salió del paso del *Huáscar*. Sin embargo, este abrió fuego con sus dos cañones de diez pulgadas, casi a quemarropa, matando a cuarenta marineros. Nunca quedó claro si Prat murió en el ataque. El folclore chileno afirma que lideró un grupo de abordaje al buque insignia peruano, consistente en él y otro marinero, sólo para ser asesinado momentos después. Al percibir lo desesperado de la situación, Grau propuso al *Esmeralda* arriar su bandera. El nuevo capitán, temporario, teniente Luis Uribe Orrego, se rehusó. Por lo tanto, Grau embistió por segunda vez al buque chileno. Simultáneamente, el *Huáscar* realizó otra descarga a quemarropa, masacrando más tripulantes. La colisión dañó la armadura del buque que embistió, pero el *Esmeralda* ya estaba mortalmente herido. El agua de mar comenzó a invadir el buque, inundando la bodega de municiones y ahogando a varios grupos de marineros. Otro grupo de abordaje chileno intentó abordar el *Huáscar*, pero fueron rápidamente abatidos. Grau ordenó a su buque embestir al *Esmeralda* una última vez. Finalmente, el viejo buque de madera se desplomó hacia adelante y desapareció bajo las olas.

A pocos kilómetros, los eventos se desarrollaban de manera diferente para el *Independencia*. El *Virgen de Covadonga* era un buque más pequeño y podía moverse mas cerca de la orilla sin grandes inconvenientes; aún así el buque peruano más voluminoso le pisaba los talones. Repentinamente, este encalló. Sin posibilidad de maniobra, la corveta peruana se volvió un blanco fácil para los artilleros chilenos. Golpearon al buque con un sinfín de disparos y descargas, obligando a la tripulación a abandonar el barco y escapar en los botes salvavidas. Los chilenos no dieron cuartel y continuaron disparando sobre los sobrevivientes a medida que escapaban. Eventualmente, Grau hizo su aparición y el *Virgen de Covadonga* se retiró navegando. El almirante se dio cuenta de que nada se podía hacer por el buque abatido, por lo que el *Independencia* fue incendiado. Al arder el orgulloso buque, las llamas iluminaron el cielo que oscurecía. Al final, la batalla de Iquique resultó una gran victoria para la armada chilena, a pesar de haber perdido el *Esmeralda*, que era, al fin y al cabo, un viejo buque de madera. En cambio, Perú perdió la mitad de su flota blindada. Antes del enfrentamiento, la superioridad naval chilena era de dos a uno. Ahora, la ventaja era de cuatro a uno.[73]

La noticia de la pérdida del *Esmeralda* dejó atónita a la nación. En Santiago y Valparaíso se respiraba el aire de la derrota. Sin embargo, Vicuña Mackenna utilizó el revés como una arenga convocante. Transformó a Prat en un mártir, exaltando sus humildes comienzos y su devoción desinteresada, e instó a la población a tomar armas y defender el honor de su nación. El origen y la valentía del oficial naval tuvo efecto en la psiquis chilena, y una ola de patriotismo se extendió a lo largo del país. Los hombres se presentaban de a montones para unirse al esfuerzo bélico. Se presentaron tantas personas, que los centros de reclutamiento debieron rechazar a muchos de ellos. El liderazgo nacional convirtió una amarga derrota en un fervor patriótico que terminó transformándola en una victoria. Muchos consideran la muerte de Prat el hecho que impulsó la formación de la identidad nacional de Chile.

Mientras Chile ponía el foco en extender su territorio hacia el norte, estaba a punto de sufrir un gran revés en el sur. Desde la caída del virreinato, Chile y Argentina habían realizado sendos reclamos sobre la Patagonia. En gran parte, la región pertenecía a Argentina, pero el reclamo de Chile hacía difícil delimitar fronteras y límites. Mientras Chile se encontraba ocupado por su campaña en el Pacífico, Buenos Aires maniobraba de manera astuta.

La invasión chilena de Antofagasta había desatado protestas masivas en Buenos Aires y varias ciudades grandes del interior del país. Se escuchaban pedidos de represalias contra los agresores chilenos, particularmente en las provincias norteñas de Jujuy y Tucumán. Varios argentinos destacados y prominentes, incluyendo el futuro presidente Roque Sáenz Peña, ofrecieron ponerse al servicio del esfuerzo bélico. Al igual que en la Guerra de la Triple Alianza, las lealtades culturales trascendieron las líneas soberanas de demarcación territorial. Los lazos de sangre con Bolivia estaban muy presentes en Argentina. Muchos argentinos se unieron como voluntarios a la causa o contribuyeron fondos. También se generó un negocio lucrativo, a medida que los comerciantes de armas en Buenos Aires comenzaron a proveer de armamento al ejército boliviano, burlando así el bloqueo chileno de la costa del Pacífico. Sin embargo, el gobierno argentino fue reacio a unirse a la contienda. Tenía intereses más urgentes. Buenos Aires había prometido mantener la neutralidad si Chile accedía a desistir de su reclamo sobre la Patagonia. El gobierno, sin gran astucia, accedió, renunciando a un millón de kilómetros cuadrados. Santiago sabía que su reclamo era débil, y era consci-

[73] Brian Vale, *Cochrane in the Pacific: Fortune and Freedom in Spanish America* (Londres: I. B.Tauris,2008).

ente de que el Atacama, rico en minerales, era un premio mucho más lucrativo.

Durante los siguientes cinco meses, la armada chilena persiguió al *Huáscar*. Sin embargo, El artero Grau eludió al enemigo. En julio, realizó una incursión a medianoche sobre Iquique, hundiendo un transportador de tropas llamado *Matías Cousiño* y el buque de combate *Magallanes*. Al poco tiempo, capturó el *Rímac*, junto con un destacamento de caballería consistente en trescientos hombres y sus caballos. También bombardeó emplazamientos costeros pertenecientes a Chile, al mismo tiempo que logró evitar el contacto con los grandes cruceros. La suerte del almirante finalmente se agotó el 8 de octubre de 1879, mientras navegaba frente al pueblo de Antofagasta, a bordo de la corveta *Unión*.

Los altos mandos chilenos habían ideado una trampa. Dando por sentado que Grau eventualmente atacaría Antofagasta, dividieron la flota en dos divisiones. La primera, compuesta por buques pesados y lentos, estaba al mando del comodoro Galvarino Riveros, a bordo del acorazado *Blanco Encalada*; estos buques estaban posicionados cerca de la orilla. La segunda división, formada por buques más veloces, estaba liderada por el comandante Juan José Latorre, a bordo del acorazado *Almirante Cochrane*; estos buques circulaban lejos de la orilla, pero en perpendicular al sur de la ciudad. La intención era permitir al *Huáscar* movilizarse entre medio de ambas divisiones y luego caer sobre él. Anticiparon que Grau se dirigiría hacia el sur luego de detectar la división de Rivero frente a Antofagasta, permitiendo a la de Latorre cerrar el cepo.

El escuadrón de Grau pasó por Antofagasta en medio de la noche, buscando un blanco fácil. Al no encontrar ninguno, continuó hacia el norte. A medida que salía el sol, un vigía sobre el *Huáscar* divisó humo negro producido por la división de Rivero. El almirante peruano inmediatamente ordenó a sus barcos virar hacia el sur. Sus buques pasaban por Punta Angamos, muy cerca del puerto de Mejillones, cuando se vio el humo de la segunda división chilena sobre el horizonte. Inmediatamente, el comandante peruano comprendió que se encontraba en medio de una trampa. Envió señales al *Unión*, uno de los barcos más veloces del Pacífico, para que huyera.[74] En simultáneo, ordenó a sus hombres tomar sus puestos de batalla.

Los artilleros peruanos no habían mejorado su puntería desde la batalla de Iquique. Fue así como sus disparos no pudieron dar en el blanco a medida que el *Almirante Cochrane* avanzaba amenazante y se ubicaba a distancia de tiro. Ubicado a dos mil metros, el crucero chileno abrió fuego. Una de sus bombas de penetración destrozó la torreta del *Huáscar*, inhabilitando los dos cañones principales. Otro proyectil de penetración perforó la banda de acero e inhabilitó el timón del barco. Esto no sólo dejó el buque a la deriva, sino que el *Huáscar* comenzó a inclinarse hacia estribor. Mientras tanto, el *Blanco Encalada* se posicionaba. El *Almirante Cochrane* había continuado bombardeando, impactando el puente del buque e incinerando al almirante Grau.

----

[74] Romero, "The War of the Pacific."

La tripulación del *Huáscar* continuó luchando, a pesar de lo desesperado de la situación. Asimismo, los dos cruceros chilenos dispararon al buque una y otra vez, matando decenas de oficiales y soldados. Con la mayoría de sus armas no aptas para el combate, la tripulación peruana decidió hundir el barco. Los oficiales del *Almirante Cochrane* y el *Blanco Encalada* advirtieron que el acorazado, a la deriva, constituía un blanco fácil. Por lo tanto, dieron orden a los grupos de abordaje de tomar el buque por la fuerza. A medida que la tripulación peruana subía a los botes salvavidas, uno de los grupos de abordaje logró subir al buque. Procedieron a la sala de máquinas y cerraron las válvulas de agua para impedir que el barco se hundiera y poder capturar así al buque insignia de la flota.

La batalla de Angamos fue el punto de inflexión de la guerra. Con indiscutida supremacía marítima, el ejército chileno podía trasladarse libremente a lo largo de la costa sin encontrar oposición. Al mismo tiempo, los peruanos estaban totalmente desconectados de Lima. Aún así, la guerra tardaría otros cuatro años en concluir. La campaña marítima llevó menos de un año, con una pérdida de vidas acotada. Sin embargo, la guerra terrestre fue un asunto sangriento y prolongado. No sólo las fuerzas de defensa ofrecieron una fuerte resistencia en la protección de su hogar, sino que también la guerra se desarrolló en medio del desierto de Atacama, uno de los ámbitos más hostiles del mundo, con temperaturas que alternaban entre un calor extremo durante el día y temperaturas heladas durante la noche, con un sol candente que enceguecía a los soldados. El desierto, sin accidentes geográficos, volvía prácticamente imposible la orientación para la travesía. Existía una falta total de agua, exceptuando el oasis ocasional, y no había vegetación para el pastoreo de los caballos.[75]

Antofagasta era el centro de las operaciones terrestres de Chile. Hacía más de un año que se encontraba bajo control chileno. Una fuerza de veinte mil hombres estaba preparada, armada con los equipos y la tecnología más moderna. Además de carabinas británicas y norteamericanas, las compañías de artillería contaban con modernos cañones franceses y alemanes, así como también armas de repetición Gatling norteamericanas. Más de setecientos kilómetros al norte, el cuartel aliado en Arica también bullía de actividad, pero no se encontraban tan bien preparados. El ejército boliviano estaba compuesto por cuatro divisiones con un total de mil trescientos soldados; la mitad de ellos eran oficiales, lo cual creaba una organización de combate engorrosa. El armamento de Bolivia estaba desactualizado y en pobre estado e incluía una enorme variedad de armas, lo cual tornaba una pesadilla, en términos logísticos, mantener a mano la cantidad correcta y necesaria de municiones. Tampoco había caballería o artillería pesada. Para fortalecer las filas, se sumó a mas de cuatro mil voluntarios y reclutas, pero la mayoría de estos solo hablaba Quechua o Aymara, los antiguos dialectos Inca. El ejército de Perú estaba

---

[75] Claude Michel Cluny, *Atacama: Ensayo Sobre la Guerra del Pacífico, 1879–1883* (México, DF: Fondo de Cultura Economica, 2008).

en mejores condiciones, con una fuerza de trece mil soldados y cuatro mil quinientos milicianos. Sin embargo, las unidades no estaban bien organizadas. Mucho del armamento se encontraba desactualizado, con gran cantidad de rifles de avancarga de la guerra civil norteamericana. El ejército chileno, por lo tanto, disfrutaba de una inmensa ventaja en lo referente a tecnología, equipamiento y entrenamiento.

Los aliados decidieron basar su estrategia en la defensa de Arica y Iquique. Cada puerto sería protegido por una brigada de mil soldados. El resto del ejército se organizaría mediante una unidad móvil que rápidamente asistiría a cualquiera de las ciudades costeras que se encontraran siendo atacadas. Los puertos menos importantes serían defendidos por guarniciones más pequeñas, de quinientos hombres cada una.

Los chilenos sabían que los grandes puertos eran prácticamente impenetrables. Por lo tanto, decidieron comenzar la invasión de Tarapacá con un asalto al pequeño puerto de Pisagua. Cuatro razones motivaron esta decisión. En primer lugar, el puerto estaba defendido por un destacamento de novecientos bolivianos. En segundo lugar, tenía importancia económica, dado que era el principal puerto de embarque para las exportaciones peruanas de nitrato. En tercer lugar, se encontraba a mitad de camino entre las bases militares aliadas de Arica e Iquique, es decir que un desembarco en Pisagua interrumpiría la conexión de Iquique con el resto del país. En cuarto y último lugar, Pisagua poseía un ferrocarril que los invasores podrían usar para movilizar sus tropas tierra adentro.

La fuerza de invasión chilena se componía de quince buques, que incluían cuatro acorazados y once transportes con nueve mil quinientos hombres y novecientos cincuenta caballos.[76] El general Erasmo Escala, jefe del ejército y veterano de la Guerra contra la Confederación Perú-Boliviana, fue puesto al mando de la operación. Los defensores contaban con algunas piezas de artillería pesada ubicadas a lo alto en los acantilados, pero estas piezas no podían rivalizar con los armamentos chilenos. A las siete de la mañana, el 2 de noviembre de 1879, la armada chilena tomó posiciones y abrió fuego. Un conjunto de armas bien apuntadas dejaron fuera de servicio, de inmediato, a las armas de los defensores, y permitieron el ingreso de los transportes a la bahía.

La operación anfibia estaba compuesta por dos etapas. La primera era un desembarco en Junín, alejado de la playa principal. Esto permitió a un pequeño grupo de soldados movilizarse tierra adentro y atacar a los bolivianos por la retaguardia. La segunda consistía en la toma de la ciudad por la fuerza principal. El desembarco en Junín comenzó a medida que los barcos empezaron a bombardear las instalaciones sobre la costa. Establecieron una cabeza de playa y tomaron posiciones

---

[76] Varios buques de guerra extranjeros, incluyendo naves francesas y británicas, acompañaron la operación anfibia. Su rol oficial era el de actuar como observadores, pero grandes bancos europeos como Rothschild & Sons habían prestado dinero a Chile, y querían mantenerse informados de primera mano sobre la evolución de la guerra.

detrás de las fuerzas aliadas. Sin embargo, los desembarcos principales se dieron más lentamente de lo que se esperaba. Los bolivianos se habían movilizado hacia la línea costera para enfrentar a los invasores. Luego de varias horas de lucha cuerpo a cuerpo que tiñó de rojo el oleaje, los chilenos se abrieron paso tierra adentro. Superados en armamento y en número, los sobrevivientes bolivianos se retiraron hacia las montañas, incinerando los almacenes de nitrato a medida que huían, lo cual llenó el aire de un humo negro y espeso.

El general Escala localizó a la fuerza aliada más cercana. Al interrogar a los prisioneros, descubrió que el general peruano Juan Buendía comandaba el ejército del sur, pero no podía precisarse su ubicación. Ordenó, por lo tanto, una pequeña misión de reconocimiento, liderada por el teniente coronel José Francisco Vergara, para localizarlo. El destacamento avanzó hacia un pequeño oasis llamado San Roberto y encontró la estación de bombeo intacta. Por su condición de fuente de agua potable, fue asegurada. Las tropas volvieron a Pisagua, donde Vergara recomendó que el general chileno enviara una fuerza de reconocimiento mayor. Pocos días después, Escala despachó una compañía de ciento ochenta hombres con el objetivo de sondear el desierto y asegurar otros pozos que pudieran encontrarse. Durante la tarde del 6 de noviembre de 1879, por casualidad, dieron con la caballería del ejército del sur descansando sobre los llanos de Germania. Los chilenos fingieron un retirada, provocando un ataque aliado. La mayoría de los jinetes eran bolivianos. Los chilenos rápidamente volvieron sobre sus pasos y accionaron una trampa mortal, asesinando a la mitad de las fuerzas enemigas. Con gran parte de la caballería aliada destruida, el ejército del sur quedó muy maltrecho.

El desembarco en Pisagua había causado una gran consternación en el cuartel general aliado. El presidente Daza decidió liderar una fuerza expedicionaria boliviana para unirse al ejército del sur de Buendía, ubicado a unos días de la cabeza de playa chilena. Juntos, superarían en número a los invasores y los empujarían hacia el mar. Buendía, por lo tanto, movilizó su ejército al norte, hacia el oasis de Dolores, con el fin de esperar el arribo de Daza. Durante la espera, se fueron acercando grupos dispares —sobrevivientes de Pisagua y varias unidades rezagadas de la caballería boliviana—. Todas las fuerzas se iban congregando antes de atacar a los chilenos.

La marcha de Daza por el desierto se transformó en una pesadilla. No contaba con experiencia militar para sumar a su extravagancia y arrogancia. En su apuro por partir, dejó olvidada su artillería. Temeroso de que sus soldados desertarían si los movilizaba de noche, ordenó a sus tropas marchar durante el día, expuestos a la brutalidad de la ardiente temperatura del Atacama durante las horas diurnas. Los bolivianos autóctonos estaban más acostumbrados al clima fresco del altiplano y se marchitaban bajo el sol implacable. Daza había declinado la oferta de los guías peruanos de conducirlo por el desierto lo que determinó que se quedara sin certezas de cómo aprovisionarse de agua. Con principio de deshidratación, el presidente boliviano decidió abrir las reservas de licor, permitiendo a sus hombres llenar sus cantimploras con vino y ron. El resultado fue caótico. Los soldados se tropezaban ebrios por la arena candente. Más de dos mil hombres murieron por intoxicación etílica, y la disciplina se desarmó completamente. Transcurridos cinco días de la expedición, cerca de la quebrada del río Camarones, los hombres comenzaron a desertar. Muchos escaparon a las montañas mientras que otros regresaron a Arica. Al enterarse de esta calamidad, el presidente Prado sugirió a Daza retornar al cuartel general y permitir a Buendía continuar con el ataque. Al principio, el presidente boliviano se rehusó, pero sus oficiales votaron a favor de la retirada y retornaron a su hogar.

Las aflicciones de Bolivia empeoraron con la inestabilidad política del país. El general Narciso Campero dejaba La Paz con la quinta división de elite cuando se enteró de la debacle de Daza. Así, decidió regresar a casa. No solamente tenía hombres mal preparados y sin equipamiento para una campaña en el desierto, sino que también tenía aspiraciones presidenciales. No había ninguna razón para prestar asistencia a su asediado oponente. Más aún, existían poderosos intereses económicos en juego, particularmente de las operaciones mineras en Huanchaca, desde las que se ejercía presión para mantener a la quinta división cerca ante la posibilidad de una invasión chilena. Esto dejaba a Buendía en dificultades. Al no poder contar con la fuerza expedicionaria de Daza, debía arreglarse con lo que tenía. Su ejército combinado era de casi diez mil hombres, considerablemente más grande que los seis mil quinientos soldados chilenos de Escala. Pero, este último contaba con el doble de piezas de artillería, mejor entrenamiento y unidad de mando. Estos factores demostraron ser fundamentales cuando ambos se encontraron en el campo de batalla.

El 19 de noviembre, ambos bandos chocaron en Dolores. Sotomayor, el coronel chileno que había tomado Calama, envió un grupo de reconocimiento que avistó a los aliados avanzando hacia el oasis. Ordenó a su regimiento de caballería darse prisa y llegar al lugar antes que los enemigos. Al arribar, tomaron posiciones a lo largo de las colinas circundantes para asegurar los puntos de ventaja. Movilizó un quinto de sus fuerzas hacia el lado norte de la posición en anticipación al arribo de Daza—un arribo que jamás ocurriría, dado que el general boliviano había abandonado la lucha y retornado a Arica—.

Buendía era un viejo veterano y estaba cada vez más senil. Dependía mucho de su jefe de gabinete, Belisario Suárez, y de varios otros altos oficiales. El plan de batalla aliado era dividirse en tres grupos. Una columna peruana, dirigida por Buendía, tomaría el terreno elevado de San Francisco. La segunda columna atacaría las cumbres cerca de Dolores. Una tercera fuerza, compuesta por soldados bolivianos, atacaría a los chilenos desde la retaguardia.

Los aliados detuvieron su marcha tan pronto llegaron a Dolores. Los soldados habían comenzado a movilizarse a las tres de la mañana y se encontraban exhaustos. Utilizaron el tiempo para montar el campamento, extraer agua del pozo, comer y preparar las armas. La demora permitió a los chilenos recibir refuerzos, pero el batallón de artillería no estaba al tanto de lo que estaba sucediendo. Una misión de reconocimiento de la caballería fue malinterpretada como el inicio del ataque y los artilleros chilenos abrieron fuego. La infantería se formó abruptamente y comenzó a cargar de manera desorganizada. En medio del caos, los aliados avanzaron sobre las piezas de artillería del enemigo.

Afortunadamente para ellos, los chilenos pudieron reagruparse. Armados con rifles de repetición Winchester, apoyados por sus piezas de artillería Krupp, pudieron hacerle frente a una fuerza de ataque de mayor envergadura. La disciplina de los aliados comenzó a desbaratarse cuando una gran cantidad de municiones resultaron defectuosas. A las cinco de la tarde, un nuevo batallón chileno arribó y destruyó la voluntad de lucha de los aliados. También recibieron la noticia de que los bolivianos se habían replegado a Arica. Desesperado por la noticia de que el ejercito de Daza jamás llegaría, los aliados iniciaron la retirada —con la mayoría de los bolivianos cantando "de vuelta a Oruro", su pueblo fronterizo—. En el proceso, los aliados abandonaron cañones, armas y municiones muy valiosas que no podían darse el lujo de perder. Una vez más, la unidad en el mando se presentaba como un gran problema. La coordinación entre soldados de diferentes naciones era difícil de manejar, lo que llevaba al desmoronamiento en las comunicaciones, organización y disciplina.

Los chilenos se atrincheraron a medida que caía la noche. Se prepararon para un contraataque a la mañana siguiente que nunca llegó. El ejército del sur se reagrupó en Tarapacá y Buendía ordenó a la guarnición que defendía Iquique que se uniese. Esto dejó al puerto sin ninguna defensa y, por lo tanto, fue conquistado por una pequeña fuerza anfibia. En un breve lapso de tiempo, los chilenos habían logrado obtener el control de mitad de la rica provincia. La moral de los hombres era alta, y se respiraba un aire de invencibilidad. Mientras tanto, los hombres de Buendía se encontraban en un estado deplorable. Habían perdido gran parte de su equipamiento y armamento, pero aún así seguían conformando una fuerza de cuatro mil quinientos soldados. A veces, el exceso de confianza puede transformarse en arrogancia y terminar en un desastre.

Demasiado confiado, el general Luis Arteaga preparó apresuradamente un batallón de dos mil trescientos chilenos para acabar con los sobrevivientes aliados. El teniente coronel José Francisco Vergara lideró un batallón para atacar una posición en Tarapacá. Cuando alcanzó el oasis, se dio cuenta de que sus hombres estaban exhaustos, deshidratados y hambrientos tras la marcha agotadora a través de las arenas interminables; en su apuro, habían partido con muy poca comida y agua. La única manera de remediar la situación era capturando los vagones de suministro de los aliados. Temprano, durante la mañana del 27 de noviembre, los chilenos atacaron. La estrategia fue dividir la fuerza en tres columnas, de modo similar al plan fallido que los aliados habían utilizado en la Batalla de Dolores. La primera columna atacaría el pueblo de frente, con la segunda columna realizando una maniobra de flanco, y la tercera avanzando por la retaguardia, para evitar las huidas.

Inesperadamente, a medida que amanecía, se instaló una niebla muy espesa, que hacía difícil localizarse y mantener la posición. Mientras tanto, Buendía esperaba el ataque, ocupando las posiciones elevadas circundantes. A medida que el enemigo se acercaba, los peruanos resistían. Dos oficiales peruanos, el coronel Andrés Avelino Cáceres y el coronel Francisco Bolognesi, lideraron la defensa y se convirtieron en héroes nacionales. El primero se hizo conocido por las acciones de su batallón Zepita, la segunda división peruana (Batallones Zepita y el 2 de Mayo) al defender las posiciones altas. Mientras tanto, Bolognesi obtuvo su fama por la tenacidad con la que defendió y mantuvo el control del pueblo.

Ambos bandos lucharon de manera salvaje hasta adentrada la tarde, momento en el que los aliados comenzaron a desvanecerse. Cuando los aliados empezaron a retirarse, los chilenos se dirigieron apresuradamente al pozo de agua para cargar sus cantimploras, momento en el cual los aliados reaparecieron y cargaron contra los hombres desprevenidos. El pánico se propagó por la filas chilenas. Un grupo de cincuenta infantes de armada logró detener el avance enemigo, pero la batalla estaba perdida y los sobrevivientes se replegaron en forma desordenada. Lamentablemente, sin caballería para dar persecución, Buendía no podía hacer más que observar al enemigo desvanecerse en la noche. Entendió que no tenía más opción que retirarse hacia Arica. Ya no le quedaban municiones ni suministros. A pesar de que las bajas chilenas en Tarapacá habían sido más altas que las suyas, él perdería mas de la mitad de sus hombres camino a casa.

Al arribar a Arica, Buendía fue arrestado por el contralmirante Lizardo Montero por haber perdido el ejército del sur. La vasta riqueza minera de Perú estaba ahora en manos chilenas, y el país poco podía hacer al respecto. La pérdida de ingresos se sumó a los problemas del país. Las capturas de Atacama y Tarapacá incrementaron las arcas chilenas y reforzaron su capacidad de compra de armamento y reclutamiento de soldados.

La secuencia de eventos en Tarapacá desató un terremoto en Perú y Bolivia. Conscientes de que estaban superados por los chilenos en armamento, poder de fuego y tecnología, el presidente Prado obtuvo permiso del congreso para viajar a Europa. Su misión era asegurar préstamos para adquirir nuevas armas y cruceros para romper el asedio chileno. Tenía cincuenta y cinco años y era impetuoso y arrogante. Pensó que siendo jefe de estado podría asegurar mejores términos para los préstamos. Prado dejó a su vicepresidente, Luis La Puerta, al mando. El viejo político había estado al mando de los asuntos del país mientras Prado se encontraba en el frente, sin embargo, no estaba preparado para lidiar con el malestar político que rápidamente se propagó por la nación. La oposición política había crecido considerablemente con la pérdida de Tarapacá. Un frente de oposición, liderado por Nicolás de Piérola, acusó al presidente de abandonar el país y fugarse con fondos nacionales. Enardeció al pueblo y derrocó al gobierno el 21 de diciembre de 1879, tres días después de la partida de Prado. Dos días más tarde, se proclamó presidente. Enfrentando una orden de captura en caso de retornar a Perú, el derrocado presidente permaneció en Paris hasta tanto se estabilizara la situación política. Había sido una mala decisión para el comandante en jefe dejar su país con el enemigo tan cerca.

Bolivia se encontraba convulsionada por presiones políticas similares. Daza fue derrocado inmediatamente por su vergonzoso desempeño en el desierto. Por el gobierno se sucedieron, entonces, una serie de líderes, incluyendo a Eliodoro Camacho y Uladislao Silva, antes de terminar el mando en manos de Narciso Campero, el 1 de enero de 1880. Había sido el general que decidió abandonar la campaña luego de enterarse de la difícil situación de Daza en el desierto. Viendo la inestabilidad por la cual atravesaban Perú y Bolivia, los altos mandos chilenos decidieron atacar. Su nuevo objetivo era la destrucción total del ejército del sur.

El cambio en los gobiernos de Perú y Bolivia llevaron a importantes modificaciones en sus estructuras de mando militar. Los principales líderes militares del presidente Piérola eran el contralmirante Lizardo Montero y Pedro del Solar, un oficial civil de alto rango. Los aliados contaban con una fuerza de lucha de once mil hombres, diez mil de los cuales estaban situados en Tacna. Los preparativos se vieron favorecidos cuando el *Unión*, el buque de guerra que acompañaba al *Huáscar*, eludió el bloqueo y reabasteció al cuartel con armas y refuerzos que se precisaban desesperadamente. Como se mencionó anteriormente, el *Unión* era considerado el buque más veloz del Pacífico, y podría superar con facilidad a cualquier buque del enemigo.

El alto mando chileno también sufrió importantes cambios. El general Escala fue reemplazado por el general de brigada Manuel Baquedano. Su misión era destruir toda presencia aliada en Tacna y Arica. Comenzó su campaña despachando un fuerza de expedición el 31 de diciembre para que tomara el pequeño puerto de Ilo, al norte de Arica. La fuerza invasora capturó el puerto y cortó la línea telegráfica a Moquegua, un pueblo cercano que servía como punto de ingreso al interior peruano. Tomaron control del tren y lo usaron para ingresar al pueblo, que se rindió de inmediato. Con el flanco norte neutralizado, Baquedano comenzó a desembarcar el grueso de su ejército. Un total de catorce mil quinientos hombres arribaron entre el 18 y el 25 de febrero de 1881. Al mismo tiempo, Arica fue sitiada. Sin embargo, el puerto estaba bien preparado. Desde el comienzo de la guerra, se habían construido nuevas fortificaciones y puestos de artillería. El asedio fue liderado por el *Huáscar*, alguna vez el orgullo de la flota peruana y ahora bajo bandera chilena.

A pesar de que el pueblo de Moquegua había sido neutralizado, Baquedano sintió que su flanco norte aún se encontraba vulnerable. El puerto de Mollendo estaba a ciento treinta y cuatro kilómetros hacia el norte, y estaba conectado por medio del ferrocarril a Arequipa, uno de las ciudades más grandes de Perú, donde una división de dos mil quinientos soldados peruanos se alistaban para movilizarse. Constituían una seria amenaza para la fuerza invasora. El trayecto a Tacna atravesaba más de 150 kilómetros de tórrido desierto. Los hombres y líneas de suministro de Baquedano estarían en una posición vulnerable. Por lo tanto, este le ordenó al coronel Orozimbo Barbosa tomar Mollendo y vaciarla de toda fuerza peruana.

El 9 de marzo, el coronel desembarcó con un regimiento de ochocientos hombres. Una compañía de peruanos se había replegado sin oponer resistencia; se reagruparon en un depósito ferroviario cercano y solicitaron refuerzos. Barbosa se dirigió a la estación pero fue recibido con fuego enemigo a medida que se acercaba. Zapadores chilenos habían plantado explosivos y saboteado las líneas ferroviarias, pero decidieron reagruparse en el puerto antes de reiniciar el ataque. Al regresar a Mollendo encontraron que la disciplina se había resquebrajado. Las tropas habían ingresado a los depósitos y vaciado las tiendas de bebidas alcohólicas. Soldados ebrios llevaban adelante un pillaje descontrolado, saqueando y disparando sus armas. Se cometieron incontables atrocidades, con civiles asesinados y mujeres violadas. Barbosa ordenó a sus hombres volver a embarcar pero muchos de ellos desertaron. Preocupado por la posibilidad de tener que enfrentar un motín, dio orden a sus buques de regresar a Ilo, el 12 de marzo. Como había sucedido con anterioridad, los chilenos estaban bien entrenados pero podían transformarse fácilmente en una turba ingobernable.

Mientras tanto, la amenaza peruana a la fuerza de invasión se transformaba en realidad. El coronel Andrés Gamarra avanzó con una fuerza de mil quinientos soldados peruanos a Los Angeles, un fuerte importante, a mitad de camino a Arequipa. Al enterarse de esto, Baquedano se puso en marcha con una división de cuatro mil quinientos hombres para liberar definitivamente el flanco norte. A pesar de que los peruanos no contaban con caballería o artillería, constituían una amenaza considerable. El asentamiento en Los Angeles era formidable y no sería fácil de tomar. Enclavado en el fondo de un valle angosto, los chilenos precisarían lanzar un ataque frontal. Sin embargo, el astuto Baquedano avanzó al amparo de la noche y posicionó a sus soldados al pie de la colina, sin que fueran detectados. A medida que amanecía descargó su artillería y continuó con sendas cargas de caballería y artillería. Sus hombres prepararon sus bayonetas y corrieron colina arriba, tomando a las fuerzas de defensa totalmente desprevenidas. Con la defensa pronta a ser sobrepasada, Gamarra ordenó a sus hombres retirarse. Esto eliminó la última amenaza a la fuerza de invasión chilena. Podía avanzar sin oposición sobre Tacna.

El ataque a Tacna fue masivo. Baquedano partió con un contingente de trece mil quinientos soldados, dejando mil hombres para cuidar la retaguardia y el tren de equipaje. La fuerza invasora marchó a través de algunas de las regiones más inhóspitas del desierto de Atacama. Cada gota de agua y hoja de hierba para los caballos debía ser transportada. Carros cargados con agua, alimentos y municiones se hundían en la arena caliente. Lo mismo ocurría con los contenedores de agua y las piezas de artillería. Con el ejército avanzando a duras penas, los aliados contaron con tiempo suficiente para prepararse. Sin embargo, existían grandes disputas internas en el seno de los altos mandos. La principal, era sobre quién estaría a cargo. Unas semanas antes, el presidente boliviano Narciso Campero era el único jefe de estado presente en Tacna. Considerando los términos del pacto de defensa mutua, el ejército sería liderado por los jefes de estado. Dado que Campero era el único jefe de estado con presencia en Tacna, este afirmó que debía estar a cargo. Pero hubo resistencia de oficiales peruanos de alto grado, particularmente del contraalmirante Montero quien argumentó que tenía más experiencia dado que había participado de mayor cantidad de combates desde el inicio de la guerra. Montero finalmente accedió bajo presión de Lima, pero su resentimiento quedó latente como una brasa encendida.

Con la cadena de mando asentada, Campero delineó su plan defensivo. Su estrategia sería comenzar con una emboscada de las fuerzas invasoras en las afueras de Tacna. Las cosas salieron desafortunadamente mal. Durante la noche del 25 de mayo, lideró un regimiento aliado a Quebrada Honda con el fin de esperar al enemigo pero había una espesa niebla y se extravió. Los soldados marcharon por el desierto hasta que se dieron cuenta de que habían estado moviéndose en círculos. Quisieron volver sobre sus pasos en dirección a Tacna, demorando la confrontación hasta la mañana siguiente. Cuando los hombres llegaron al fuerte fueron desplegados en la parte superior del Alto de la Alianza, en el borde de la ciudad. El nombre anterior de la colina era Intiorko, pero su nombre se había cambiado como forma de motivar a los hombres. El amanecer dejó al descubierto a los dos ejércitos cara a cara. Ambos bandos se encontraban exhaustos por la marcha nocturna. Las fuerzas eran parejas en cuanto a cantidad de tropas pero, cómo había ocurrido en el pasado, los chilenos contaban con mayor cantidad de armamento y mejor conducción. La única ventaja táctica con la que contaban los aliados era su dominio de los terrenos en altura.

La Batalla de Tacna resultó la intervención más grande de la campaña terrestre. Comenzó con un intercambio de artillería, que resultó inefectivo. La arena suave del desierto impidió la detonación del material explosivo. Así, el suelo quedó regado de bombas sin explotar. Los chilenos habían lanzado un asalto frontal sobre los flancos central e izquierdo, que fue repelido por los aliados. Campero dio órdenes a sus hombres de perseguir a los soldados en retirada, pero fueron emboscados y quedaron atrapados en una tormenta de fuego cruzado. Una gran cantidad de hombres fueron masacrados. Con su línea de frente debilitada Baquedano ordenó a sus fuerzas de reserva lanzar un ataque frontal. La maniobra dio resultado. Los tropas de reserva, descansadas, pasaron por encima a los soldados exhaustos y la línea aliada colapsó. Hacia las seis de la tarde, las tropas chilenas entraron en Tacna. Ambos bandos sufrieron enormes bajas —cerca de veinticinco mil pérdidas cada uno—. Campero se dio cuenta de que su país se encontraba vulnerable frente a una invasión y ordenó a todos sus hombres regresar a Bolivia. Lima quedó sola para enfrentar a su antiguo *némesis* en un conflicto que ni siquiera había iniciado.[77]

---

[77] Valentín Abecia Baldivieso, La *Dramática Historia del Mar Boliviano* (La Paz, Bolivia: Librería Editorial "Juventud," 1986).

La batalla de Tacna marcó el final de la participación de Bolivia en la Guerra del Pacífico. A medida que se fueron desvaneciendo los soldados peruanos sobrevivientes, las tropas chilenas exultantes ingresaron a la ciudad, saqueando y violando de manera indiscriminada. Los heridos fueron asesinados y muchos prisioneros fueron ajusticiados. El comportamiento deplorable de Chile durante la Guerra del Pacífico explica, en gran parte, la tradicional animosidad existente entre los vecinos andinos.

Con el ejército del sur diezmado, no existían muchas esperanzas de que el puerto de Arica pudiera resistir un ataque chileno. Baquedano no estaba dispuesto a perder el tiempo. Una semana más tarde ordenó a una fuerza de cinco mil doscientos hombres que sitiara la ciudad. El puerto estaba defendido por mil novecientos hombres, comandados por Bolognesi, el infatigable héroe de Tarapacá. Había solicitado asistencia de Lima y Arequipa, pero esta nunca se materializó y la ciudad se encontraba aislada. Más aún, el presidente Piérola temía que una victoria de Bolognesi, quien ya era una figura nacional prominente, constituiría una amenaza política por lo que le retaceó refuerzos y provisiones.

Esto dejó a Bolognesi en apuros. Las fuerzas peruanas se encontraban ampliamente superadas, tanto en cantidad de hombres como en armas. Por lo tanto, el general convocó a un consejo de guerra para evaluar el modo de proceder. Consultó a sus oficiales de mayor rango si deseaban la rendición o continuar combatiendo, a pesar de que las posibilidades de victoria eran nulas. Todos los oficiales juraron combatir hasta las últimas consecuencias, y se dispusieron a preparar las defensas del fuerte. La primera línea de defensa fue establecida en los puentes sobre el Río Lluta, en las afueras de la ciudad. Los defensores resistieron de manera tenaz pero eventualmente fueron superados. A medida que se retiraban al interior de la ciudad, una delegación chilena se acercó y les ofreció una última oportunidad para rendirse. Se les otorgó una hora para abandonar las armas. De lo contrario, comenzaría el asalto. Los defensores se rehusaron, repitiendo que pelearían hasta las últimas consecuencias. Los chilenos comenzaron el ataque. El asalto se inició el 6 de junio, con un aluvión desde tierra y mar. La flota chilena se había posicionado y bombardeaba el fuerte. Durante cuatro horas ambos bandos se sometieron a un choque de artillería en el que las fuerzas chilenas gozaron de una clara ventaja otorgada por armas de mayor calibre y alcance. Sin embargo, los tiradores peruanos lucharon con valentía y propinaron golpes certeros al *Almirante Cochrane* y al *Virgen de Covadonga* que obligaron a la flota a regresar a alta mar.

A medida que la tarde se transformó en noche, la infantería chilena comenzó a trasladarse silenciosamente hacia sus posiciones. Baquedano apeló a su vieja táctica de ataques al amanecer. Al alba, los soldados atacaron. Los peruanos lucharon con valentía pero fueron superados en número, tres a uno. Los atacantes prepararon sus bayonetas y sortearon las improvisadas barricadas para pelear cuerpo a cuerpo. Al superar las defensas, los soldados sedientos de sangre cantaban: "...hoy no tomaremos prisioneros..." La canción fue premonitoria. Masacraron a civiles, prisioneros y heridos. Los defensores sobrevivientes del puerto se trasladaron al cerro prominente que se encuentra en la entrada del puerto. Fueron perseguidos por las tropas chilenos que lograron ascender la colina en cinco minutos. Dándose cuenta de que estaba todo perdido, Bolognesi ordenó que se sabotearan los cañones. La fuerza de novecientos hombres que quedaba combatió valientemente. El coronel peruano fue golpeado hasta morir al borde de un precipicio. Tal como había sucedido en anteriores conflictos, los ganadores perpetraron incontables atrocidades con los desafortunados sobrevivientes.

La caída de Arica marcó el último segmento de la campaña de Tarapacá. Bolivia había quedado fuera de la guerra. Perú había perdido su provincia más austral y próspera, pero se negó a firmar la rendición. Perú tenía mayor tamaño que Chile, con un extenso territorio que se adentraba profundamente dentro del Amazonas y una gran población afincada en los Andes. Por un lado, Perú no sentía que tenía que rendirse únicamente porque había perdido una de sus provincias. Por otro lado, Chile estaba ansioso por consolidar sus botines de guerra. Durante cuatro meses ambos bandos se mantuvieron estancados. Finalmente, a principios de octubre de 1880, el gobierno de Estados Unidos convenció a las facciones guerreras de encontrarse para una conferencia de paz a bordo del USS *Lackawanna*, anclado en la costa de Arica. Las economías industrializadas de Europa y América del Norte se vieron presionadas para dar fin al prolongado conflicto ya que se estaba afectando la provisión global de fosfatos y nitratos, materias primas esenciales.

La delegación chilena finalmente presentó cinco demandas importantes. Se negaron a la devolución de las provincias de Tarapacá y Atacama y de todas las propiedades que habían sido confiscadas, una indemnización de guerra por el costo del conflicto, la abolición de la alianza entre Perú y Bolivia, y una promesa de Perú de no volver a reconstruir la fortificación de Arica. Bolivianos y peruanos accedieron a las demandas pero tenían sus propias condiciones. Los chilenos debían abandonar todos los territorios peruanos y bolivianos, el *Huáscar* debía ser regresado, y Bolivia insistió en obtener una indemnización por la provincia de Atacama. Lamentablemente, la delegación chilena no accedió a esta última petición. Veían a la región como legítimamente propia y no accederían a pagar por ella. Por tanto, las tratativas fracasaron y la guerra se reanudó.

Frente al recomienzo de las hostilidades, Santiago decidió incrementar la presión económica sobre Perú. Sumado al bloqueo del puerto de Callao, una fuerza de expedición fue enviada con la misión de arrasar la costa del noroeste. Una fuerza anfibia de dos mil trescientos soldados fue puesta bajo el mando del capitán Patricio Lynch, un compañero de escuela del presidente Pinto y del General Baquedano. Llevaba órdenes de desembarcar en Chimbote y asaltar las plantaciones de azúcar repartidas en la costa, para exigir reparaciones de guerra. Muchos de los molinos más grandes eran propiedad de empresas británicas y francesas. Eran las únicas fuentes de divisas externas para Perú. Cuando el presidente Petriola supo de las extorsiones, ordenó a los dueños suspender todos los pagos. Lynch respondió incendiando todos los campos y dinamitando las prensas. Luego, continuó hacia el norte, saqueando y destruyendo los pequeños puertos que fue encontrando a su paso. Muchos jornaleros chinos que se encontraban trabajando en las plantaciones se unieron a las filas del ejército chileno como portadores. Los invasores marcharon 130 kilómetros hacia el norte hasta Trujillo antes de volver a embarcarse el 1º de noviembre.

El éxito de Lynch motivó su ascenso a contraalmirante y lo condujo a una nueva misión: la invasión de Lima. La interrogante era cómo poder lograrla. Una invasión a través de Callao era impensable. El puerto se encontraba fuertemente protegido y los ingenieros peruanos habían minado los accesos. La armada chilena ya había perdido varios de sus buques importantes. El *Virgen de Covadonga* y el *Loa* habían sido hundidos por minas. Dadas las operaciones de Lynch en la costa del noroeste, el presidente Piérola pensó que la fuerza invasora desembarcaría al norte de la capital, del mismo modo en que lo habían hecho los chilenos durante la Guerra contra la Confederación Perú-Boliviana. Por lo tanto, ordenó que se prepararan las defensas del frente del norte. Fue por eso que Lynch decidió descolocarlos lanzando su invasión en el sur de la ciudad.

Los desembarcos comenzaron en el puerto de Pisco, doscientos treinta kilómetros al sur de Lima. Una armada de quince buques, escoltados por dos corbetas, desembarcó nueve mil soldados el 20 de noviembre. El coronel Anselmo Zamudio esperaba con una fuerza de tres mil defensores. Sin embargo, percibiendo que se encontraba claramente superado en número, se echó atrás sin chocar con el enemigo. Los chilenos comenzaron a ascender por la costa pero el camino era peligroso. No contaban con los mapas detallados que los habían guiado en Tarapacá y Atacama, y, no pudieron encontrar los oasis y manantiales que les permitirían sobrevivir en el desierto. Por lo tanto, se vieron forzados a volver a Pisco.

Era evidente que la presencia militar peruana era escasa. Por lo tanto, Baquedano decidió avanzar por la costa y realizar un nuevo desembarco en Curayaco, un pequeño puerto sesenta kilómetros al sur de Lima. Despachó una flota de veintinueve buques de transporte con quince mil soldados. También dio órdenes de realizar un desembarco en Chincha, otorgándole así al ejército libre acceso en toda la costa. Los altos mandos peruanos respondieron enviando al coronel Cáceres, el otro héroe de Tarapacá, al encuentro del enemigo. Sin embargo, los chilenos, hacia finales de diciembre de 1880, habían avanzado hasta Lurín, un pueblo en las afueras de Lima. Hubo breves escaramuzas y los invasores saquearon los ranchos que se encontraban en los alrededores. Cientos de jornaleros fueron alistados de manera forzosa, llevándose con ellos bolsas de comida, dinero y ganado. Viendo que sus propiedades se encontraban en juego, los habitantes decidieron armar milicias para combatir a los agresores.

Las milicias se unieron al despliegue militar que se estaba desarrollando en los accesos sur a la capital. Luego de darse cuenta de que el ataque no provenía del norte, Piérola ordenó que se construyeran trincheras entre los pueblos de Chorrillos y Miraflores. Un batallón de artillería fue trasladado a la parte superior del Cerro San Cristóbal, y tropas descansadas se ubicaron en sus posiciones. A pesar de que los miembros de las milicias estaban bien armados y motivados para dar pelea, el grueso del ejército estaba conformado por reclutas indígenas que habían arribado recientemente de zonas cordilleranas. Eran analfabetos y no hablaban español, por lo que su contribución fue limitada. Al mismo tiempo, las cuatro divisiones de Baquedano se encontraban bien equipadas, curtidas en el combate y ansiosas por hacerse del botín de Lima, una de las ciudades más opulentas de América del Sur.

La batalla de Lima comenzó el 13 de enero de 1881, al entrar los chilenos al barrio de San Juan. Fieles al estilo de Baquedano, sus soldados avanzaron bajo el amparo de la noche, pero en esta ocasión Cáceres los estaba esperando. Lynch lideró personalmente el ataque frontal, chocando con el enemigo hacia las 4:30 de la madrugada. Respaldados por artillería y caballería, los chilenos lograron hacer retroceder la defensa, forzando a los peruanos a buscar refugio detrás de las líneas de defensa que conectaban Chorrillos y Miraflores.

A la mañana siguiente los chilenos retomaron el asalto. El combate se daba ahora en las afueras de la capital. Enfrentados a los riesgos de la lucha casa por casa, los chilenos decidieron incendiar el pueblo. Lanchas cañoneras también se posicionaron y abrieron fuego sobre la retaguardia de la defensa peruana. La lucha fue salvaje, con más de ocho mil bajas. Los chilenos pelearon desesperadamente con el fin de capturar el pueblo de Chorrillos, balneario de muchos de los habitantes más acaudalados de Lima. Tal como había ocurrido en el pasado, la disciplina se rompió cuando los soldados chilenos entraron a los hogares y encontraron grandes provisiones de comida y bebidas alcohólicas. Temerosos de que se descompusiera completamente la disciplina, los altos mandos chilenos se encontraron sometidos a una gran presión internacional debido a la destrucción en marcha de la propiedad privada extranjera. Empresas francesas, británicas, españolas y norteamericanas habían sido saqueadas. Muchos depósitos en Lima y Callao se encontraban en peligro de ser destruidos. Por lo tanto, ambos bandos se encontraron el 15 de diciembre de 1881 para iniciar negociaciones.

Delegaciones extranjeras participaron de las conversaciones de paz para asegurar la protección de sus propiedades. Baquedano reiteró las demandas que habían sido presentadas a borde del USS *Lackawanna* y agregó la rendición incondicional de Callao y de la flota como precondición para el cese de hostilidades. Repentinamente, estalló el combate. En esta oportunidad, el centro de la acción fue el acomodado barrio de Miraflores. Al observar que los chilenos aprovechaban la tregua para realizar maniobras y posicionarse tácticamente, la defensa abrió fuego de manera espontánea. Los invasores respondieron en la misma medida y las lanchas cañoneras lanzaron otro embate de artillería. Durante las seis horas siguientes ambos bandos lucharon de manera salvaje, con cargas de caballería y combates cuerpo a cuerpo. Al caer la noche, los defensores levantaron barricadas y minaron las calles de Miraflores.

Los chilenos reaccionaron prendiendo fuego el barrio. El éxtasis depredador de los soldados brillaba mientras saqueaban y violaban. Familias enteras de inmigrantes se unieron a la riña, levantándose en armas contra los invasores. Sin embargo la batalla se perdió. Viendo que el pueblo caía, la armada de Perú decidió hundir su flota antes de perderla a manos enemigas. Dos días más tarde, el alcalde de Lima solicitó que los chilenos tomaran control de la ciudad para evitar que colapsara completamente, pero esto no resultó de gran ayuda.

La ocupación de Lima marcó uno de los capítulos más tristes de la historia latinoamericana. Además del saqueo y las atrocidades cometidas, las fuerzas de ocupación se llevaron gran parte de la biblioteca nacional y obras de arte invaluables. Las familias más ricas de Lima fueron obligadas a pagar indemnizaciones. Así como ocurrió en la Guerra contra la Confederación Perú-Boliviana, el gobierno peruano huyó a las altas sierras y Cáceres dirigió la campaña de resistencia desde allí. La superioridad naval chilena permitió al ejército controlar la costa, pero no pudo expandirlo al interior del país. La guerra duraría dos años más, antes de que ambos bandos firmaran el Tratado de Ancón, el 20 de octubre de 1883.

Chile, finalmente, expropió seiscientos mil kilómetros cuadrados, incluyendo algunos de los depósitos minerales más ricos del planeta. Sin embargo, los grandes ganadores no fueron chilenos sino británicos. Antes del inicio de la guerra, el 58 por ciento de las minas de nitrato en Tarapacá había estado en manos de peruanos. Los británicos poseían un 13 por ciento y los chilenos contaban con 19 por ciento. Después de la guerra, el gobierno chileno nacionalizó todas las minas y a continuación las concesionó. Del total, un 55 por ciento de las concesiones fueron otorgadas a compañías británicas, 15 por ciento a chilenas y el resto a inversores de otros países. El resultado fue una masiva redistribución de riqueza que sirvió como fundación de lo que en la actualidad es una de las compañías mineras más grandes del mundo (Antofagasta). La guerra convirtió a Chile en uno de los países más ricos de América del Sur y relegó a Perú y Bolivia a la pobreza.[78] Así, la guerra tuvo todos los ingredientes esenciales de un conflicto sudamericano: indefinición respecto de fronteras y derechos territoriales; una región olvidada hasta que se descubrió que era rica en minerales; una confrontación instigada, alimentada y financiada por un poder externo.

Hubo otros ganadores y perdedores en la Guerra del Pacífico. Argentina fue uno de ellos, al resignar Chile su reclamo de 1,25 millones de kilómetros cuadrados de la Patagonia. Esto significaba más del doble del territorio que había ganado en la costa del Pacífico. Con el reclamo de Chile eliminado, el general Julio Argentino Roca lanzó una campaña genocida para desterrar a los indígenas de las pampas y

---

[78] Ricardo Salas-Edwards, *The Liquidation of the War on the Pacific: Nitrate and the War. A Fantastic Indemnity. The Government of Chili and the Creditors of Peru. The Question of Arica and Tacna. The Relations between Chili and Bolivia. What Chili Spends On Armament* (Londres: Dunlop & Co., Ltd., 1900).

dividir las tierras entre las familias más poderosas de Buenos Aires. La operación, conocida como la Conquista del Desierto, produjo un grupo de terratenientes inmensamente ricos que dieron forma a los destinos del país durante las siguientes siete décadas.

La Guerra del Pacífico resaltó el papel del liderazgo a la hora de determinar resultados militares. Asuntos de mando también fueron destacados en la Guerra de la Triple Alianza. Un problema consistía en la ausencia de liderazgo. Uno de los defectos de Solano López era que no dirigía a sus fuerzas personalmente al comenzar el conflicto. De haber estado presente, Estigarribia probablemente nunca hubiera dividido sus fuerzas ni se hubiera rendido en Uruguayana sin dar pelea. El otro problema era la unidad de mando. Aunque Mitre estaba al frente de la fuerza aliada, debía lidiar con tres cadenas de mando separadas. Los problemas de comunicación y coordinación se evidenciaron dolorosamente en el desastre de Curupayty.

Muchos de los mismos errores fueron repetidos por los aliados durante la Guerra del Pacífico. Las rencillas constantes entre bolivianos y peruanos impidieron que ambos se unificaran bajo un mando coherente. Muchos de sus éxitos, como la batalla de Tarapacá, ocurrieron cuando había uno solo de los aliados al mando. La Guerra del Pacífico también mostró el papel importante que el ambiente político local podía jugar en el liderazgo militar. Los líderes chilenos se aglutinaron alrededor de la campaña militar; la oposición convirtió la batalla de Iquique en un momento de gloria. Al mismo tiempo, la inestabilidad interna tanto de Bolivia como de Perú fue una fuente de serios problemas. Los líderes políticos estaban más dispuestos a arriesgar una derrota a manos del enemigo que permitir a sus rivales locales una victoria política.

Otra lección importante fue el rol crucial jugado por las armadas. Como se vio en nuestro tratamiento de la Guerra de la Triple Alianza, el control de las vías fluviales y marítimas fue esencial en el manejo y mantenimiento de tropas y equipamiento, comunicaciones y poder de fuego naval. Durante la Guerra de la Triple Alianza los ríos fueron los escenarios principales de combate y control. Durante la Guerra del Pacífico, las luchas se dieron en alta mar. Por último, la logística jugó un rol fundamental en la capacidad de Chile de transportar grandes cantidades de tropas, animales y materiales a través de extensas distancias, permitiéndole derrotar a un enemigo que era claramente superior.

La Guerra del Pacífico plantó las semillas de la animosidad regional en toda la costa sudoccidental de América del Sur. El odio visceral contra Chile aún persiste con fuerza en Perú y Bolivia. La pérdida boliviana de su provincia litoraleña contribuyó a confinar a este país a la pobreza. Es cierto que Bolivia siempre había descuidado la región de Atacama, pero perder su acceso al mar hizo que le resultara más difícil y oneroso interactuar con la economía global. La guerra definió la identidad nacional de Chile. No sólo le brindó un héroe nacional sino que también le proporcionó las riquezas minerales que lo convertirían en un país próspero. El conflicto también convertiría a Chile en una de las sociedades más militarizadas de la región. Así, el país destinó gran cantidad de recursos a la adquisición y mantenimiento de capacitación y tecnología de última generación. Las fuerzas armadas comenzaron a adquirir un papel cada vez más importante en el desarrollo político de la nación, jugando un rol central en la guerra civil que sacudiría al país antes de fin del siglo —y en la dictadura de las décadas de los 70 y 80. A fin de cuentas, decenas de miles de vidas fueron destruidas en pos de un mineral precioso que pronto sería sintetizado de manera poco costosa. Este sacrificio sin sentido se repetiría en la siguiente de las guerras de América del Sur.

6 LAS GUERRAS DEL CAUCHO: REFRIEGAS EN LA SELVA

LAS GUERRAS DEL CAUCHO: REFRIEGAS EN LA SELVA

En 1876, un aventurero inglés, de nombre Henry Wickham, contrabandeó setenta mil semillas de árbol de caucho desde Brasil. El caucho era autóctono en las Américas y el látex había sido cosechado por tribus indígenas desde mucho antes del arribo de los españoles. El árbol proliferaba en gran parte de las selvas de América del Sur y América Central. El látex es un producto defensivo generado por los árboles para empastar las mandíbulas de los insectos que acechan. En el idioma antiguo Náhuatl, *olmec* significa caucho. *Olmec* también fue la denominación que se le dio a la gran civilización que precedió al imperio Maya. Esta cosechó el látex para la confección de botas, capas y bolas de caucho que se utilizaban en los antiguos juegos de pelota y aro.[79]

Los colonos españoles llevaron productos de caucho a Europa, pero no fue hasta comienzos de la revolución industrial que los científicos encontraron formas de hacer más aplicables las propiedades elásticas del material. La adición de trementina permitió que se pudiera disolver y moldear. En 1838, Charles Goodyear, cirujano y comerciante de Philadelphia, inventó el proceso de vulcanización. Al mezclar el caucho y el azufre a altas temperaturas, la sustancia se tornaba resistente y duradera. Sin embargo, los usos industriales del caucho todavía eran limitados. Comenzó a adquirir un papel más protagónico al brindar cualidades de sellado para juntas y accesorios de los motores a vapor que empezaban a proliferar. Sin embargo fue la creciente popularidad de los automóviles y la electricidad lo que llevó al auge del caucho: los automóviles precisaban ruedas inflables para amortiguar su andar, particularmente a medida que las velocidades de los coches incrementaban; los cables eléctricos, por cuestiones de seguridad, necesitaban ser aislados.[80]

El hurto de Wickham de las semillas de caucho fue parte de un plan más grande orquestado por Clements Markham, secretario de la *Royal Geographical Society*, para trasplantar plantas tropicales económicamente significativas en las colonias británicas. Había sido el responsable de recolectar en Perú semillas del árbol Cinchona, productor de quinina en su corteza. La quinina resultó ser un antídoto efectivo contra la malaria.[81] La exportación de semillas de caucho, técnicamente, no era

[79] Gary Van Valen, *Indigenous Agency in the Amazon: The Mojos in Liberal and Rubber-Boom Bolivia, 1842–1932* (Tucson: University of Arizona Press, 2013).

[80] John Tully, *The Devil's Milk: A Social History of Rubber* (Nueva York: Monthly Review Press, 2011).

[81] Fiammetta Rocco, *Quinine: Malaria and the Quest for a Cure that Changed the World* (Nueva York: Harper Collins, 2003).

ilegal, pero los brasileños eran muy reservados en lo referente al secreto industrial. Existía una gran variedad de árboles de caucho, pero el látex de la planta *Hevea brasiliensis* era el de mayor calidad. Wickham había tenido que penetrar profundamente en la selva para obtener las semillas correctas, para luego enviarlas a Gran Bretaña. Terminó mintiendo a los agentes aduaneros brasileños, alegando que exportaba cajones de sustancias botánicas en descomposición.[82]

Curiosamente, las semillas fueron almacenadas en los jardines botánicos Kew durante casi dos décadas antes de ser enviadas a las colonias británicas en Asia. En contraste con el látex sudamericano, cosechado a partir de arboles repartidos en la selva, los británicos habían establecido plantaciones de caucho muy eficientes. Los arboles estaban bien conectados y organizados en filas, logrando así que la materia prima fuese fácil de cosechar y de trasladar al mercado. Las plantaciones más grandes se encontraban en Sri Lanka y Malasia. A pesar de que las nuevas instalaciones de caucho quebraron el monopolio del Amazonas, a nadie pareció importarle. La demanda de caucho superaba la oferta, dada la proliferación de vehículos y productos que utilizaban ruedas y componentes eléctricos.

Las vastas fortunas creadas por el auge del caucho provocaron un enorme interés en la cuenca del Amazonas, y fueron la principal causa de varios conflictos regionales. Hacia 1925, con la transformación del automóvil de Henry Ford en un producto de consumo masivo, así como también con la proliferación del alambre de cobre, los precios del caucho ascendían fuera control. Esto llevó a que químicos rusos, alemanes y norteamericanos investigaran como sintetizar polímeros derivados del petróleo para elaborar alternativas sintéticas. La derrota de británicos y franceses a manos de Japón en el sudeste de Asia dejó a la gran mayoría de la industria en manos enemigas. Así, se aplicó mayor presión sobre los científicos para perfeccionar el proceso —tanto que para el fin de la Segunda Guerra Mundial, estos habían creado de manera exitosa un sustituto completo y una industria petroquímica masiva, reduciendo la demanda de caucho natural y llevando a la caída de un 96 por ciento en el precio del caucho. Sin embargo, el auge de esta materia prima había dejado ya una marca indeleble en América del Sur, provocando tres guerras, miles de bajas y el rediseño de límites y fronteras.

El bosque ecuatorial del centro de América del Sur es una gigantesca "tierra de nadie". Con cinco millones y medio de kilómetros cuadrados, el Amazonas tiene prácticamente el tamaño del territorio continental estadounidense. Compone el 40 por ciento de la masa terrestre de América del Sur, pero tiene menos de 5 por ciento de su población. Nueve países comparten la selva tropical, pero Brasil controla el 60 por ciento de la misma. Es una región en donde abundan riquezas minerales y una gran biodiversidad y juega un rol central en el ecosistema mundial. Sin embargo, siempre ha sido un factor de impedimento de integración regional.

....

[82] Joe Jackson, *The Thief at the End of the World: Rubber, Power, and the Seeds of Empire* (New York: Viking, 2008).

Los Andes delimitan al Amazonas en su sector oeste. El Amazonas actúa como un puente terrestre que une las culturas hispano-americanas, pero la franja en la que la cadena montañosa más larga del mundo se encuentra con la selva más grande del mundo es una barrera natural que separa al continente de origen español de Brasil y su cultura portuguesa. En el medio, la exuberante vegetación de la jungla actúa como escollo en la comunicación, comercio, e interacción esencial para la integración social y económica.

Dadas las inmensas riquezas minerales y la falta de población en la región, el Amazonas era terreno fértil para intrusiones y tomas indiscriminadas de tierras. Las Guerras del Caucho no tuvieron el alcance y la amplitud de conflictos sudamericanos previos. Las partes beligerantes no emplearon la misma cantidad de tropas y armas que en la Guerra de la Triple Alianza o la Guerra del Pacífico. Sin embargo, más de cuatrocientos noventa mil kilómetros cuadrados cambiaron de manos, representando una ganancia territorial similar a la que adquirió Chile, proveniente de Bolivia y Perú, luego de la Guerra del Pacífico.

El primer gran conflicto de las Guerras del Caucho ocurrió a fines del siglo XIX en la provincia boliviana de Acre, llamada así por el gran río que la atraviesa. A esta altura, Bolivia ya se había convertida en el felpudo del continente. Había resultado vencida en dos guerras con Chile, y había perdido su acceso al Océano Pacífico. Ahora, nuevamente estaba por ser avasallada, esta vez por una banda de aventureros brasileros.

Como en muchas partes de América del Sur, los límites del Amazonas no estaban bien definidos. La exploración era limitada y existían muy pocos mapas. Inicialmente, el área de exclusividad de Portugal estaba marcada por el Tratado de Tordesillas, pero los traficantes de esclavos se adentraron de manera profunda en la jungla. Establecieron asentamientos, fuertes y misiones que les permitieron expandir su terreno de acción. En 1750, Portugal obtuvo control de estas tierras a través del Tratado de Madrid, que utilizaba el precedente de *uti possidetis* para establecer derechos de ocupación sobre las posesiones.

Los asentamientos portugueses eran pocos y pequeños. Estaban relegados a los principales ríos y afluentes. Sin embargo, la Guerra de la Triple Alianza siempre servía de recordatorio al gobierno de Río de Janeiro de que precisaba definir mejor su extenso territorio, habida cuenta de que el ejército paraguayo había logrado penetrar de manera extensa en los prados tropicales del Mato Grosso. El gobierno estaba particularmente preocupado por su frontera occidental, donde existían reclamos en conflicto con Bolivia.

En 1867, los representantes de ambas partes se encontraron en la ciudad peruana de Ayacucho para solucionar sus diferencias. Bolivia reclamaba un segmento grande de la selva que sobresalía como una protuberancia en la frontera con Perú. Los reclamos de Brasil, en la región, se referían a los asentamientos de Humaitá y Calama, ubicados en el sector oriental del Río Madeira. Para poder dar fin a la disputa, ambos lados acordaron los términos del Tratado de Ayacucho. Dibujaron una línea diagonal a través del mapa de la región, permitiendo que Brasil retuviera control sobre sus dos pueblos. El estado brasileño de Acre, con su capital en Río Branco, estaba de un lado de la demarcación, mientras que el estado boliviano de Acre se encontraba del otro.

Además de la disputa territorial, uno de los temas importantes de las negociaciones fue el permiso para la construcción de una línea de ferrocarril que serviría para evitar los "rápidos" en el Madeira. A Bolivia también se le permitió establecer aduanas dentro del territorio brasilero para facilitar las exportaciones. Comenzaba a darse el auge del caucho y los empresarios bolivianos necesitaban caminos para que sus productos llegaran al mercado. Desafortunadamente, pronto el país estaría consumido por la Guerra del Pacífico y no contaría con los recursos financieros ni la mano de obra para poder aprovechar el fenómeno de manera eficiente. La mayoría de sus hombres más aptos y en condiciones óptimas se encontraban luchando en el frente. Por lo tanto, miles y miles de trabajadores desempleados de la región pobre del noreste de Brasil, en particular de la provincia de Ceará, abatida por la sequia, comenzaron a invadir la zona.

Arribaron en barcazas a través de las infinitas afluentes y vertientes que conectan la región con el río Amazonas. Como resultado, las ciudades de Manaos y Belém se convirtieron en grandes centros de administración y comercio. El acceso a los escenarios tradicionales de poder político y económico, a lo largo de la costa, como Río de Janeiro y Salvador, era prácticamente imposible. Esto ayuda a explicar porqué las dos ciudades del interior jugarían un rol tan central durante el conflicto.

Desde la perspectiva diplomática, el tratado de Ayacucho fue una solución efectiva a la disputa fronteriza, pero desde un punto de vista práctico, no lo fue. Las fronteras se definen típicamente por características topológicas reconocibles —ríos, cordilleras montañosas o líneas costeras—. El uso de una línea diagonal, arbitraria, dibujada sobre un mapa, hizo que esta frontera fuera muy difícil de reconocer, particularmente por la chusma brasileña que estaba arribando.

Los trabajadores llegaban inicialmente para cosechar quinina de los arboles cinchona, pero cambiaron al látex cuando observaron que era mucho más lucrativo. La calidad del caucho del área es excelente. El contenido de humedad es bajo dado que esa parte de la selva está ubicada a mayor altura, donde hay menos humedad. Así, los precios pagados por el látex del área tendían a ser más elevados. A medida que la demanda internacional por el caucho aumentó, la región se convirtió en una réplica del Salvaje Oeste, con desorden e ilegalidad desenfrenada, avaricia y violencia. Eventualmente, caucheros brasileños se introdujeron en territorio boliviano, haciendo caso omiso a la frontera internacional. Sin embargo, no había nadie para prevenir la infiltración. La Paz descuidó la provincia de Acre tal como había hecho en su momento con Atacama. La falta de recursos, junto con la incertidumbre política local la mantuvo distraída de lo que sucedía a lo largo de su frontera norte.

La situación cambió en 1890, cuando el auge del caucho adquirió mayor envergadura. El gobierno eventualmente se percató que podía generar ingresos extraordinarios a partir del cobro de tarifas a la exportación. La experiencia de las prósperas ciudades amazónicas de Brasil era elocuente. En 1874, Belém inauguró el *Theatro da Paz*, la sala de ópera más grande del hemisferio occidental. En 1896, Manaos abrió el *Theatro Amazonas*, una sala de ópera diseñada para competir con la *La Scala* de Milán.[83] El líquido viscoso se había convertido en oro blanco, enriqueciendo a los comerciantes de la selva ecuatorial, y Bolivia quería su porción de la torta. Por lo tanto, en 1899, el gobierno boliviano estableció el puerto de Acre como la capital provincial y sede aduanera para el cobro de impuestos. Más de ochenta mil trabajadores brasileños ya estaban trabajando del lado boliviano de la frontera. Igual que los chilenos en Antofagasta durante la Guerra del Pacífico, los caucheros brasileños no deseaban pagarle impuestos a Bolivia.

Esta jugada enfureció especialmente al gobernador brasileño de Amazonas. Las tasas aduaneras impuestas por los bolivianos minaban sus propios ingresos fiscales. Por tanto, contrató a Luis Gálvez Rodríguez de Arias, un diplomático español, mercenario, para desatar una rebelión y declarar una república separatista que podría ser incorporada a Brasil. El astuto Gálvez procedió hacia Puerto Acre y estudió las defensas de la ciudad. Como ya haba pasado en Antofagasta, los bolivianos, mas allá de un puñado de policías, habían omitido llevar tropas para defender su posición. Por lo tanto, desbaratar el puesto gubernamental sería algo sencillo.

Gálvez, espíritu romántico, aguardó hasta el 14 de julio, día de la independencia en Francia, para poner en marcha su plan. Sus "rebeldes" rápidamente dominaron a las autoridades locales y proclamaron la república de Acre. Sin embargo, el español era quizás un poco demasiado excéntrico, y a duras penas pudo tomar control de la ciudad. Finalmente, el gobierno boliviano solicitó que las autoridades brasileñas lo arrestara y restablecieran el orden. En marzo de 1900, un contingente de soldados brasileños arribó en un buque de guerra y trasladó a Gálvez de regreso a Manaos.

Hasta ese momento, el gobierno de Río de Janeiro había demostrado poco interés en anexar Acre. Luego de la debacle de la Guerra de la Triple Alianza, a partir de la cual el país había sido acusado de llevar adelante una guerra de extermino contra Paraguay, Brasil no se encontraba interesado en enfrentar a otro país pequeño. Sin embargo se dio cuenta al poco tiempo de que su vecino no podía mantener el control sobre la provincia. La remoción de Gálvez había llevado a una ola de ilegalidad y anarquía que amenazaba con expandirse hacia otros sectores de la selva. Brasil comenzó a caer en la cuenta de que Bolivia era demasiado pobre para resguardar la ley y el orden.

Aún así, el presidente boliviano José Manuel Pando hizo un intento más de afirmar su control sobre el territorio. Compró un nuevo buque transportador en

[83] Otoni M. de Mesquita, *La Belle Vitrine: Manaus Entre Dois Tempos 1890–1900* (Manaos: EDUA, 2009).

Europa para llevar un contingente de tropas por el Amazonas, y establecer una presencia militar en la zona. Desafortunadamente, Brasil decidió negarle acceso fluvial al ejército boliviano, obligando a Pando a recurrir a una expedición terrestre. Dividió sus fuerzas en tres columnas que se abrieron paso a machetazos por la maleza, arribando al Puerto Acre cuatro meses más tarde.

El arribo de las tropas de Pando provocó una nueva rebelión brasileña, y Gentil Tristán Norberto se declaró presidente de la Segunda República de Acre. La república duró tan solo cuatro días tras lo cuales los rebeldes decidieron rendirse. Sin embargo, el gobernador de Amazonas continuó erizado con la presencia boliviana y la idea de que éstos le quitaran tributos aduaneros. Por lo tanto, envió un nuevo contingente de instigadores y armas para avivar a los caucheros. Sembraron rumores de que los bolivianos planeaban expulsar a los brasileños de sus asentamientos. Con los ánimos cada vez más caldeados, Pando comenzó a temer por la seguridad de sus hombres.

Los soldados bolivianos eran principalmente del altiplano, y no estaban familiarizados con la selva. Las enfermedades tropicales diezmaron las filas. A su vez, los rebeldes crecían en número. Para principios de diciembre, había más de dos mil insurgentes armados cerca de Puerto Acre. El 12 de diciembre, lanzaron un ataque sorpresivo. Afortunadamente, un centinela hizo sonar la alarma y el ataque fue repelido. La desastrosa experiencia de la Guerra del Pacífico había obligado al ejército boliviano a mejorar el nivel de su armamento, importando de Alemania rifles Mauser de alto calibre y mejorando el entrenamiento de sus oficiales. Durante la víspera de navidad, los rebeldes lanzaron un segundo ataque. En esta ocasión trajeron más tropas, un pequeño cañón y una ametralladora. Estaban armados con rifles Winchester de rápida acción, pero las armas producían un humo espeso y azulado que era fácil de identificar. Los oficiales bolivianos ordenaron a sus hombres apuntar debajo de la densa nube, y pudieron, por lo tanto, generar un gran número de bajas. Disciplina estricta y buena puntería permitió a los defensores rechazar el ataque de una fuerza mayor. Sin embargo, a pesar de que los rebeldes los superaban en número, no eran más que una chusma desordenada. Eventualmente se esfumaron en la selva, pero la guarnición boliviana quedó exhausta. Más de la mitad de los hombres habían sido muertos en batalla o por enfermedades.

El presidente Pando necesitaba decidir si utilizaría el grueso de los recursos militares de su nación para defender el puesto selvático o trataría de poner coto a las pérdidas y traería sus tropas de regreso a casa. Era cierto que el ingreso aduanero generado a partir de las exportaciones de caucho justificaba la inversión, pero dada la constante inestabilidad política en La Paz, enviar el ejército tan lejos era una amenaza aún mayor. Por lo tanto, Pando comenzó a delinear un plan para permitir que una empresa privada administrara la región y compartiera las ganancias con el gobierno. Fue, en realidad, una forma temprana de privatización. Un grupo denominado *The Bolivian Syndicate*, liderado por comerciantes de caucho vecinos, fue el primero en aparecer. Pando, considerando que sería más seguro dejar la región en manos de extranjeros —y peligroso cederles ese poder a los brasileños, quienes podrían convencer fácilmente a su gobierno de anexar la provincia— optó por el *Bolivian Syndicate of New York*, compuesto por inversores estadounidenses.[84] Lamentablemente, se equivocó.

Los comerciantes brasileños de Belém, quienes nunca habían apoyado la rebelión, interpretaron el arribo del grupo estadounidense como un intento de apartarlos del negocio. Por lo tanto, se unieron al lobby del gobernador para convencer a Río de Janeiro de desalojar permanentemente a los bolivianos de Acre. José Plácido de Castro, un ex oficial del ejército, fue contratado para liderar la operación. El 5 de agosto de 1902, lanzó un ataque sorpresivo, capturando la banda de policías que patrullaba el puerto y declarando la Tercera Republica de Acre. Un mes más tarde, una columna de cien refuerzos bolivianos retornó. Los insurgentes fueron expulsados, pero se reagruparon y contraatacaron unos días después. Rodearon a la columna en el pueblo de Volta da Empresa. Los soldados se atrincheraron y repelieron el contraataque, pero a medida que el asedio continuó, las raciones, el agua y las municiones disminuyeron. Muchos de ellos se enfermaron de malaria y otras enfermedades tropicales. Finalmente, se rindieron el 15 de octubre y Plácido de Castro procedió a barrer las guarniciones bolivianas que quedaban.

En esta ocasión, el gobierno brasileño estaba firmemente en campo rebelde. Río, adicionalmente, se encontraba bajo mucha presión internacional para dar fin al conflicto, dado los trastornos que este estaba ejerciendo sobre la manufacturación global. [85] Las acciones de *Bolivian Syndicate* fueron compradas, y el canciller de Brasil, José Paranhos —el barón de Rio Branco— lanzó una nueva ronda de negociaciones bilaterales. El Tratado de Petrópolis definió el asunto de una vez por todas. El gobierno brasileño ofreció a Bolivia dos millones de libras esterlinas a modo de indemnización, pequeñas concesiones de tierra en el Mato Grosso y la promesa de completar un ferrocarril que circunvalara los "rápidos" del río Madeira. Al principio, Pando se rehusó a firmar el tratado, contemplando incluso la idea de preparar una nueva expedición para recuperar la provincia. Pero cuando el barón de Río Branco amenazó con la guerra, Bolivia no tuvo más opción que aceptar. El conflicto desastroso con Chile había sido suficiente, y una nueva confrontación con Brasil sería una seria amenaza a su mismísima existencia.

La primera de las Guerras del Caucho marcó el último conflicto sudamericano del siglo XIX. Durante casi cien años, la región había estado en guerra, primero para obtener la independencia de España y posteriormente en defensa de sus fronteras. Ahora, la atención se dirigía a asuntos de índole comercial, con el foco puesto en la lucha por los recursos naturales. La Guerra de Acre fue iniciada obedeciendo

[84] Francisco Bento da Silva y Gérson Rodrigues Albuquerque, "O Bolivian Syndicate e a questão do Acre," *História Viva*, 3 de enero, 2004.

[85] Luiz Alberto Moniz Bandeira, "O Barão de Rothschild e a questão do Acre," *Revista Brasileira de Política Internacional* 43, no. 2 (2000).

intereses económicos en Brasil, pero a medida que la guerra se fue desarrollando agentes externos jugaron un rol central en la disputa territorial. El siguiente conflicto sería instigado por comerciantes locales, pero fuerzas externas también tendrían una mano visible en el choque.

Los eventos en Acre y la continua demanda insaciable de caucho generó mas interés en la selva ecuatorial. Empresarios y aventureros comenzaron a sondear las junglas de Perú, Colombia y Ecuador en busca del oro blanco. Esto obligó a los gobiernos a reforzar sus fronteras. Empezando en 1902, se produjeron varios incidentes fronterizos en los tramos del río Napo, no muy lejos del puerto peruano amazónico de Iquitos. Las tropas ecuatorianas intentaron descender por el Napo para extender su territorio, mientras que los caucheros brasileños hicieron varios intentos de tomar las guarniciones peruanas. Dado el inmenso éxito en Acre, Brasil intentó una apropiación de tierras similar en la jungla peruana. La comunidad internacional, sin embargo, no estaba de ánimo para otra interrupción en el comercio de caucho, y aplicaron presión diplomática sobre el barón de río Branco para que desistiera del intento.

La ascendente demanda de caucho se intensificó a medida que la era victoriana desaparecía, conduciendo a un mayor interés por parte de inversores norteamericanos y europeos. El *Bolivian Syndicate of New York* había fracasado, pero apareció un nuevo emprendimiento que se convertiría en el jugador dominante de la industria del caucho. En el cambio de siglo, Julio César Arana tenía un pequeño negocio de caucho en Iquitos. Sus viajes a través de la región lo llevaron a la cuenca del río Putumayo, donde encontró una abundante reserva de arboles de caucho y una gran comunidad indígena. La falta de mano de obra de bajo costo era uno de los problemas que tenía en jaque a la industria. Pocos trabajadores estaban dispuestos a dejar sus cómodas vidas a cambio de una paga mínima y las duras condiciones de vida de la selva. Arana eligió solucionar sus problemas de fuerza laboral esclavizando a la comunidad indígena.[86] Además, el acceso inmediato a los ríos Putumayo y Caquetá le permitió enviar, a bajo costo, el caucho a Manaos y de allí salir hacia los mercados internacionales.

Arana trasladó sus operaciones a la cuenca del Putumayo y su negocio prosperó enormemente. En 1907, la renombró *Peruvian Amazon Company*. Reubicó su sede central en Londres, con capital en exceso de un millón de libras esterlinas y una comisión directiva inglesa. De manera informal la operación era conocida como Casa Arana. Además de mantener a sus trabajadores esclavizados, la compañía expulsó a sus competidores. Todos los colombianos fueron desalojados de la cuenca, aún aquellos que tenían títulos de propiedad de sus tierras. Los desalojos fueron llevados a cabo por miembros del ejército peruano, quienes estaban en la nomina salarial de la compañía. En poco tiempo, la *Peruvian Amazon Company*

....

[86] Ovidio Lagos, *Arana, Rey del Caucho: terror y atrocidades en el Alto Amazonas* (Buenos Aires: Emecé, 2005).

ejercía un monopolio sobre el egreso de caucho de la región, permitiéndole establecer precios exorbitantes para sus productos.

Sin embargo, los rumores sobre el uso de mano de obra esclava por parte de la compañía comenzaron a difundirse, llevando a la aparición de numerosos artículos en periódicos y libros. En 1909, una revista británica llamada *Truth* (Verdad) publicó *The Putumayo, The Devil's Paradise: Travels in the Peruvian Amazon Region and an Account of the Atrocities Committed Upon the Indians Therein*. El artículo —publicado en forma de libro en 1912 por el editor T. Fisher Unwin— provocó la indignación internacional, a medida que se conocían las condiciones de trabajo en las plantaciones de caucho. El gobierno colombiano se encontró bajo presión para intervenir. Respondió despachando una fuerza de cien oficiales de policía, bajo el mando del general Isaías Gamboa, para establecer el orden y proteger a la comunidad indígena. [87]

El transporte era uno de los problemas más grandes en el Amazonas. Antes de que existiera el transporte aéreo, la única manera de viajar desde Lima a Iquitos era navegando alrededor de la punta de América del Sur hacia Brasil, y luego río arriba por el Amazonas. Esta era una de las razones por las que Bolivia había perdido Acre. El acceso directo era prácticamente imposible. Los colombianos también debían viajar por medio del Atlántico o a través de la selva para llegar a la cuenca del río. En la actualidad no existen conexiones terrestres entre Iquitos y Lima o la ciudad portuaria colombiana llamada Leticia y Bogotá. Ambas ciudades se reabastecen por medio de buques que ingresan navegando desde el Atlántico. Es, por lo tanto, prácticamente imposible movilizar tropas dentro y fuera de la región de manera encubierta, razón por la cual Perú estaba bien advertida de la existencia de la expedición colombiana.[88]

Lima consideró el despacho de la expedición policial como una militarización de la frontera, y decidió responder de igual manera. La región del Putumayo había estado en disputa desde la caída del Imperio español. En 1828, ambos países habían chocado en una breve guerra. La causa detonante había sido el enojo de Simón Bolívar frente a la asistencia que prestó Perú para socavar su ocupación de Bolivia. Se mantenían latentes los reclamos sobre la cuenca del Putumayo y la capitanía de Quito. La derrota de Perú en la batalla de Tarqui había supuesto el fin de la guerra. Ambos bandos firmaron el Tratado de Guayaquil, también conocido como el Tratado Larrea-Gual, para dar fin a las hostilidades. La solución fue la creación de otro estado barrera: Ecuador. Sin embargo, el asunto de la cuenca del río no había quedado solucionado.

Los ríos Putumayo y Caquetá fluyen en forma paralela durante cientos de kiló-

[87] Roberto Pineda Camacho, *Holocausto en el Amazonas: una historia social de la Casa Arana* (Bogotá: Planeta Colombiana Editorial, 2000).

[88] Richard Collier, *The River that God Forgot: The Story of the Amazon Rubber Boom* (Nueva York: Dutton, 1968).

metros. El Putumayo está a unos cuarenta kilómetros al sur del Caquetá. Colombia consideraba el Putumayo como su límite austral, mientras que Perú reconocía al Caquetá como frontera. Además de esta disputa, existía mucha hostilidad entre los dos países. Simón Bolívar había gobernado Perú durante muchos años luego de vencer a los españoles. Durante ese tiempo había implementado varias medidas que enfurecieron a los ciudadanos, incluyendo la restitución de la esclavitud y del muy odiado impuesto indígena, y su oposición a la constitución del congreso peruano. Por lo tanto, Lima no iba a quedarse de brazos cruzados mientras las fuerzas expedicionarias colombianas navegaban hacia la región del Putumayo.

En febrero de 1911 Perú envió un batallón bien armado, bajo el mando del mayor Óscar Benavides, para expulsar a los intrusos, pero la expedición no resultó exitosa. Sin que lo supieran los peruanos, muchos de los oficiales de policía colombianos habían contraído enfermedades tropicales que se propagaban de manera descontrolada por la región. Acampados en La Pedrera, sobre la costa del Caquetá, habían creado un aro defensivo de trincheras interconectadas para el caso de sufrir un ataque. Muchos de los hombres apenas podían caminar, pero estaban preparados cuando los barcos peruanos se acercaron. El mayor Benavides hizo que algunos de sus hombres desembarcaran río abajo del campamento. También le ordenó a sus dos botes a remo que atravesaran los rápidos que se encontraban frente a la fortificación, para que soldados pudieran desembarcar río arriba, y luego, que ambos grupos pudieran ejecutar un maniobra de pinza contra los colombianos atrincherados. Ambos bandos determinaron al poco tiempo que una guerra en el Amazonas sería muy difícil de llevar adelante y dieron fin al enfrentamiento rápidamente. Los colombianos se retiraron hacia el río Putumayo.

Las partes solucionaron el asunto diplomáticamente por medio del Tratado Salomón-Lozano de 1922. El acuerdo definió la frontera a lo largo del Putumayo, y cedió una gran región trapezoidal al sur del rió a Colombia. El objetivo de esta concesión fue brindarle a Colombia un puerto sobre el Amazonas, y un punto de embarque para exportar sus productos de caucho. A cambio, Bogotá cedió territorio en el nacimiento del Putumayo. Esto no solamente colocó la tierra, entre los dos ríos disputados, claramente en manos colombianas, sino que Perú también cedió el Puerto de Leticia lo que enfureció a la población de Iquitos. La tierra entre Putumayo y Caquetá, utilizada por Casa Arana para sus operaciones de Caucho, se encontraba ahora en territorio extranjero. Además, muchos comerciantes de Iquitos tenían intereses comerciales y almacenes en Leticia. Julio César Arana, el millonario dueño de Casa Arana, había sido electo senador hacía relativamente poco tiempo, representando a la región de Iquitos. Por lo tanto, él podía ejercer una enorme influencia política para respaldar sus intereses económicos. Y de hecho lo hacía: ya había postergado la ratificación del Tratado Salomón-Lozano durante cinco años.

El senador Arana luego inició una campaña pública contra el presidente peruano Augusto B. Leguía por haber firmado el tratado. Con la opinión pública girando en su contra, Leguía fue derrocado en 1930. Durante los siguientes dos años, los líderes comerciales de Iquitos tramaron para recuperar Leticia. Más de cuatrocientos peruanos, todos forzados a cambiar su nacionalidad, aun vivían en la ciudad. Muchos de ellos hostiles frente a sus flamantes gobernantes, quienes aplicaron nuevos impuestos y tarifas. Además, los propietarios de los buques peruanos se quejaban de que las autoridades colombianas impedían sus derechos de navegación a través de los ríos Amazonas y Putumayo. Por último, los efectos de la gran depresión y la competencia de las plantaciones de caucho en Malasia disminuían los precios, devastando la economía de la región.

La gran depresión estaba ahogando las cuentas fiscales de Colombia. El nivel reducido de recursos financieros le permitía al gobierno mantener solo una pequeña guarnición policial en Leticia. Esto creó una oportunidad para que la comunidad de comerciantes de Iquitos y la Casa Arana se movilizaran. Contrataron a un ex oficial del ejército, Oscar Ordóñez, para preparar una pequeña milicia de doscientos doce hombres, armados con pistolas y un pequeño cañón, para tomar la ciudad. El 1 de agosto de 1932 atacaron al alba, sorprendiendo a la guarnición mientras los hombres dormían. El ataque tomó por sorpresa a los gobiernos de Lima y Bogotá. Llevaría varias semanas enviar soldados desde Colombia para retomar la ciudad. Bogotá esperaba, por lo tanto, que Lima enviara una fuerza desde Iquitos, que estaba sólo a un día de navegación, para restaurar el orden. Lima le ordenó a su guarnición en Iquitos que aguardara nuevas órdenes antes de movilizarse, pero un grupo de oficiales se sublevó y decidió proceder con la anexión del pueblo.

Esto puso al gobierno peruano en un aprieto. El presidente Luis Miguel Sánchez Cerro, quien había derrocado al presidente Leguía, despreciaba el tratado Salomón-Lozano, pero no deseaba confrontar con Colombia. Bogotá le había otorgado plazo hasta el 6 de septiembre para restaurar el orden en Leticia. Sin embargo, ya no controlaba el ejercito en Iquitos, y llevaría a sus fuerzas varios meses navegar alrededor de América del Sur, o a través del canal de Panamá. Por otra parte, una ola de nacionalismo se propagaba por todo el país, a medida que la población celebraba la re anexión de la ciudad. El presidente hizo tiempo, pero al final optó por la guerra. El problema era que ninguno de los dos países estaba preparado para un conflicto. La crisis global había devastado ambas economías. Sus armas eran obsoletas y sus ejércitos se encontraban lejos del campo de batalla.

El presidente colombiano Enrique Olaya Herrera se movilizó rápidamente cuando tuvo la certeza de que Perú no iba a intervenir en la rebelión. Movilizó una fuerza de expedición y se embarcó en un extenso plan de reaprovisionamiento de armamento. Envió agentes de gobierno al exterior a comprar los mejores buques de carga, buques de guerra y aviones. Reclutó mercenarios, en su mayoría alemanes, para operar la nueva maquinaria y pilotear los aviones. El pueblo salió en su apoyo. La gente donó dinero y joyas y miles de voluntarios se presentaron en las estaciones de reclutamiento.

A pesar de que Perú había dado el primer golpe, la dinámica se inclinaba hacia el campamento colombiano. El ejército divisó una estrategia para enviar de manera simultánea una fuerza invasora río abajo, por el Putumayo, y una fuerza similar río arriba por el Amazonas. La primera cruzaría por tierra al río Napo y continuaría hacia Leticia. Al llegar, aislarían esta ciudad de la cercana Iquitos.

Mientras tanto, Perú realizaba sus propios preparativos. Lima reforzó su guarnición en Leticia con mil soldados. Trasladó los mejores cañones desde el fuerte de Iquitos, minó todos los accesos al puerto y envió la mayor parte de su fuerza aérea a pistas selváticas. Los altos mandos también movilizaron tropas hacia el Putumayo, estableciendo un grupo de puestos armados para lanzar una invasión de la cuenca del rio y retomar el Caquetá.

El presidente Olaya Herrera nombró al general Alfredo Vásquez Cobo al frente de la expedición colombiana. Cobo reunió todas sus fuerzas en el Puerto de Manaos en enero de 1933 y avanzó con un contingente de setecientos hombres. Su destino era Leticia, pero decidió navegar rio arriba por el Putumayo al fuerte de Tarapacá con el fin de eliminar la presencia enemiga en la esquina noreste del trapezoide. El fuerte había sido establecido en 1900 por Casa Arana con el fin de controlar el acceso al rio: todos los bienes e individuos ingresando o saliendo de la región estaban sujetos a revisión y control, lo cual reforzaba el poder monopólico de la compañía. A pesar de que la base había sido expandida luego del inicio de la guerra, continuaba siendo un puesto selvático.

La fuerza de Cobo arribó a Tarapacá el 13 de febrero y rápidamente convenció a los noventa y cuatro soldados presentes en el lugar de retirarse o enfrentar el aniquilamiento. Los hombres decidieron irse, pero enviaron un mensaje de radio a Iquitos advirtiendo sobre el ataque. Unas pocas horas más tarde, un destacamento de bombarderos arribó y ataco a la armada colombiana. Los aviones fallaron en su intento de dañar a los buques, pero el ataque alcanzó para conmocionar a muchos de los marinos y oficiales abordo.

Con el fuerte bajo control colombiano, los ingenieros procedieron a reforzar las defensas para prevenir la utilización del río por las tropas peruanas. Aislados de Leticia e Iquitos, la única manera de abastecer a las tropas peruanas en la zona era por medio de caminos selváticos —una tarea casi imposible—. Al mismo tiempo, la segunda fuerza colombiana que se aproximaba rio abajo por el Putumayo, enfrentó al puesto peruano en la confluencia con el rio Güepí.

Las noticias de la Victoria en Tarapacá y el encuentro con la guarnición en Güepí envalentonaron a Bogotá en la búsqueda de una solución diplomática al conflicto. El 16 de febrero, se declaró un alto el fuego y ambos lados comenzaron a negociar en Ginebra. Durante un mes, discutieron y debatieron. Durante ese mes, el ejercito acumuló gran cantidad de equipamiento y provisiones en Güepí. Se encontraba preparado, por lo tanto, si llegaba la orden de reanudar el ataque. El 26 de marzo, tropas colombianas cruzaron el rio y enfrentaron a los fuerzas de defensa. El uso combinado de artillería naval y apoyo aéreo dispersó a los defensores peruanos. Muchos de ellos huyeron hacia la selva. La mitad de la guarnición encontró la muerte, mientras que los atacantes solo sufrieron cinco bajas.

El asalto sobre Güepí reveló la extrema desventaja de los peruanos. Lejos de sus líneas de abastecimiento, las tropas tenían que lidiar con armas desactualizadas. Mientras tanto, los colombianos tenían equipamiento de vanguardia. Las derrotas en Tarapacá y Güepí representaron la pérdida de suministros y hombres que Perú no podía darse el lujo de perder. La moral cayó y la desesperación comenzó a extenderse en Lima.

El presidente Sánchez Cerro ordenó que los dos cruceros más grandes de la armada peruana, como también dos submarinos, navegaran río arriba por el Amazonas, desestimando el hecho de que este tipo de naves tendrían una utilidad muy limitada en aguas con tan poca profundidad. El pesimismo se agrandó con el malestar político que sacudía al país. El presidente Sánchez Cerro estaba suprimiendo agresivamente el ascenso del APRA, un partido de izquierda. Un año antes, había ordenado la ejecución de varios miembros del partido en la ciudad norteña de Trujillo, generando un profundo odio dentro de la juventud radical. El enojo llegó a su punto culmine cuando un joven de 19 años, Abelardo Mendoza Leiva, le disparó al presidente en el corazón mientras revisaba las tropas destinadas al frente.

El asesinato tomó al país por sorpresa y profundizó la crisis nacional. Dadas las condiciones del país, el mando pasó al general Benavides, héroe de La Pedrera, para que terminara el mandato de Sánchez Cerro. Benavides ya había ocupado ese puesto anteriormente, entre febrero de 1914 y agosto de 1915. El general recientemente había llevado a cabo una revisión profunda de las fuerzas armadas del país, y estaba familiarizado con sus inmensas deficiencias. Apuró, por lo tanto, las negociaciones de paz antes que la situación empeorara. Aceptó los términos del Tratado Salomón-Lozano. Colombia mantendría Leticia, pero sus fuerzas debían evacuar territorio peruano. El gobierno estadounidense aplicó presión diplomática sobre Lima para que aceptara los términos, como un modo de compensación para Colombia por la pérdida de Panamá. Bogotá intentó mostrarse lo más agradecida posible, pero el enojo se alojaba de manera profunda en las filas de los altos mandos peruanos. La pérdida de Leticia sería un asunto candente durante muchos años.

La Guerra Colombo-peruana dejó en evidencia el importante rol que jugaron la logística y la tecnología. Los centros económicos de ambos países estaban lejos del frente de batalla, pero Colombia pudo hallar una manera veloz de despachar tropas y equipamiento. Asimismo, no vaciló en comprar tecnología de avanzada en lo referente a buques, aviones y armas. Por último, la naturaleza probó ser un obstáculo para ambos lados. La mayoría de las guerras sudamericanas se pelearon en climas extremos, desde los pantanos calurosos del Paraguay pasando por el insoportable calor del Atacama, hasta el infierno húmedo y lleno de enfermedades del Amazonas. Estas condiciones no sólo agotaron mental y físicamente a las tropas, sino que también llevaron a fallas en el equipamiento, oxidando las armas y generando defectos en las municiones —lo que el estratega militar prusiano Carl von Clausewitz llamó "la niebla de la guerra" en 1832—.

Por último, a pesar de que existió una disputa territorial, el conflicto fue iniciado puramente por razones comerciales. El deseo por parte de Casa Arana de recuperar los campos de caucho entre los ríos Putumayo y Caquetá, así como la necesidad de los comerciantes de Iquitos de reclamar Leticia, fueron las razones por las cuales ambos países terminaron en pugna. Detrás de sus acciones, y muy de cerca, estaban la necesidad de inversores extranjeros y líderes industriales de mantener su acceso al caucho. Irónicamente, las plantaciones británicas en alza ubicadas en Asia y la depresión global ya habían reducido la importancia de la selva ecuatorial. Sin embargo, la vasta riqueza producida en la cuenca de Putumayo fue suficiente para encender las pasiones que terminarían siendo causa de otra guerra.

La tercera y última fase de las Guerras del Caucho se trasladó a Ecuador. Como Uruguay, Paraguay y Bolivia, Ecuador era otro pequeño país sudamericano que se había convertido en un estado barrera entre los remanentes más grandes del virreinato. Ecuador había sido una capitanía importante del imperio español, con mucha autonomía. También había sido una parte integral del mundo Inca. Antes de su muerte en 1527, el señor Inca Huayna Cápac había dividido su reino en dos partes. La región norte, con capital en Quito, pasó a su hijo menor, Atahualpa, mientras que la porción del sur, con capital en Cuzco, pasó a su hijo mayor, Huáscar. Ambas facciones de la familia real se encontraban inmersas en una guerra civil cuando Pizarro y su banda de conquistadores asesinos arribaron en 1532. Justo antes de que los españoles capturaran a Atahualpa, el rey Inca había asesinado a su hermano mayor. Por lo tanto, los españoles efectivamente cortaron la cabeza del reino al secuestrarlo. Además del oro y la plata saqueada, el otro gran premio fue la población indígena. Eran esenciales para la operación de grandes plantaciones y minas que se encontraban bajo control español. Además, debían tributar, generando una importante fuente de ingreso.

La mayoría de las grandes civilizaciones indígenas de América del Sur estaban localizadas en altiplanos esparcidos por los Andes. Estos altiplanos tenían grandes ventajas, Eran fáciles de defender. Había pocos mosquitos y otros insectos dada la altitud y las temperaturas frías por lo que no había peligro de enfermedades tropicales. Además, los altiplanos contaban con una abundancia de agua a causa de la constante lluvia. Hasta el día de hoy, la mayoría de las capitales latinoamericanas se ubican en altiplanos: México D.F., Bogotá, Caracas, Santiago, La Paz y Quito.

Además de la gran población indígena, la capitanía de Quito era un centro importante de poder y educación. Eruditos de las grandes universidades realizaron allí estudios originales en cuestiones de teología y medicina. Gran parte del Ecuador de la actualidad no se encuentra dentro del dominio original de la capitanía. Hasta 1763, Guayaquil reportaba al virrey en Lima, y, aún hoy, no existe un gran cariño entre las poblaciones del altiplano y las de la costa. La falta de cultura común llevó a mucha inestabilidad social y política durante los siglos XIX y XX. De hecho, el país es todavía uno de los más inestables, políticamente, de América Latina. Luego de la Guerra Colombo-peruana de 1828, el distrito sur de la Gran Colombia declaró su independencia y se convirtió en Ecuador. A pesar de que la mayoría de la población estaba repartida a lo largo de la sierra y de la costa, se consideraba a sí mismo un país amazónico. El auge del caucho hacia fines del siglo XIX intensificó sus ambiciones en la selva, llevando al ejército a descender por el Napo hacia Iquitos. Sin embargo, la guerra fronteriza de 1941 entre Ecuador y Perú comenzó lejos de la selva tropical. Comenzó en la costa del Pacífico.

Desde el fin del sistema colonial, Ecuador había estado envuelto en una larga disputa con Perú sobre las provincias de Tumbes, Jaén, y Maynas. Tumbes era una provincia costera rica. La mayor parte de su territorio se encontraba dentro de Ecuador, pero la ciudad había sido ocupada por Perú desde 1820 y Quito la quería de regreso. La provincia de Jaén se ubicaba tierra adentro y se extendía hacia los Andes. El borde sur de la provincia estaba sobre el rio Marañón, una de las principales afluentes del Amazonas y un componente clave en las ambiciones selváticas de Ecuador. Por último, el país reclamaba la provincia de Maynas. El territorio formaba un triangulo con los Andes y los ríos Marañón y Napo. Dado que la inmensa región incluía a Iquitos, el bastión selvático de Perú, el asunto estaba destinado a convertirse en motivo de conflicto.

La devastadora derrota de los peruanos a manos de Colombia en 1933 provocó una ola de optimismo en Ecuador. Para entonces, la selva tropical ya no era tan importante desde el punto de vista estratégico. Su participación en el mercado global del caucho había caído al 15 por ciento. Sin embargo, aún había esperanzas de que la derrota de Perú pusiera más al alcance las ambiciones amazónicas de Quito. Los medios comenzaron a hacer sonar las marchas marciales y los políticos no tuvieron problema en unirse al coro. El resultado del conflicto motivó, asimismo, al ejército peruano a modernizar su armamento y mejorar el entrenamiento de sus oficiales. Perú adquirió tanques nuevos, buques de guerra y aviones. Por lo tanto, cuando Ecuador decidió dar inicio a las hostilidades en julio de 1944, los peruanos estaban preparados para la pelea.

La estrategia ecuatoriana fue provocar a las fuerzas peruanas hasta que ellos tomaran represalias y cometieran un acto de guerra. El gobierno, entonces, alegaría que estaba sufriendo el abuso de un agresor mucho más grande, con la esperanza de generar la intervención de la comunidad internacional y la convocatoria a una mediación. Durante las negociaciones, Quito plantearía sus reclamos sobre las tres provincias en cuestión, esperando obtener ciertos beneficios. Sin embargo, en lugar de comenzar con las provocaciones en la selva, donde Ecuador tenia la mayor parte de sus ambiciones territoriales, el ejército decidió concentrar sus esfuerzos en la cuenca del río Zarumilla, en la provincia de Tumbes; más sencilla de reforzar y reabastecer.

El Zarumilla es un rio pequeño que marca la frontera tradicional entre ambos países. Numerosos incidentes fronterizos tuvieron lugar hacia fines de la década del 30; desde el lanzamiento de metrallas hasta el hostigamiento de las posiciones peruanas por la aviación ecuatoriana. Sin embargo, Lima conocía las verdaderas intenciones de Ecuador. Sus espías habían infiltrado al gobierno, y los agentes de inteligencia habían descifrado el código del ejército. No permitirían que se los provoque. Perú ordenó a sus soldados minimizar y desactivar incidentes hostiles, y le indicó a sus comandantes no agrupar tropas a lo largo de la frontera.

Además del acoso a lo largo del Zarumilla, el ejército ecuatoriano también había creado una serie de nuevos puestos fronterizos dentro de la parte peruana de la selva amazónica. Temiendo que ambos países estuvieran definitivamente encaminados a la guerra, Estados Unidos ofreció ser intermediario para negociar. Las negociaciones no produjeron ningún resultado favorable.

Por lo tanto, Lima se preparó para el combate. En 1940, los altos mandos del ejército formaron el Grupo Norte para repeler las incursiones y contener el avance de los puestos ecuatorianos que se habían creado. Mientras el ejército movilizaba sus recursos, los oficiales continuaron rechazando las provocaciones. Los ecuatorianos interpretaron esta respuesta como una debilidad y se tornaron más agresivos en su acoso. Mientras tanto, los peruanos continuaron agrupando tropas a lo largo del frente. Finalmente lanzaron un ataque el 24 de julio, tomando el pueblo costero de Huaquillas. Ecuador se encontraba completamente desprevenido. El ejército peruano se introdujo rápidamente en territorio enemigo. A diferencia de lo ocurrido durante la Guerra del Pacífico, Perú ahora dominaba el mar. Esto permitió que la armada tuviera pleno acceso a la línea costera. El Grupo Norte decidió focalizar su ofensiva a lo largo del litoral y así poder contar con la artillería naval de la armada. Las tropas se movilizaron tierra adentro hacia Charcas a medida que los bombarderos peruanos dejaban caer un diluvio de bombas sobre los soldados que huían. Para empeorar el asunto, el Grupo Norte puso en acción un batallón de tanques de origen checo, creando así una ofensiva altamente mecanizada. La línea defensiva ecuatoriana se desintegró a medida que las unidades motorizadas arrasaban con todo al cruzar la frontera. Los ecuatorianos intentaron reagruparse en Arenillas, en las afueras de Chacras, pero había poco que podían hacer para frenar la embestida.

Al día siguiente, los peruanos continuaron su movilización tierra adentro, tomando en su totalidad la provincia de El Oro. Para entonces, el ejército ecuatoriano se había convertido en una turba incontenible y los hombres comenzaron a saquear sus propios pueblos. Irrumpían en las casas y robaban alimentos y bebida. Grupos de soldados embriagados trastabillaban por las calles, incitando a los ciudadanos a clamar por el arribo del ejército peruano para restaurar la ley y el orden. La retirada del ejército ecuatoriano fue tan rápida que la infantería mecanizada de Perú no pudo seguirle el ritmo. Por lo tanto, el Grupo Norte decidió adelantarse lanzando paracaidistas sobre Puerto Bolívar.

Para fines de julio, las tropas peruanas mantenían el control de mil kilómetros cuadrados de territorio ecuatoriano, y Guayaquil estaba en peligro. Diplomáticos ecuatorianos, desesperados, comenzaron a filtrar reportes en los Estados Unidos indicando que la victoria peruana se debía a la participación de unidades japonesas; estos rumores sin sustento desataron el pánico en Washington, DC.

Europa estaba en llamas en 1941, y en menos de seis meses, Estados Unidos estaría en guerra con Japón. La agresión japonesa en el Pacifico estaba escalando, por lo que para funcionarios gubernamentales estadounidenses el rumor ecuatoriano podía ser cierto. Estados Unidos había hecho grandes avances en el desarrollo de caucho sintético, pero aún estaba lejos de la producción masiva. La mayor parte del caucho del mundo se encontraba en el sudeste asiático, bajo amenaza de caer en manos japonesas. La capacidad productiva restante, en manos amigas, se encontraba en el Amazonas. Por lo tanto, era lógico que Washington temiera que los japoneses pudieran estar movilizados en América del Sur. Había una significativa comunidad asiática en Perú que fácilmente podría ser confundida con japonesa.

Inquietos por la guerra en Europa y el sudeste asiático, los estadounidenses ordenaron un inmediato alto el fuego entre Ecuador y Perú el 31 de julio. En lugar de aclarar la información errónea y continuar la ofensiva, Perú accedió. Varios incidentes amenazaron con romper la tregua. Fuerzas ecuatorianas intentaron avanzar en la selva, pero fueron repelidas. Finalmente, ambos bandos se juntaron en Brasil para llegar a un acuerdo. Bajo el Protocolo de paz, amistad y límites de Rio de Janeiro de 1942, Ecuador accedió a dejar de lado su reclamo sobre el Marañón y las cuencas del rio Amazonas, siempre que Perú abandonase el territorio ecuatoriano ocupado. El tratado fue reafirmado por la presencia de Estados Unidos, Brasil y Argentina como garantes de la paz. Los tres países actuaron como observadores y árbitros con el fin de que el proceso fuera más equitativo y duradero.

El desempeño de Perú durante la guerra fue impecable. Sus derrotas ante Chile y Colombia habían dejado una marca indeleble en el ejército, convenciendo a los altos mandos de la necesidad de mejorar la calidad de su armamento y entrenamiento. Sin embargo, los conflictos fronterizos con Ecuador continuarían durante unos sesenta años más. En la siguiente ocasión, el foco estaría ubicado en las profundidades de la selva.

Se daba por sentado que los ríos Santiago y Zamora marcaban la frontera en la región de la Cordillera del Cóndor, pero el descubrimiento del rio Cenepa hacia fines de 1940 agregó un nuevo nivel de ambigüedad, dado que las fronteras selváticas se definían, típicamente, por medio de vías acuíferas. Quito alegaba que la presencia de un rio desconocido llevaba a que el tratado no pudiera cumplirse, llevando a la necesidad de realizar nuevas negociaciones. La verdadera razón por la cual el río tenía tanta importancia diplomática era por el hecho de que era afluente del Marañón, que desembocaba en el Amazonas. Por lo tanto, al reconocer al Cenepa como una frontera, el gobierno podía reclamar membresía de Ecuador en la comunidad Amazónica y obtener así los derechos legales de acceso y navegación por la vía fluvial. Esta también era la razón por la cual Lima deseaba mantener la frontera a lo largo de la Cordillera del Cóndor, y prevenir que Ecuador ocupara las laderas al este de la cadena montañosa.

Se produjeron varias confrontaciones entre ambos bandos, pero el primer enfrentamiento ocurrió en 1981, cuando fuerzas ecuatorianas comenzaron a construir una serie de puestos en la cuenca del Cenepa. Para entonces, el auge del caucho ya era cosa del pasado. La expansión geométrica de productos petroquímicos de bajo costo convirtió al caucho en obsoleto. Sin embargo, la cuestión de la selva ecuatorial seguía siendo un asunto de orgullo nacionalista. La gran selva tropical también iba adquiriendo una nueva dimensión por su flora y fauna, y como la fuente de agua dulce más grande del planeta.

Perú acusaba a Ecuador de invadir constantemente el costado oriental de la Cordillera del Cóndor. Harta de los puestos levantados dentro de su territorio, Lima ordenó un ataque con helicópteros contra el puesto en Paquisha, el 28 de enero de 1981. Otros dos puestos, en Mayaicu y Machinaza, también fueron atacados. La Guerra de Paquisha, como se conoció el incidente, fue el primer gran enfrentamiento dominado por la aviación, dada la ubicación remota de los puestos selváticos. Los helicópteros jugaron un rol central en el transporte de tropas y material, mientras que los Cesna A-37 peruanos, Mirages 5 supersónicos, y Sukhoi Su-22 brindaron apoyo aéreo cercano y ataque terrestre. Ecuador envió aviones Cesna A-37, Mirage 1, y Kfirs israelíes para apoyar a sus tropas. Durante las siguientes dos semanas los peruanos llevaron a cabo operaciones para desmantelar los puestos y contener a los ecuatorianos. Temiendo que Perú repitiera su invasión de 1941, los altos mandos ecuatorianos se movilizaron, enviando veinticinco mil tropas a defender el frente sur. América del Sur estaba en la cúspide de una gran crisis económica y Lima no quería entrar en otra guerra costosa. Así, los líderes de ambos países se reunieron y e hicieron un "pacto de caballeros" en el que acordaron remover su puestos y tropas de la región disputada. Sin embargo, un encontronazo mucho mayor se produjo el 25 de enero de 1995.

Ambos lados habían comenzado a fortalecer sus fuerzas armadas hacia fines de 1994. Ecuador tenía una ventaja importante. Había establecido una serie de caminos para conectar su región selvática con el resto del país. Mientras tanto, Perú necesitaba transportar tropas y suministros por aire. Su economía no se encontraba en buenas condiciones. Estaba emergiendo de una de sus peores crisis económicas. El país había sufrido un período de hiperinflación devastador en 1990, con aumentos de hasta 400 por ciento en los precios en tan solo un mes. Había incumplido sus obligaciones internacionales y estaba en medio de negociaciones por su deuda. El gobierno también estaba en medio de un conflicto con Sendero Luminoso; secuestros y bombas eran ocurrencias comunes en Lima. Alberto Fujimori, un profesor universitario sin experiencia, era presidente, y muchos lo consideraban políticamente débil. No debía sorprender a nadie que Ecuador eligiera ese momento para lanzar otra manotazo al Amazonas.

Como había hecho en el pasado, el ejército comenzó a crear una serie de puestos en el Valle del Cenepa. Dos grandes puestos, Tiwinza y Base Sur, estaban apenas unos pocos kilómetros dentro del área disputada; lo suficiente como para enardecer a los peruanos. En diciembre de 1994, el ejército comenzó a transportar por aire soldados y equipamiento a PV-1, una base de avanzada. Al mismo tiempo, Ecuador utilizo su ventaja logística para llevar camiones de equipamiento y tropas.

Establecieron bases de artillería a lo largo de la parte superior de la Cordillera del Cóndor y en el valle que se encontraba detrás de la cadena montañosa. Instalaciones antiaéreas cubrían las cimas de las montañas, convirtiendo el valle en un campo de destrucción para aviones de vuelo a baja altura.

Los altos mandos peruanos se preparaban para una repetición de la Guerra de Paquisha de 1981, en la que sus tropas desmantelarían los puestos ecuatorianos. Sin embargo fueron atacados antes de que pudiesen completar sus preparativos. El 26 de enero de 1995 una cuadrilla de trabajo que despejaba el campo para una pista de aterrizaje de helicópteros fue atacada por fuerzas especiales ecuatorianas. Los hombres se reagruparon y devolvieron el fuego pero no eran rival para las fuerzas de elite. La mayoría de los sobrevivientes se vieron obligados a huir hacia la selva. Dos días más tarde los peruanos contraatacaron, utilizando apoyo aéreo de helicópteros. Desafortunadamente para los pilotos, volaron derecho hacia una trampa. Misiles salían disparados del suelo destruyendo los helicópteros; la fuerza aérea canceló el bombardeo. Durante los siguientes tres días, los peruanos continuaron perdiendo helicópteros y aviones a manos de la artillería antiaérea ecuatoriana. Finalmente, decidieron cambiar de táctica y focalizaron sus esfuerzos en las bases de artillería que se extendían a lo largo de las montañas. Sin embargo, no pudieron avanzar mucho. Para empeorar el asunto, los puestos estaban rodeados de campos minados, causando una gran cantidad de bajas.

A pesar de que Ecuador comenzó con ventaja, el mayor tamaño de Perú le permitió movilizar más recursos para recuperar la dinámica del conflicto. Perú envió grupos de fuerzas especiales a PV-1 y pudieron destruir los puestos de Tiwinza y Base Sur. Con el objetivo cumplido, Perú accedió a un alto el fuego el 28 de febrero. Las partes beligerantes firmaron la Declaración de Montevideo y resolvieron la disputa fronteriza. Ecuador accedió a utilizar la Cordillera del Cóndor como línea de demarcación, poniendo fin a sus aspiraciones amazónicas. A cambio, Perú cedió la base militar de Tiwinza de manera perpetua.

Las Guerras del Caucho marcaron casi un siglo de enfrentamientos bélicos en sectores de la selva sudamericana. Los conflictos territoriales se hicieron patentes por la presencia de arboles de caucho y el uso del látex en la industria moderna. Los conflictos también fueron testigos de los inmensos avances en tecnología militar: buques y rifles alemanes, tanques y paracaidistas, aviones supersónicos y misiles antiaéreos. Las guerras evolucionaron con el desarrollo de la industria del caucho. Durante el Conflicto de Acre, las aplicaciones comerciales del caucho todavía eran modestas. El conflicto fue liderado en su mayoría por un grupo de campesinos brasileros contra una pequeña milicia boliviana. La guerra fronteriza entre Colombia y Perú fue más sofisticada en armamento y tácticas. Estaban en juego las grandes operaciones de caucho de Casa Arana. Para cuando llegó la guerra entre Ecuador y Perú, el látex ya no era la fuente principal para productos de plástico y caucho. Sin embargo, la selva tropical siguió siendo un símbolo importante para ambos países, y una fuente potencial de riqueza y poder.

7 LA GUERRA DEL CHACO: LUCHANDO POR UN MONTE DE MATORRALES

LA GUERRA DEL CHACO: LUCHANDO POR UN MONTE DE MATORRALES

L a siguiente guerra fue protagonizada por dos de las entidades soberanas más disfuncionales de América del Sur: Paraguay y Bolivia. Son estados sin litoral marítimo que surgieron a partir de la desintegración del sistema de virreinatos. Sufrieron derrotas devastadoras a manos de vecinos poderosos, con enormes pérdidas de territorio, población y riqueza. Bolivia no solo perdió su litoral, sino que también fue saqueado de sus riquezas en nitratos y caucho. Mientras tanto, Paraguay perdió toda su capacidad industrial, la mayoría de su población y casi la mitad de su territorio.

Uno de los problemas inherentes a ambos países era su incapacidad para consolidar sus sociedades integrando a las comunidades originarias. Mientras que los conflictos sudamericanos previos habían sido peleados por una combinación de descendientes europeos y nativos, esta sería, en gran medida, una guerra entre los grupos indígenas sobrevivientes, mayoritarios, de América del Sur.[89] Las comunidades Quechua y Aimara eran descendientes directos de los Incas, mientras que los guaraníes paraguayos eran tribus nómades que habitaban las planicies del sudeste del continente. Ambos habían quedado sujetos a pactos semi-feudales y se les permitía pocos derechos civiles y económicos. Las leyes electorales aseguraban que únicamente grupos selectos o pertenecientes a las elites —en su mayoría personas de descendencia europea— podían votar. Se les requería a los votantes un nivel mínimo de ingresos, propiedad y alfabetización. Esta centralización del poder político a través de la exclusión racial aseguraba una gran concentración de la riqueza. Sin embargo, esto también llevó a contradicciones internas por las que los diferentes idiomas, culturas e intereses impedían la cohesión social necesaria para llevar adelante una campaña militar exitosa.

La región del Gran Chaco era un páramo distante para la élite boliviana, que se encontraba distraída por los vastos recursos minerales incrustados en la profundidad del Altiplano. Inicialmente, la atención de los barones comerciales se fijó en los masivos depósitos de plata de Potosí, pero una vez que esos recursos fueron agotados, su atención viró hacia el estaño. La explotación estaba emplazada en el enorme complejo Salvadora en Llallagua. La mina estaba sólo a unos cientos de

---

[89] Nicola Foote y René Harder Horst, *Military Struggle and Identity Formation in Latin America: Race, Nation, and Community During the Liberal Period* (Gainesville: University Press of Florida, 2010).

kilómetros al norte de Potosí. Llallagua era comparable a Potosí, emergiendo de las altas sierras andinas. Similarmente a lo que había ocurrido con los nitratos y el caucho, la demanda por el estaño aumentó de manera considerable durante el cambio al siglo veinte, con la propagación de productos básicos de consumo. El estaño tiene muchas aplicaciones comerciales: sus propiedades anticorrosivas lo hacen práctico para empaquetar alimentos y líquidos y para revestir hierro con el fin de prevenir el oxido; su maleabilidad se presta para la soldadura. Nadie sacó mayor provecho del auge del estaño que Simón Iturri Patiño, un astuto empresario de sangre mixta que no solamente se convirtió en uno de los hombres más ricos del mundo, sino de los más ricos de todos los tiempos. En 1905, siendo un joven empleado de la Casa Frick, una ferretería para mineros en Oruro, aceptó la escritura de una pequeña mina como pago de una deuda. [90] Perdió el empleo debido a su imprudencia, pero Patiño hábilmente transformó la operación de estaño en la de mayor envergadura de todo el mundo. Al llegar la Segunda Guerra Mundial, la Patiño Mines & Enterprise Consolidated Inc., con base en Nueva York, controlaba casi toda la industria del estaño, dueña de varias fundiciones por todo el mundo. Esto le permitió a Patiño convertirse en el principal agente de poder en Bolivia, controlando tanto a los políticos como al poder judicial. Las regalías de las minas La Salvadora y Uncía representaban tres cuartas partes de los ingresos del gobierno, otorgándole el control del aparato del estado y permitiéndole utilizarlo para reprimir a los gremios de los trabajadores y los movimientos de izquierda.[91] La minería es un sector que se presta a la organización, dado que es dependiente de su fuerza de trabajo. Patiño utilizaba el ejército para dispersar huelgas y perseguir a líderes militantes. Como César Arana en el Putumayo, el barón del estaño se volvió extremadamente rico a costa del sometimiento de las comunidades indígenas. Como resultado de la enorme riqueza producida por el sector minero, la atención de la oligarquía política estaba puesta en el altiplano, ignorando otros sectores del país. Esta visión limitada fue un error que Bolivia cometió con frecuencia —primero en el Atacama, luego en Acre, y en este caso en el Chaco—. Sin embargo, la negligencia y el descuido de la región por parte de La Paz terminó en 1926 cuando la Standard Oil hizo un descubrimiento colosal en Sanandita, en la base oriental de los Andes: petróleo.

El descubrimiento de petróleo generó un temor fuerte en la jerarquía política del país dado que significaba una amenaza para el estatus quo político. Hasta entonces, la riqueza económica y política había estado concentrada en la sierra. Los recursos financieros y riquezas creadas por el sector minero concentraban el poder político del país en ciudades como La Paz, Oruro y Potosí. Sin embargo, el descu-

[90] René Danilo Arze Aguirre, *Breve Historia de Bolivia* (Sucre: Universidad Andina Simón Bolívar, 1996).

[91] John Henry Hewlett, *Like Moonlight on Snow: The Life of Simón Iturri Patiño* (New York: R. M. McBride & Company, 1947).

brimiento de petróleo amenazaba con trasladar el núcleo del poder económico a la ciudad de Santa Cruz y a las grandes extensiones del Chaco.

El Chaco es un monte árido justo debajo de la cuenca del Amazonas. Forma una suerte de triángulo isósceles delimitado por tres ríos: el margen oeste está marcado por el rio Parapetí; el límite norte está marcado por el río Paraguay, que fluye desde el Mato Grosso, y el límite sur está marcado por el fangoso río Pilcomayo. Asunción, la capital de Paraguay, se ubica en el vértice del triángulo, y los Andes forman la base. Brasil está al norte, y Argentina al sur. El ecosistema chaqueño es complejo. La mayor parte del año, la región es seca, a excepción de dos temporadas de lluvia en las que diluvia. La vegetación es principalmente maleza, arbustos espinosos, y bosque denso compuesto por arboles de tierra árida que no sirven para el pastoreo. Muchos de los árboles son variedades del quebracho. El nombre significa literalmente *"quiebra hachas"*, homenaje a su fuerza y densidad. El aire está cubierto de polvillo y moscas negras. La única fuente de agua potable proviene de las profundos napas subterráneas que se reponen durante la temporada de lluvias. No es difícil entender porqué se considera a Chaco una verdadera tierra de nadie. Hogar de un puñado de tribus nómades y algunos pobladores recios, nunca fue un centro de actividad económica. Hasta el descubrimiento de petróleo en Sanandita, nadie pensó que tuviera ningún tipo de riqueza mineral, razón por la cual fue ignorado por La Paz, a dos mil kilómetros de distancia. Sin embargo, las cosas cambiaron cuando geólogos y buscadores de petróleo comenzaron a explorar el monte despoblado.

La década de 1920 fue la época dorada de la exploración petrolera. El automóvil era muy popular, y la recuperación de la posguerra se convirtió en una bonanza de consumo. Con acceso al crédito por primera vez, los hogares norteamericanos compraban bienes que antes no estaban a su alcance. Al mismo tiempo, los fabricantes de automóviles y aparatos para el hogar, como Ford y General Electric, establecieron esquemas de producción en masa que les permitieron reducir drásticamente sus precios. La propagación de vehículos impulsados por gasolina incrementó la demanda de hidrocarburos. Ya no se deseaba el petróleo por los productos de kerosén, utilizados mayormente para iluminación. Los productores ahora buscaban destilarlo para obtener gasolina y *diesel*. Los geólogos mejoraron sus técnicas de exploración, lo cual llevó a grandes hallazgos en California y Texas, y comenzaron a llevar sus procesos al exterior con la intención de acumular más depósitos. Durante la década de 1920 se encontraron enormes yacimientos petrolíferos en Irak, Venezuela y México. Standard Oil y Royal Dutch Shell eran los líderes tecnológicos, y tenían sus miras puestas en América del Sur.

Un año después de Sanandita, Standard encontró petróleo nuevamente, esta vez en Camiri, un poco más al sur. Dado el tamaño del yacimiento, la compañía empezó a explorar las regiones aledañas, haciendo descubrimientos adicionales en la provincia de Salta, Argentina. Toda la atención estaba puesta en Chaco, dado que se creía que en el monte se encontraba el próximo Spindletop. Tenía muchas de las características agrestes que prevalecían en otras regiones productoras de petróleo —Texas, California o Irak—. Deseosa de no quedar rezagada, la Royal Dutch Shell, gran rival de Standard Oil, intentó adelantarse obteniendo del gobierno Paraguayo derechos de exploración y perforación para la región chaqueña. El problema consistía en que nadie estaba seguro de a quién pertenecía el Chaco.[92]

Igual que Bolivia, Paraguay también había ignorado al Chaco. Estaba contiguo a la capital, Asunción, pero el desierto vacío no tenía atractivo. El único rol importante que había jugado en la historia de Paraguay había sido el de ser una vía de escape para las tropas de Solano López cuando huían del colapso de Humaitá durante la Guerra de la Triple Alianza. Técnicamente, el reclamo de Bolivia sobre la región era sólido. Mapas y documentos coloniales indicaban que había sido parte de la Audiencia Charcas, pero la presencia de Paraguay era más fuerte. Tribus guaraníes merodeaban por la región, junto a colonias de menonitas alemanes que habían obtenido estatutos legales del gobierno paraguayo. La Paz, a su vez, estaba muy lejos. Las líneas de comunicación entre el alto y el Chaco eran prácticamente inexistentes. Dado que la posesión prevalecía sobre el titulo legal bajo el precedente *uti possidetis*, el reclamo de Paraguay era más fuerte. Sin embargo, ambos países habían estado absortos en otros asuntos, y hasta ese momento no habían sentido la necesidad de resolver la disputa territorial.

Argentina realizó un débil intento de anexar el Chaco luego de la guerra de la Triple Alianza. Brasil, sin embargo, echó por tierra la iniciativa, queriendo mantener un Estado barrera entre ambos países.[93] En 1887, Paraguay y Bolivia realizaron un esfuerzo por resolver la disputa al firmar el tratado Aceval-Tamayo que dividió el Chaco en tres partes: el tercio occidental quedó bajo dominio boliviano; el tercio oriental pertenecería a Paraguay y la parte central permaneció como tierra de nadie. El tratado nunca fue ratificado por el congreso paraguayo pero se reconoció como protocolo para mantener el estatus quo. Ambos países permitieron al otro establecer una serie de pequeños fuertes para señalar su territorio. Dado que la partición fue informal, la Royal Dutch Shell quería asegurar que sus títulos de dominio y propiedad estarían protegidos en caso de hallar petróleo. Así, la compañía comenzó a presionar al ejército paraguayo para que expulsara las guarniciones bolivianas.

La situación política de Bolivia era complicada. En 1926, Hernando Siles Reyes había sido electo presidente. Joven reformador, su estilo y enfoque inclusivo implicaba un quiebre con las tácticas opresivas utilizadas por sus predecesores, incluyendo a Bautista Saavedra. Siles fundó el Partido Nacionalista y contaba con numerosos seguidores entre los jóvenes y los intelectuales. Sin embargo, tampoco se mostró opuesto al uso excesivo de fuerza. En julio de 1927, un levantamiento indígena estalló en el altiplano, entre las ciudades de Potosí, Oruro, y Sucre. Más de diez mil

---

[92] Julio José Chiavenato, *La Guerra del Petróleo* (Buenos Aires: Punto de Encuentro, 2007).

[93] Bruce W. Farcau, *The Chaco War: Bolivia and Paraguay, 1932–1935* (Westport, CT: Praeger, 1996).

campesinos atacaron granjas y pueblos en protesta por la expropiación de tierras. Durante décadas, poderosos terratenientes habían invadido las tierras de las tribus para expandir su producción agrícola. Como vasallos feudales, los integrantes de las comunidades indígenas estaban obligados a pagar tributos a los terratenientes. Frustrados e indignados, finalmente se sublevaron. Siles alegaba estar a favor de la comunidad indígena, pero aún así envió tropas a sofocar la rebelión. Estas fuerzas, junto con milicias locales, acorralaron brutalmente a los cabecillas de la rebelión. El presidente justificó sus tácticas indicando que el movimiento había sido infiltrado por comunistas y anarquistas, lo cual era cierto. El levantamiento fue finalmente contenido, pero generó una grieta aún más profunda entre los integrantes de la clase alta y la población indígena. [94] Esto se transformaría en un obstáculo significativo en el campo de batalla, cuando muchos soldados se rehusaron a luchar por un país que no respetaba sus derechos civiles.

La posibilidad de hallar petróleo en el Chaco encendió la imaginación de varios en Asunción. Si existieran tales reservas, se podrían crear vastas fortunas y llenar los cofres degastados del gobierno. Por lo tanto, hubo mucho entusiasmo para concretar el reclamo sobre la región. El 5 de diciembre de 1928, tropas paraguayas, actuando bajo presión de la Dutch Royal Shell, atacaron el fuerte en Vanguardia. Sorprendieron a los defensores desprevenidos y fueron sometidos rápidamente. En el proceso, seis soldados perdieron la vida antes de que el enemigo prendiera fuego las estructuras destartaladas de madera. El presidente Siles consideró en un principio solicitar mediación internacional, pero decidió finalmente retomar el fuerte. Desafortunadamente, el ejército no podía enviar más refuerzos porque los caminos se encontraban intransitables; era el comienzo de la temporada de lluvias. Por lo tanto, decidió tomar represalias asaltando el fuerte paraguayo de Boquerón, de acceso más fácil.

Al ver que ambos países estaban al borde de la guerra, intervino la Sociedad de Naciones. Declaró que Paraguay era el Estado agresor. Ambos lados fueron obligados a retirarse a sus posiciones originales y Asunción tuvo que indemnizar a Bolivia por el costo del fuerte dañado.[95] El incidente marcó una pequeña victoria para el presidente Siles. Sin embargo, el inicio de la Gran Depresión desestabilizó la economía, llevando a un malestar social generalizado y a su caída en mayo de 1930.

Las fracturas sociales latentes por debajo de la superficie se estaban convirtiendo en grietas visibles. Temiendo que el país cayera en la anarquía, el ejército, bajo el mando del general Carlos Blanco, provocó un golpe de estado en junio. Con el orden restaurado, Blanco convocó a elecciones generales para el año siguiente. Daniel Salamanca, un advenedizo de la política, taciturno e irascible, arrasó en la

---

[94] Robert J. Alexander y Eldon M. Parker, *A History of Organized Labor in Bolivia* (Westport, CT: Praeger Publishers, 2005).

[95] Margaret La Foy, *The Chaco Dispute and the League of Nations* (Bryn Mawr, PA: Bryn Mawr College, 1941).

contienda electoral. Uno de sus objetivos principales fue incrementar la presencia de Bolivia en el Chaco. Standard Oil, a través de su lobista Spruille Braden, presionaba a la clase política para poner freno a las ambiciones territoriales de Paraguay, pero también deseaba un puerto sobre el río Paraguay para exportar el petróleo que estaba produciendo en Sanandita y Camiri. La compañía también deseaba evitar la posibilidad de que el gobierno boliviano nacionalizara las operaciones altamente lucrativas de petróleo, manteniéndolo distraído con una guerra distante.[96]

Para generar apoyo público, Salamanca alegaba que el control del Chaco permitiría a la nación vengarse por el deshonor sufrido en la Guerra del Pacífico y brindarle el acceso al mar que había perdido. Inmediatamente ordenó la construcción de nuevos fuertes en el Chaco para reforzar su reclamo. Se despacharon tropas y equipamiento al monte. Fue en este momento que la gran desventaja logística de Bolivia se tornó evidente. No sólo la región estaba muy lejos del alto, sino que además los caminos al Chaco eran caminos de tierra que se volvían ciénagas intransitables durante la estación de lluvias.

Argentina también comenzó a jugar un rol dominante en el conflicto. Desde la Guerra de la Triple Alianza Buenos Aires había mantenido un control férreo sobre la economía y el gobierno paraguayo. Argentinos controlaban enormes franjas de territorio paraguayo y también las compañías más grandes, como Milanovich Ltd., una empresa naviera que transportaba casi el 80 por ciento de los productos que el país comercializaba y Ferrocarril Central de Paraguay, la empresa principal de ferrocarriles. En los hechos, Paraguay era un país títere, teniendo únicamente su nombre como propio. Buenos Aires se encontraba en profunda convivencia con la Royal Dutch Shell. Fue la llamada Década Infame, cuando todo y todos estaban a la venta. Comercios británicos, en particular, tenían una enorme influencia sobre Argentina. Eran dueños de frigoríficos, ferrocarriles y compañías telefónicas. La Royal Dutch Shell, por ejemplo, tenía grandes operaciones en el país, y utilizaba su aparato de influencia para promover su intereses en el Chaco; el presidente argentino, Agustín Pedro Justo, uno de los líderes más corruptos de la historia política de ese país, estaba más que dispuesto a seguir el juego. El y su pernicioso ministro de relaciones exteriores, Carlos Saavedra Lamas, serían los conductores encubiertos de la guerra. Comerciantes y banqueros argentinos amasaron grandes fortunas vendiendo armamento, a precios elevados, a los beligerantes.

No hacía falta una inspección minuciosa para darse cuenta de que existía una gran asimetría entre ambos países. La población de Bolivia era tres veces más grande que la de Paraguay, con más de 2 millones quinientos mil habitantes. Su economía también era tres veces más grande que la de su vecino, pero atravesaba un período complicado. La depresión global había devastado la economía del país. La producción de estaño había caído un 30 por ciento en 1931, bajando a 31 mil toneladas métricas de las 45 mil toneladas del año anterior. El impacto sobre las

---

[96] Chiavenato, *La Guerra Del Petróleo*.

cuentas fiscales del gobierno fue brutal, obligando a implementar severos recortes. El gobierno redujo la fuerza laboral a la mitad, generando un aumento enorme en el desempleo. En 1932, con las arcas del país prácticamente vacías, el presidente Salamanca acudió al barón del estaño, Patiño, para que le proporcionara asistencia financiera. Patiño contribuyó £25,000 para modernizar la fuerza aérea boliviana. A pesar de que Paraguay también había sido golpeada por la crisis global, su economía era más insular, por lo que el impacto no había sido tan severo. Argentina también proveía asistencia de manera clandestina. Asimismo, Paraguay tenía una ventaja logística inmensa. Asunción estaba al lado del Chaco; podía movilizar sus recursos de manera más rápida y económica, ventaja que sería determinante en el resultado del conflicto.

Durante cuatro años, ambos bandos se fueron acercando cada vez más hacia la guerra, con varias escaramuzas fronterizas; entre tanto, los ejércitos se iban posicionando de manera estratégica. Los esfuerzos internacionales para mediar en el proceso no avanzaban y las relaciones diplomáticas se quebraron. El conflicto finalmente estalló en junio de 1932 en un lodazal en el medio del Chaco. La laguna había sido divisada por reconocimiento aéreo, y el mayor boliviano Óscar Moscoso recibió órdenes de asegurar la zona. Dada la naturaleza árida de la región, controlar la laguna, con su ubicación central, resultaba muy ventajoso. De hecho, gran parte de la guerra subsiguiente seria peleada alrededor de abrevaderos, manantiales y pozos de agua.

A su llegada, Moscoso observó que el pequeño cuerpo de agua estaba protegido por un escuadrón de soldados paraguayos. El presidente Salamanca había dado órdenes explicitas de que la fuerza de expedición tomase el lago en forma pacifica, sin apelar a la violencia. Lamentablemente, el mayor nunca recibió la orden. Desalojó a los defensores, asesinando a un cabo en el proceso. Esto indignó al ejército paraguayo y un mes después, estos contraatacaron. Así se inició la guerra.

El presidente Salamanca consideró inicialmente minimizar el incidente. Su país no estaba en condiciones de asumir el costo de una operación militar por una zona que aún estaba por verse si no era más que un montón de matorrales. La gravedad de la depresión global aumentaba las tensiones sociales existentes, y el gobernante sabía bien cómo desviar la atención del público. Así, el contraataque paraguayo se presentó como un acto deliberado de agresión. La prensa boliviana incitó al pueblo a través de una serie de artículos alarmistas que generaron una oleada de nacionalismo. El presidente Salamanca inmediatamente aprovechó el clamor popular y ordenó un ataque en forma de represalia. No solo se le dio órdenes al ejército de retomar el lago, nombrado Chuquisaca, sino que también fue enviado a atacar los fuertes de Corales, Toledo y Boquerón.

Los altos mandos en la Paz se oponían decididamente a la escalada militar. Consideraban que las unidades en el Chaco estaban mal entrenadas y no poseían armamento adecuado. Deseaban más tiempo para reclutar soldados y proveerse mejor equipamiento. Sin embargo, el presidente Salamanca no quería apelar a una movilización general. Esto significaría una desventaja seria durante el conflicto bélico. En lugar de dirigir coordinadamente los inmensos recursos del país contra un oponente mucho más pequeño, administró los esfuerzos con cuentagotas. Así resultó que la superioridad en tamaño y población de Bolivia nunca fue un factor decisivo en el campo de batalla.

Bolivia no tenía muchos factores a su favor. Contaba con cuatro mil tropas desplegadas en el Chaco y vías de abastecimiento mal distribuidas. La relación entre el poder ejecutivo y el ejército era tensa. El presidente Salamanca tenía poca confianza en el jefe del ejercito general Filiberto Osorio, dado que lo consideraba obstinado y discutidor. Además, el resentimiento internacional contra el país estaba en alza. El ataque sobre los tres puestos paraguayos fue considerado por la Sociedad de Naciones como un acto de agresión. Esta le impuso un embargo armamentístico a Bolivia.

Esto puso la lupa en la primera de tres deficiencias que jaquearían al país. Como sucedió en guerras previas, la logística fue un problema importante. Sin acceso al océano, con un frente militar muy lejos de los centros principales del país, y ahora perjudicado por el embargo de armas, Bolivia debió luchar con un brazo atado. Mientras tanto, Paraguay, con su capital cerca del frente y la asistencia de un vecino próspero y generoso, contaba con grandes ventajas que compensaron su inferioridad de población y capacidad productiva.

El segundo impedimento de Bolivia era climático. Tal como ocurrió en los dos conflictos anteriores en los que participó —la Guerra del Pacífico y Las Guerras del Caucho—, las cuestiones ambientales serían criticas. En el Altiplano, hogar de la mayoría de los soldados bolivianos, el clima es frio, el terreno rocoso y el agua es abundante. El aire es muy puro, por lo que hay pocos mosquitos. En las dos guerras anteriores, los soldados del altiplano habían estado forzados a luchar en el calor abrumador del Atacama y en la densa selva amazónica. Ahora, se los enviaba al árido monte chaqueño, donde faltaba el agua y sobraban las serpientes venenosas. Los días eran extremadamente calurosos y las noches incómodamente frías. Bandadas de mosquitos transportaban enfermedades como la malaria y la fiebre amarilla. Claro que los paraguayos también debían soportar las mismas inclemencias, pero estaban más acostumbrados dado que vivían muy cerca de la zona de conflicto, tan sólo cruzando el río.

La tercera desventaja de Bolivia era su liderazgo pobre. En 1932, en vísperas del conflicto, Paraguay eligió como presidente a Eusebio Ayala. Era la segunda vez que Ayala ocupaba el cargo, dado que había gobernado una década antes. Ayala era competente, afable y agradable. Tenía una relación de cercanía con las fuerzas armadas, en particular con el jefe del ejército, el general José Félix Estigarribia. Astuto y perspicaz, Estigarribia tenía un pedigrí militar impecable. Graduado en Saint-Cyr, la prestigiosa academia militar francesa, también había recibido entrenamiento en Chile.[97] Ayala y Estigarribia estarían a cargo de la campaña militar durante la duración del conflicto, dando al liderazgo un sentido de dirección y constancia. Esto contrastaba con los constantes cambios en dirección que caracterizaban a la operatoria boliviana.

El contraataque en Boquerón forzó a Asunción a convocar a una movilización general. Hombres jóvenes inundaban las oficinas de reclutamiento. En menos de un mes, más de veinticinco mil reclutas ya estaban realizando entrenamiento básico. Pasados tres meses desde la represalia, Paraguay lanzó una ofensiva con el fin de retomar el fuerte. El Chaco no era más que una tierra baldía, pero el presidente Ayala reivindicaba la guerra como un asunto de orgullo nacional. En realidad, se encontraba presionado por la Dutch Royal Shell y el gobierno argentino para asegurar la región. Bolivia tomó un camino similar. El presidente Salamanca envió un telegrama al mayor Manuel Marzana, quien estaba al mando, ordenándole que resistiera a toda costa. Su destacamento de cuatrocientos hombres se enfrentaba a una fuerza invasora de cuatro mil hombres. A medida que la fuerzas del general Estigarribia se acercaron, fueron detectadas por las fuerzas de reconocimiento aéreo bolivianas. Gracias a la generosidad de Patiño, la supremacía aérea siempre fue una ventaja para el país andino, pero nunca fue suficiente para torcer el resultado final.

Las aeronaves rociaron de balas a las columnas que avanzaban, pero no lograron detenerlas. El 9 de septiembre de 1932 comenzó el asalto enemigo. Los paraguayos pensaron que la operación sería simple, dado que superaban por 10 a 1 a los defensores. Lanzaron, por lo tanto, varios ataques frontales para tomar la fortificación en Boquerón. Sin embargo, los asaltos fueron repelidos por fuego de artillería y ametralladoras. Esto convenció al general Estigarribia de que necesitaba rodear y sitiar la fortaleza. A pesar de que ambos países combatían con armas y tecnología del siglo veinte, las tácticas medievales del sitio fueron constantes durante la Guerra del Chaco. Durante casi dos semanas los bolivianos rodeados resistieron, pero su situación se tornó delicada. Las municiones y el agua comenzaron a acabarse, y la desesperación comenzó a aflorar. Los refuerzos masivos, indispensables, se encontraban a tres meses de llegar debido a las pobres condiciones de viaje. Los altos mandos bolivianos decidieron enviar una pequeña compañía de refuerzo para asistir y reaprovisionar a las tropas.

Liderados por el capitán Victor Ustariz, una compañía de cincuenta y ocho hombres marcharon hacia Boquerón. El capitán arribó durante la noche del 20 de septiembre y atacó al enemigo al amanecer. Ustariz no pudo abrirse paso, pero su acción le brindó fuerza a los hombres dentro del fuerte y los motivó para seguir resistiendo. Furioso, Estigarribia movilizó más hombres y rodeó la fortificación abatida con una fuerza de doce mil soldados. Un cordón mortal estranguló a Boquerón durante prácticamente un mes. Las tropas comenzaron a desesperarse. Los hom-

---

[97]   José Félix Estigarribia, *The Epic of the Chaco: Marshal Estigarribia's Memoirs of the Chaco War, 1932–1935* (Austin, TX: University of Texas Press, 1950).

bres se vieron forzados a comer a sus caballos y mulas. La fuerza aérea boliviana intentó introducir provisiones pero muchos de los cajones de suministros cayeron en manos enemigas. Sin municiones, agua y comida, Marzana finalmente se rindió al final del mes.

La caída de Boquerón fue un golpe psicológico muy fuerte para el ejército boliviano. El pánico se diseminó a lo largo de todos los puestos repartidos por el territorio y muchos hombres desertaron. Envalentonado, Estigarribia decidió lanzar una campaña ofensiva para trasladar el área de operaciones hacia el río Pilcomayo, ubicado sobre el borde occidental del Chaco. Atacó y tomó los puestos de Corrales, Toledo, y Arce. El inicio de la guerra había sido un "sube y baja" constante en el que Paraguay y Bolivia intercambiaron una serie de fuertes fronterizos. Sin embargo, el conflicto iba virando hacia una fase de mayor movilidad, con el ejército paraguayo conquistando territorios que habían sido previamente de Bolivia. Esto forzó a La Paz a cambiar sus tácticas y adoptar una postura más defensiva. La realidad fue que Paraguay perdió una perfecta oportunidad para poner fin al conflicto dado el estado de caos total en el que se encontraba el ejército boliviano. Era claro que La Paz necesitaba hacer algo drástico o perdería la guerra. Por lo tanto, el presidente Salamanca decidió reemplazar al general Osorio con su aliado cercano, el general José Leonardo Lanza. Este, a su vez, designó al coronel Bernardino Bilbao Rioja para liderar las operaciones en el campo de batalla.

El coronel Bilbao Rioja era un consumado estratega y un pionero de la aviación militar. Junto a sus hombres, se atrincheró y estableció una línea defensiva en el kilómetro 7. Esto detuvo el avance paraguayo, permitiéndole al ejército en retirada reagruparse. Lanza creía que el ejército necesitaba reducir sus líneas de aprovisionamiento estableciendo una serie de grandes depósitos en Villa Monte, Ballivián y Muñoz. El congreso, sin embargo, estaba perdiendo confianza en la capacidad del presidente de llevar adelante el esfuerzo bélico, y deseaban realizar un cambio más profundo.

Decidieron, por lo tanto, reemplazar a Lanza con el general Hans Kundt, un oficial alemán, veterano de la primera guerra mundial. Era una figura muy conocida en Bolivia que había arribado como un joven oficial a principios de siglo. Había llevado adelante un programa de entrenamiento muy exitoso antes de ser repatriado a Alemania al comienzo de la gran guerra. Kundt era la personificación de la figura militar prusiana. Luchó con valentía y distinción en el frente oriental, obteniendo varias condecoraciones. Era muy querido por sus hombres, pero no tan capaz como Estigarribia. Este último no solamente era capaz de motivar y dirigir a sus tropas, sino que, además, sus habilidades tácticas eran impecables. El congreso boliviano, sin embargo, tenía muchas esperanzas puestas en el general alemán. Le solicitaron a la República de Weimar que permitiera regresar a Kundt y obligaron al presidente Salamanca a entregarle el control de todos los asuntos militares.[98] El presidente no tuvo problema en acatar, considerando que Kundt, al ser extranjero, no se inmiscuiría en cuestiones políticas y se focalizaría únicamente en proseguir con la guerra. En efecto, la meta del líder alemán era lograr la conclusión veloz del conflicto. Creía que la única manera en la que Bolivia podía hacerlo era embarcándose en una ofensiva que le permitiera desplegar su superioridad en términos tanto de población como de riqueza.

Los recursos militares que habían sido solicitados durante el asedio de Boquerón finalmente iban arribando al escenario de operaciones, dándole a Kundt las tropas y municiones que precisaba para iniciar su campaña. Durante la primera mitad de 1933 lanzó una serie de ataques sobre los fuertes fronterizos que se habían perdido el año anterior. Recuperó varios de ellos pero su foco estaba puesto en la imponente fortaleza de Nanawa. Kundt pensó que si tomaba ese fuerte podría movilizarse contra el flanco paraguayo y marchar hacia Asunción. Armó un ejército de nueve mil hombres y avanzó. Con una oleada de ataques frontales, el general repitió la masacre innecesaria de la primera guerra mundial. El enemigo se encontraba muy bien atrincherado y fortificado. Las tropas estaban armadas con ametralladoras y morteros que volteaban sin esfuerzo a los soldados que avanzaban. A pesar de su enorme sacrificio, los bolivianos no fueron capaces de retomar el fuerte. Dos mil hombres murieron combatiendo, incluyendo muchos de los mejores oficiales y soldados del ejército. Finalmente, fueron obligados a retroceder. Este fue el avance más austral perpetrado por el ejército boliviano; ahora Estigarribia estaba libre para reanudar su ofensiva.

El ejército boliviano se encontraba nuevamente sumido en el caos. Eran claros los problemas de comunicación, organización y motivación. Todo revés se convertía fácilmente en una buena excusa para la deserción, dado que muchos de los soldados indígenas no tenían prácticamente ninguna afinidad con su país o su causa. Incluso, luchaban en una tierra ajena que tenía muy poco que ver con la suya. No existía espíritu militar en las filas. El ejército sufrió más derrotas en Alihuatá y Campo Grande, pero la pérdida mas humillante la sufriría a principios de diciembre de 1933, en Campo Vía. Estigarribia logró sigilosamente rodear a dos divisiones de soldados bolivianos. Un regimiento de tres mil soldados logró escapar pero diez mil hombres fueron tomados prisioneros, junto con su equipamiento y suministros. Esto marcó la derrota más grande de la historia militar boliviana. Pasada una semana del desastre de Campo Vía, el general Kundt renunció y volvió a Cochabamba. Luego de un año como jefe del ejército, nunca más volvió a ver un campo de batalla.

La derrota devastadora en Campo Vía y la renuncia de Kundt hizo parecer que la guerra había concluido. En un acto de compasión y humanidad, dado que se acercaba el inicio de las festividades navideñas, el presidente Ayala accedió a un

---

[98]   Hans Kundt y Raúl Tovar Villa, *Campaña del Chaco: El General Hans Kundt, Comandante en Jefe del Ejército in Bolivia* (La Paz: Editorial Don Bosco, 1961).

cese de fuego el 19 de diciembre. Estigarribia acogió la tregua para que sus hombres pudieran descansar, consolidar su posición y sumar el botín de municiones, combustible y equipamiento que había sido capturado. Sin embargo, el cese de fuego resultó un terrible error. En lugar de utilizar la tregua para preparar un plan de paz, los bolivianos lo utilizaron para cambiar de liderazgo, reagruparse y reanudar la guerra.

La primera acción en el orden de prioridades fue designar a un nuevo comandante militar. La batuta pasó al general Enrique Peñaranda, cuarto y último líder en el conflicto. Peñaranda se había hecho buena fama liderando el regimiento que escapó de Campo Vía. Sin embargo, era muy dependiente de dos de sus tenientes más cercanos, los coroneles Angel Rodríguez y David Toro. El primero era un gran estratega militar y el segundo, un genio maquiavélico. Estos oficiales dieron forma a gran parte de las decisiones tomadas durante la última fase de la campaña. La segunda prioridad era reagrupar el ejército boliviano. En enero de 1934 comenzaron a arribar e integrarse a las unidades en el frente los primeros de trecientos oficiales mercenarios chilenos. Las tropas también recibieron equipamiento nuevo para reemplazar lo que se había perdido, adquiriendo así armamento moderno. Por último, un número de nuevos reclutas reemplazó en las filas a los soldados caídos en combate o que habían sido tomados prisioneros.

Muchos soldados paraguayos utilizaron el cese de fuego para visitar a sus familias. Los altos mandos habían accedido a los permisos creyendo que el conflicto estaba prácticamente finalizado, pero pronto fue claro que los bolivianos estaban utilizando la tregua para prepararse y lanzar una nueva ofensiva. No había existido actividad diplomática alguna y las fuentes de inteligencia reportaron movimientos de hombres y suministros al frente. Como resultado, las licencias fueron canceladas y los soldados fueron obligados a retornar a sus unidades. El 7 de enero de 1934 venció la tregua y Estigarribia decidió reanudar su ataque. Sin embargo, había perdido su dinámica. Se encontraban al comienzo de la temporada de lluvias y el ejército no podía trasladarse. Los caminos de tierra se convirtieron en campos de lodo y avanzar era casi imposible. Además, los bolivianos estaban más motivados. Sus filas se habían renovado con reclutas nuevos y ahora operaban más cerca del hogar. Por lo tanto, tenían mejor acceso a provisiones y refuerzos.

Lograron una serie de pequeñas victorias en las batallas de La China, Campo Jurado, y Conchitas. En la batalla de la Cañada Strongest, Peñaranda utilizó una estrategia propia de Estigarribia rodeando a dos divisiones. Las unidades intentaban superar y tomar Ballivián, el bastión del ejército en el Río Pilcomayo. El fuerte tenía más de dieciocho mil tropas y grandes almacenes de municiones, armas y combustible. Destruirlo paralizaría al ejército paraguayo y destruiría su capacidad de lucha. El 10 de mayo el plan salió mal al ser detectados los atacantes por un escuadrón de reconocimiento boliviano. El astuto coronel Rodríguez ordenó a sus hombres rodear a los soldados que se acercaban. Lo que siguió fue un tumulto sangriento en el que murieron más de cuatrocientos paraguayos. Sin posibilidades de huir, mil doscientos hombres se rindieron. La capitulación resultó en una enorme captura de armas, cañones y camiones. Fue la victoria más resonante de Bolivia durante la guerra; sin embargo, se acercaban días más oscuros.

A pesar del revés paraguayo en Ballivián, Estigarribia había recuperado sus bríos. Decidió trasladar el teatro de operaciones más hacia el norte, próximo al Río Paraguay. Lideró a sus hombres en una serie de ataques relámpago contra el enemigo en los campos desérticos de Picuiba y Carandayti. Su objetivo era superar a Ballivián, aislando y sofocando al bastión enemigo. Estaba bajo presión para finalizar la guerra rápidamente. La situación económica en Paraguay se estaba volviendo desesperante; el presidente Ayala le había informado que los recursos del país se estaban agotando y que no podría brindarle esfuerzos ni equipamiento adicional. Al mismo tiempo, los bolivianos comenzaron a darse cuenta de que la concentración masiva de hombres y municiones era más una desventaja que un factor positivo. Anclaba al ejército a una punta del Chaco, reduciendo su capacidad para movilizarse libremente a través de la región y tomar ventaja sobre un oponente que se volvía cada vez más débil. Aun así, el presidente Salamanca intuía que Ballivián era un símbolo político demasiado grande para ser abandonado. Pronto, sin embargo, el liderazgo del país se vería sacudido por una desastrosa derrota que lo obligaría a tener que actuar de modo más agresivo.

Hacia mitad de año, La Paz decidió emprender una acción para asegurarse el Río Paraguay. El gobierno seguía bajo presión de la Standard Oil para asegurarse un puerto y así poder despachar fácilmente su petróleo. La operación militar se lanzaría desde el fuerte de Ingavi, pero los paraguayos se enteraron del plan y decidieron frustrar el ataque. En lugar de confrontar al enemigo en Ingavi, decidieron interrumpir la ruta de aprovisionamiento boliviana. Esto implicaba tomar un fuerte más pequeño: Cañada El Carmen.

El mayor Oscar Moscoso, oficial boliviano que había liderado el primer enfrentamiento de la guerra, estaba a cargo del fuerte. Sus fuerzas se habían reducido considerablemente al brindar apoyo en diversas batallas. Se le había ordenado enviar refuerzos para asistir a los hombres asediados en Picuiba y Carandaiti. También envió tres mil hombres para reforzar Ballivián. Sin embargo, aún contaba con dos divisiones a disposición. Estigarribia decidió aislar El Carmen y Ballivián para que no pudiesen reabastecerse el uno al otro. Luego ordenó a sus hombres aproximarse por ambos lados del fuerte, eliminando la posibilidad de huida o rescate. El Carmen estaba en el medio del desierto, sin acceso a fuentes de agua. El 16 de noviembre, sin agua durante varias semanas y con poco espíritu combativo, el fuerte cayó, con siete mil hombres y todo su equipamiento, dejando a Ballivián completamente expuesto.

Las noticias arribaron a Ballivián en medio de una fiesta revoltosa. Muchos políticos y miembros de los altos mandos estaban embriagados. Sin embargo, con el enemigo en su flanco, Peñaranda no tuvo más opción que ordenar a sus hombres prender fuego a los almacenes de municiones y retirarse hacia Villa Montes, la última fortificación. La retirada fue desordenada y el enemigo les pisaba los talones.

Existieron intentos de contraatacar en Guachalla y Estrella, pero la moral de los soldados bolivianos estaba hecha añicos. Los recuerdos de los métodos represivos utilizados por el gobierno para suprimir levantamientos todavía estaban muy presentes y muchos desertaron a medida que el enemigo se acercaba; cruzaron el río Pilcomayo y huyeron hacia a Argentina.

La situación era tan nefasta que el presidente Salamanca decidió reemplazar el alto mando una vez más. Pasados diez días desde la retirada de Ballivián, voló a Villa Monte, sin escoltas o guardaespaldas. Peñaranda y los oficiales de más alto rango sabían lo que seguía. Toro, que tenía ambiciones presidenciales propias, astutamente armó un golpe de estado para derrocar al líder. Los altos mandos rodearon la cabaña donde se encontraba Salamanca y lo obligaron a renunciar. Las riendas del poder pasaron al día siguiente al vice presidente José Luis Tejada Sorzano.

Los cabecillas culparon al presidente derrocado por la caída de Ballivián. Argumentaron que su resistencia a delegar tropas y equipamiento a otros puestos había generado que el fuerte fuera una blanco muy seductor. También dijeron que su mezquindad para movilizar los recursos del país era la razón por la cual la guerra iba tan mal. Concluyeron, por lo tanto, que debía irse; nunca pusieron en duda su propia competencia.

Con el enemigo sumido en el caos, Estigarribia decidió aprovechar la oportunidad y poner punto final al conflicto. A mediados de enero de 1935 avanzó hacia la ribera del río Parapetí, frontera occidental del Chaco. Esto lo ubicó en capacidad de controlar todo el Chaco. Tristemente, fue sólo una victoria pírrica. El incesante avance dentro de territorio boliviano había convertido a Paraguay en un estado agresor para la Liga de las Naciones. Por lo tanto, todos los embargos de armas contra Bolivia fueron dejados sin efecto. La reacción a esta noticia por parte de Asunción fue la renuncia a su adhesión al organismo internacional.[99]

La destitución de Salamanca le permitió a los altos mandos quitarse los guantes. El 10 de diciembre, el gobierno ordenó una movilización general, y un nuevo ejército fuer preparado para la batalla. Tropas y recursos fueron trasladados a Villa Montes. Anidados en los frondosos bosques al pie de los Andes, los soldados estaban ahora en terreno familiar. Esta era su tierra. La conocían. La amaban y estaban dispuestos a morir por ella.

Los paraguayos también se encontraban con la moral alta. No sólo la guerra progresaba muy bien sino que había un maravilloso premio al alcance. Los yacimientos petrolíferos de Camiri aparecían nítidamente en el horizonte. Paraguay carecía de petróleo y dependía exclusivamente de Argentina para satisfacer todas sus necesidades energéticas. La guerra proseguía dolorosamente sin fin y Buenos Aires no tenía interés en propagarla aún más. Comenzó, por lo tanto, a reducir el suministro de combustible para obligar a los paraguayos a negociar. Esto hizo que

---

[99] William R. Garner, *The Chaco Dispute: A Study of Prestige Diplomacy* (Washington, DC: Public Affairs Press, 1966).

Asunción estuviera aún más deseoso de poner sus manos sobre Camiri. Primero, sin embargo, Estigarribia precisaba destruir Villa Monte.

El coronel Bilbao Rioja, el heroico oficial que había logrado revertir la huida luego de la Batalla de Boquerón tomando posición en el kilómetro 7, recibió el encargo de organizar la defensa. Armado con tropas nuevas y motivadas, estaba bien preparado para rechazar el ataque que se venía. Redes de trincheras conectadas y fortificadas fueron cavadas a lo largo del perímetro. Bunkers reforzados se construyeron para servir como cuarteles y puestos de mando. Grupos de artillería tomaron posiciones a lo largo de toda la periferia del frente para bombardear continuamente al enemigo que avanzaba. El 16 de febrero de 1935, los paraguayos atacaron. En contraste a sus operaciones previas, en las cuales maniobraban sigilosamente para rodear y asediar a un puesto, Estigarribia estuvo obligado a lanzar un ataque frontal. Realizar maniobras complementarias era simple en las planicies desoladas del Chaco, pero mucho más difíciles de coordinar y ejecutar en el terreno agreste de los Andes. Grupo tras grupo de soldados poseídos cargaron contra los defensores que se encontraban bien emplazados. Los paraguayos estaban desesperados por destruir el fuerte y tomar posesión de las enormes torres de perforación. Grandes grupos de soldados fueron abatidos sin piedad por las ametralladoras y despedazados por la metralla de artillería. Las tropas atravesaron las defensas exteriores y por poco penetraron el fuerte en varias ocasiones, pero las bajas comenzaron a acumularse.

Paraguay se estaba quedando sin hombres. Los reclutadores alistaban jóvenes de catorce años y hombres con más de cincuenta y cinco para engrosar las filas. Luego de una semana de masacre sin sentido, los altos mandos se dieron cuenta que la campaña era inútil. No sólo Villa Monte era impenetrable sino que las líneas de aprovisionamiento de Paraguay estaban muy extendidas y eran vulnerables a un ataque. Los roles se habían revertido. Los bolivianos ahora estaban más cerca de su hogar, mientras que los paraguayos estaban más lejos. Sin embargo, Estigarribia advirtió que los bolivianos se encontraban muy cómodamente refugiados en sus trincheras. Por lo tanto, decidió saltear el fuerte y avanzar hacia los yacimientos petrolíferos.

El avance paraguayo hacia Camiri conmocionó a La Paz. Repentinamente Standard Oil revirtió su posición belicosa y argumentó que la guerra debía finalizar. Con el Chaco perdido y con los yacimientos existentes en peligro, la compañía debía finalizar la guerra o enfrentar pérdidas inaceptables. Paraguay también estaba dispuesta a finalizar la guerra. Su economía estaba devastada y su población era escasa. A pesar de contar con viento en popa, Asunción ya no podía costear el combate. Por último, la comunidad internacional ejercía presión sobre ambas naciones para abandonar la lucha. Dos guerras se estaban dando en América del Sur. Europa y Asia estaban a merced de déspotas. Era momento de finalizar la masacre.[100] El 14 de junio de 1935, ambos bandos accedieron a un alto el fuego.

---

[100] Leslie B. Rout, *Politics of the Chaco Peace Conference, 1935–39* (Austin, TX: Institute of Latin American Studies, University of Texas Press, 1970).

Oficiales y soldados salieron de sus trincheras para abrazarse y confraternizar. La guerra representaba un costo colosal que ninguno de los dos países podía asumir. Bolivia había perdido cincuenta mil hombres. Paraguay había perdido treinta y cinco mil, pero dado que su población era un tercio de la de Bolivia, sus pérdidas habían sido proporcionalmente mayores. Paraguay obtuvo gran parte del Chaco, pero los famosos yacimientos petrolíferos jamás fueron encontrados. Durante años, buscadores de petróleo paraguayos, británicos y franceses perforaron pozos por toda la región, pero estaban todos secos.[101] Más de ochenta y cinco mil vidas se perdieron en la lucha por un monte lleno de matorrales.

La guerra del Chaco fue el último gran enfrentamiento entre naciones sudamericanas. Continuarían las escaramuzas fronterizas en el Amazonas, vestigios de las Guerras del Caucho, pero el Chaco fue la última región disputada en el continente. Una serie de tratados internacionales finalmente delimitaron las fronteras y ya no hubo mas incertidumbre territorial que pudiese ser explotada por capitalistas internacionales. La próxima guerra se lucharía parcialmente por territorio marítimo, pero movilizada fundamentalmente por los corazones y las mentes de pueblos y electorados locales.

....

[101] Farcau, *The Chaco War*.

8

LAS MALVINAS: GUERRA EN EL ATLÁNTICO SUR

LAS MALVINAS: GUERRA EN EL ATLÁNTICO SUR

El suave rugido de un motor Atar 101 zumbaba en el fondo mientras el capitán de corbeta Roberto "Tito" Curilovic elevaba cautelosamente su cazabombardero Super Étendard a una altitud de diez metros. Un convoy de tres barcos enemigos había sido divisado a doscientos kilómetros al norte de las Malvinas, ofreciendo un blanco fácil. Durante la tarde del 25 de mayo de 1982, día en que se conmemora la Revolución de Mayo en Argentina, Curilovic despegó de la base naval de Río Grande, junto a su co-piloto Julio "Leo" Barrazza. A las 16:30, su radar Agave de fabricación británica detectó la formación de buques en el horizonte lejano. Los pilotos configuraron sus computadoras en modo de ataque y los dos aviones lanzaron sus misiles Excel AM 39. Sin que la tripulación argentina lo advirtiera, uno de los buques en la formación era el portaaviones HMS *Hermes*. Este buque no sólo era un componente clave de la línea de defensa de la OTAN, sino que era el buque de mando de la operación. Hundir un recurso tan valioso pondría fin a la aventura británica.

Las alarmas comenzaron a sonar en las cubiertas de los tres buques a medida que los radares detectaron los misiles. Movilizándose en dirección al ataque para poder generar el blanco más angosto posible, con el menor corte transversal de radar, la tripulación de uno de los buques escolta desplegó sus dispositivos antirradar. El viento tomó la nube de tiras de aluminio de los señuelos y las trasladó lejos del portaaviones, hacia donde se ubicaba el SS *Atlantic Conveyor*, un buque contenedor cargado al límite. El sistema de detección expandió la imagen del buque contenedor en el radar. El mecanismo de control del misil estaba programado para hacer foco en el objetivo que tuviera el corte transversal más amplio. Segundos antes del impacto, los *Excel* a ras del mar repentinamente viraron hacia el buque mercante que rebosaba combustible, municiones y provisiones, haciéndolo estallar en una bola de fuego enceguecedora. Mucha suerte, rápida reacción y un soplo de viento lograron evitar la derrota de la armada británica.

Las Islas Malvinas, también conocidas como *Falkland Islands*, son un paraje desolado en las profundidades del Atlántico sur. Las dos islas principales son *East Falkland and West Falkland* (Isla Soledad e Isla Gran Malvina), cada una con una longitud de cien kilómetros, con un área total de doce mil kilómetros cuadrados. Están separadas por una masa de agua llamada *Falkland Sound* (Estrecho de San Carlos). Mayormente inhabitadas, sus industrias principales en 1982 eran la pesca y la cría de ovejas. El archipiélago había sido colonizado por una variedad de naciones, incluyendo Francia, Holanda y Gran Bretaña. Luego de su guerra por la independencia, Argentina también había se había instalado en la isla. Sin embargo, fue expulsada en 1833 cuando Gran Bretaña regresó. De ahí en más, los británicos incrementaron sus intereses coloniales, estableciendo industrias de pesca y caza de ballenas. La llegada del buque a vapor permitió a las islas convertirse en una estación estratégica de carga de carbón durante la segunda mitad del siglo diecinueve.[102]

Las cosas cambiaron repentinamente a principios del siglo veinte, cuando la Armada Real Británica decidió utilizar el petróleo como fuente principal de combustible, minimizando la importancia de las estaciones de carbón. El declive del imperio luego de la primera guerra mundial redujo aún más la importancia de las islas. Al mismo tiempo, estas eran vistas como un símbolo del imperialismo europeo. Argentina las había reclamado, argumentando que habían sido parte integrante del virreinato colonial. En 1953, el presidente Juan Domingo Perón ofreció comprar el archipiélago, pero Inglaterra rechazó la propuesta. Los isleños rechazaron la iniciativa y el gobierno británico accedió a sus pedidos. Dos décadas más tarde, Perón volvió a la presidencia e Inglaterra ofreció compartir las islas; el mandatario argentino aceptó sin titubeos, pero al morir tres semanas después, la oferta fue cajoneada.

La de Malvinas fueron una de las últimas disputas fronterizas en América del Sur. La mayoría de las diferencias anteriores se habían solucionado a lo largo de doscientos años de guerras y negociaciones. Cuatro años antes, una cuestión referida a las fronteras del Canal de Beagle casi había terminado en guerra. La Armada Argentina se había posicionado estratégicamente y estuvo a horas de lanzar un ataque contra Chile, pero una mediación del Papa logró solucionar el asunto. Los reclamos sobre las islas eran más una ocurrencia que otra cosa. Las islas estaban muy alejadas de los centros de ambos países. La capital, *Port Stanley* (Puerto Argentino) estaba a más de doce mil kilómetros de Londres y mil quinientos kilómetros de Buenos Aires. Hubo rumores de que existían grandes depósitos petrolíferos cerca de la línea costera, pero nunca se descubrió nada. La realidad era que la colonia británica era una dolorosa carga financiera para las arcas del gobierno.

La década de los 70 no fue amable con el Reino Unido. Luchando por emerger de los destrozos de la segunda guerra mundial y del colapso de su imperio, la economía del Reino Unido rengueaba. Durante el principio de la década del 80 el país se encontraba inmerso en una recesión interminable. La dura competencia de Japón y Alemania llevaron al declive de sus manufacturas. Más de tres millones de ciudadanos británicos estaban desempleados y feroces levantamientos azotaban a la nación. Los cambios tecnológicos, particularmente con el surgimiento de los trenes eléctricos, la llegada de la energía nuclear y la proliferación de turbinas de gas, redujeron la demanda de carbón. Esto llevó a un incremento pronunciado en el malestar dentro la fuerza laboral, especialmente entre los mineros, tradicio-

---

[102] Bonifacio del Carril, *The Malvinas/Falklands Case* (Buenos Aires: CIGA, 1982).

nalmente organizados. Frustrado con el constante malestar social y económico, el electorado viró hacia la derecha en 1979, eligiendo a Margaret Thatcher como primer ministro. Inmediatamente ella aplicó una nueva serie de políticas para desregular la economía, privatizar empresas públicas y flexibilizar las leyes laborales.[103] Por supuesto, estas medidas condujeron a violentas reacciones en contra. El país se vio estremecido por una serie de huelgas paralizantes y el malestar social proliferó. La popularidad de Thatcher se hundió. Con la espalda contra la pared, tenía una fuerte necesidad de alejar la atención pública de los asuntos domésticos.

La década de los 70 también fue dura para la Argentina. La muerte del presidente Perón en 1974 desestabilizó al país. La presidencia pasó a su esposa, Isabel Martínez de Perón, quien servía como su vicepresidente. Siendo una ex bailarina de cabaret y contando tan solo con una educación primaria, carecía del conocimiento y la habilidad para dirigir un país. Durante los siguientes dos años, estuvo fuertemente controlada por José López Rega, un fascista, astrólogo, quien a pesar de estar fuertemente ligado a la Alianza Anticomunista Argentina, un presunto escuadrón de la muerte, se convirtió en su ministro de bienestar social.

Al mismo tiempo, una insurgencia de izquierda se extendía a lo largo de América del Sur. Frente al auge de la militancia estudiantil y trabajadora, los militares idearon un golpe en marzo de 1976 y lanzaron una campaña de represión brutal. Decenas de miles desaparecieron, fueron asesinados o exiliados. Una serie de crisis petroleras golpearon la economía argentina a comienzos de la década, obligándola a depender fuertemente de préstamos internacionales para poder estabilizar sus cuentas externas. La falta de manejo adecuado de la macroeconomía llevó a una alta inflación y una profunda recesión. El malestar social aumentó.

Igual que ocurría con Margaret Thatcher, la junta militar argentina estaba desesperada por desviar la atención pública de los asuntos internos. Ya había recurrido a chicanas en el pasado, por ejemplo, cuando sobornó al equipo de futbol peruano para que no avanzara a la final de la copa del mundo de fútbol. Ahora, precisaba otro truco publicitario. El general Leopoldo Galtieri había derrocado recientemente al general Roberto Viola, y necesitaba generar apoyo público. Por esta razón, ordenó una invasión completa de las Malvinas y las Islas Georgias del Sur. Buenos Aires esperaba que el Reino Unido estuviese demasiado distraído con sus problemas locales y le restara importancia. Además, los argentinos dudaban que hubiera un contraataque, dado que sería muy costoso para un país que estaba en una pésima situación financiera. Por último, creyeron que el invierno del Atlántico sur disuadiría al la Real Armada Británica de intentar retomar las islas.

La junta creyó que la invasión desataría una fuente de fervor nacionalista en Argentina, sin que Argentina tuviera que lidiar con el costo de una represalia militar. Poco sabían que la invasión le venía como anillo al dedo a la primer ministro Thatcher, quien también buscaba su propia fuente de distracción.

---

[103] Eric J. Evans, *Thatcher and Thatcherism* (London: Routledge, 1997).

El contexto internacional durante los años setenta era complejo. El mundo aún seguía inmerso en las profundidades de la guerra fría. Los Estados Unidos y la Unión Soviética habían librado guerras indirectas en África y el sudeste asiático. Cuando la subversión comunista infiltró gran parte de América del Sur, América Central y el Caribe, conduciendo a levantamientos de izquierda, Estados Unidos replicó estableciendo programas clandestinos como el Plan Cóndor, para promover dictaduras militares que aplastaran y desmantelaran a los movimientos comunistas. Argentina fue uno de los aliados más cercanos de Estados Unidos en este proceso.[104] La década de los setenta también fue un periodo de gran flujo de capitales. Las crisis petroleras habían dejado abultadas sumas de dinero depositadas en los bancos principales que necesitaban ser reinvertidas. The oil shocks had left large money center banks flush with cash that needed to be reinvested. Más que dispuestos a tomar nuevos préstamos, los líderes militares argentinos utilizaron los fondos para modernizar su equipamiento. Adquirieron aviones y misiles de última tecnología, actualizando así el arsenal nacional.

Los compromisos de la guerra fría habían forzado a Gran Bretaña a destinar enormes recursos a sus fuerzas militares. Su armada era mucho más pequeña que durante la segunda guerra mundial, pero aún contaba con un buen número de portaviones, cruceros y fragatas. Este equipamiento era un componente esencial del frente norte de la OTAN, y no debía ser puesto en peligro para proteger unas colinas remotas. Los dos países contaban con recursos y razones para luchar. Ambos buscaban una distracción y un conflicto militar era justo lo que precisaban. Un incidente, un mes antes de la invasión real, fue el precursor de lo que vendría más tarde. Un grupo de metalúrgicos argentinos, muchos de ellos disfrazados de personal militar, habían sido contratados en las Islas Georgias del Sur para desmantelar una ballenera. Repentinamente proclamaron a las islas como territorio argentino e izaron la bandera nacional. Los hombres fueron arrestados y repatriados, pero el público en Buenos Aires los aclamó. Este tanteo convenció a los generales de proceder con un plan más audaz.

La invasión, denominada Operación Azul, comenzó el 2 de abril de 1982. Un escuadrón de buzos aseguró la playa en *Port Stanley* (Puerto Argentino). A esto le siguió el desembarco de varios vehículos anfibios. Desprevenidos, una compañía de sesenta y nueve *Royal Marines* montaron una tibia defensa frente al asalto, sabiendo que era fútil resistirse. Se encontraban demasiado lejos para contar con refuerzos y claramente superados en número para tener posibilidades de sobrevivir un combate.[105] Por lo tanto, se rindieron. Al día siguiente, una fuerza invasora más pequeña tomó las Islas Georgias de Sur, eliminando toda presencia británica en el Atlántico sur.

---

[104] Cecilia Menjívar y Néstor Rodriguez, *When States Kill: Latin America, the U.S., and Technologies of Terror* (Austin: University of Texas Press, 2005).

[105] Martin Middlebrook, *The Fight for the "Malvinas": The Argentine Forces in the Falklands War* (New York: Penguin, 1990).

En principio, la iniciativa debía ser breve. La junta quería demostrar al mundo que podía tomar las islas, pero una muchedumbre de doscientas mil personas tomó las calles de Buenos Aires de manera espontánea para celebrar la victoria. El desborde de apoyo popular convenció a la junta de reemplazar la fuerza invasora con una fuerza de ocupación. Multitudes llenaron la Plaza de Mayo, en el centro de Buenos Aires, elogiando al gobierno. Cantaron canciones enalteciendo la gesta contra los británicos y advirtiendo a los chilenos que serian los próximos.[106] El incidente con Chile por el Canal de Beagle, ocurrido poco tiempo antes, le había dejado un gusto amargo a la Argentina y existía una sensación general de resentimiento entre ambos países.

Temerosos de sus vecinos orientales, los chilenos estaban más que dispuestos a asistir a los británicos. Durante la guerra, les facilitaron inteligencia muy valiosa, intercepciones de radio y trasmisiones telefónicas. Informaban sobre el movimiento de buques. El puesto de inteligencia chileno en Punta Arenas enviaba toda la información sobre trafico aéreo a Santiago, y esta era entregada a los agregados británicos quienes luego la enviaban a Londres. La información era buena, pero en la mayoría de los casos estaba desactualizada al momento de arribar al puesto de mando de la flota. La inteligencia británica intentó reducir el tiempo de envío introduciendo de manera secreta equipos de radar y recolección de inteligencia para desplegar a lo largo de la frontera. La junta chilena hizo la vista gorda porque sabían que si los británicos no derrotaban a los argentinos, era sólo una cuestión de tiempo hasta que estos atacaran Chile.

Así, los altos mandos británicos sabían lo que estaba sucediendo cuando una brigada aérea de transportes argentinos comenzó a movilizar trece mil conscriptos y soldados profesionales para reemplazar a los marinos que habían tomado por asalto las playas. Los buques llevaban equipamiento pesado, incluyendo tanques y piezas de artillería. El mando fue otorgado al general Mario Menéndez, un veterano de las operaciones anti-insurgentes. Este concentró el grueso de sus fuerzas sobre la isla oeste, en su mayoría alrededor de *Port Stanley* (Puerto Argentino) y una pequeña base aérea en *Goose Green*. Los altos mandos en Buenos Aires estaban confiados de que los británicos no viajarían una distancia tan larga por un territorio tan insignificante.

Lamentablemente, en detrimento de sus intereses, la junta no comprendió cabalmente la situación local en el Reino Unido, y la primer ministro Thatcher estaba ansiosa por demostrar su determinación ante poderosos grupos de presión. Convocó a su gabinete inmediatamente después de la invasión y analizó sus opciones. Afortunadamente para todos los involucrados, una de las opciones —un ataque nuclear contra Buenos Aires—, fue cajoneada de manera inmediata. La primer ministro estaba determinada a retomar las islas, y ordenó a la Marina Real preparar

[106] Martin Middlebrook, *The Argentine Fight for the Falklands* (South Yorkshire, England: Pen & Sword Military Classics, 2003).

una fuerza invasora. El almirante designado para liderar la flotilla fue el contra almirante Sandy Woodward, quien encendió los motores, preparando buques, tropas y equipamiento para desplegar.

La armada zarpó desde Portsmouth, Inglaterra el 19 de abril, apenas dos semanas después de la toma argentina de *Port Stanley* (Puerto Argentino). A la flota se le unieron nueve buques de guerra que habían estado en un ejercicio de la OTAN en la costa de Gibraltar. La fuerza de noventa y tres buques se detuvo en la Isla Ascensión, en medio del Atlántico sur, para cargar combustible y aprovisionarse. La isla es una gigante roca volcánica que sobresale del océano.

Entre las provisiones había armamento, incluyendo misiles *AIM-9L Sidewinder*, última versión del misil aire-aire estadounidense, con capacidad para enfrentar a una aeronave enemiga desde cualquier dirección. Las versiones anteriores del *AIM-9* solo podían rastrear a una aeronave siguiéndola desde atrás, donde la turbina caliente del blanco estaba enfrentada al misil. Sin embargo, dado que el *AIM-9L* tenía una cabeza buscadora guiada por infrarrojos que le permitía distinguir las porciones más cálidas del aire, el nuevo *Sidewinder* representaba una enorme ventaja para los pilotos británicos, y resultó en diecinueve bajas en combate aéreo cercano.[107]

La decisión estadounidense de apoyar a los británicos se tomó a regañadientes. La defensa de posesiones coloniales era considerada algo del pasado. Gran Bretaña, además, ponía en riesgo importantes recursos de la OTAN para recuperar unas islas inservibles. Sin embargo, el presidente Ronald Reagan tenía una fuerte afinidad con la primer ministro Thatcher. Compartían ideologías similares y él admiraba su tenacidad. Por lo tanto, ordenó al pentágono desactivar todas las trabas y brindar a los británicos el equipamiento y la inteligencia que precisaran. Un flujo constante de aviones despegaron desde bases navales norteamericanas hacia la Isla Ascensión, transportando para el amigo especial de Estados Unidos la mejor y última tecnología. Los satélites se re direccionaron para estar en órbita sobre el hemisferio sur y darle así a Londres inteligencia en tiempo real sobre movimientos de buques y comunicaciones interceptadas. Como resultado, Gran Bretaña pudo ir socavando la ventaja con la que contaban los argentinos por su proximidad a las islas.

A la flotilla le tomó un total de tres semanas llegar al archipiélago. Estaba dividida en dos partes. El grupo líder estaba compuesto por dos portaviones y sus buques de apoyo y tenía como tarea asegurar superioridad aérea en el teatro de operaciones. El grupo que venía por detrás estaba compuesto por buques anfibios que incluían cruceros requisados, como el *Queen Elizabeth 2* de Cunard y SS *Canberra* de P&O. A lo largo del camino, el contralmirante Woodhouse preparó a las tripulaciones, llevando adelante ejercicios día y noche. Los soldados afilaron su puntería y se perfeccionaron disparando a blancos flotantes y enfrentándose en

---

[107] Brad Roberts, *The Military Implications of the Falkland/Malvinas Islands Conflict* (Washington, DC: Servicio de investigación del congreso, Biblioteca del congreso, 1982).

refriegas simuladas. Mucho de esto fue televisado por la BBC con la intención de mostrar la inquebrantable determinación británica.

Además del HMS *Hermes*, el portaviones HMS *Invincible* integraba la flota. Ambos portaaviones transportaban un complemento de veinte *Sea Harriers*, aviones de guerra de despegue y aterrizajes verticales cortos, diseñados y construidos por *British Aerospace*. Los *Sea Harriers* no sólo eran capaces de operar sobre los buques sin el uso de pesadas catapultas y equipos de frenado, sino que eran ideales para despegar desde campos aéreos poco preparados. Esto los hacía ideales para el apoyo anfibio, en el que pistas de aterrizaje y despegue son difíciles de encontrar.

A medida que navegaban hacia el sur, los marinos y soldados esperaban que hubiese algún avance en el frente diplomático. La embajadora estadounidense en la Organización de Naciones Unidas (ONU), Jean Kirkpatrick, trabajó arduamente para evitar una guerra entre los dos aliados cercanos de Estados Unidos. Ella no podía comprender cómo esas islas azotadas por el viento podían ameritar una confrontación armada. Detrás de escena, el secretario del Departamento de estado estadounidense, Alexander Haig, iba de un país al otro intentando forzar una negociación. El presidente peruano Fernando Belaúnde llamó para ofrecer sus servicios de mediación al secretario Haig, pero había poca voluntad de negociación en ambos estados belicosos. Las ruedas comenzaban a girar y los perros de la guerra ya corrían sueltos.

La primera parte del viaje fue placentero, a medida que la armada atravesaba los trópicos. Sin embargo, pronto el cielo azul y las aguas turquesas se volvieron nubes oscuras y la escarcha helada del Atlántico sur. Con el la llegada inminente del invierno, las tripulaciones se prepararon para entrar en acción. Era momento de que Gran Bretaña mostrara su furia. La primera operación británica fue denominada Operación Paraquet, y consistió en dos instancias. Comenzó con el establecimiento de una zona de exclusión de cuatrocientos kilómetros alrededor de la isla, lo cual convertía a cualquier barco dentro del área en un buque armado y habilitado para ser atacado. Esto fue hecho para limitar la capacidad de refuerzo y suministro a las tropas argentinas desplegadas en el área. La segunda parte consistió en retomar las Islas Georgias del Sur. El archipiélago se encontraba muy alejado del continente y estaba defendido por un pequeño grupo de soldados.

La misión fue encomendada al HMS *Antrim*, acompañado por el HMS *Plymouth*. Un contingente de ciento cincuenta soldados de las fuerzas especiales *Special Air Service* (SAS) fue designado para retomar la isla. El 25 de abril, ambos buques descargaron un atronador aluvión de artillería sobre las colinas circundantes para generar pánico entre los defensores argentinos. La táctica funcionó. Los argentinos se rindieron sin oponer resistencia, pero la victoria casi se convierte desastre cuando dos helicópteros que transportaban un equipo SAS colisionaron a causa del mal clima. Afortunadamente, no hubo pérdida de vidas. Retomar las Malvinas había comenzado bien.

El primero de mayo, la escuadra británica invadió el área de exclusión, pero simultáneamente convergían en la zona tres grupos de combate enemigos.

El portaaviones ARA *Veinticinco de Mayo* se acercaba desde el norte mientras una formación liderada por el crucero ARA *General Belgrano* avanzaba desde el sur. Juntos crearían un movimiento de pinza para atacar a la flota británica. El submarino nuclear HMS *Conqueror*, sin embargo, se encontraba rastreando al ARA *General Belgrano* desde hacía varios días. Aunque el buque en sí —de la época de la Segunda Guerra Mundial— no significaba una amenaza real para la flota británica, estaba al frente de un par de destructores armados con misiles *Exocet*. El contraalmirante Woodward decidió realizar una demostración de fuerza y ordenó al HMS *Conqueror* atacar al ARA *General Belgrano*, pero el crucero se había trasladado fuera de la zona de exclusión. El comandante Chris Wreford-Brown, buscando precisiones acerca de cómo proceder, envió un mensaje a Londres. La respuesta no tardó en llegar. La orden de hundirlo vino directamente de la primer ministro Thatcher.[108] En la tarde del 2 de mayo, el HMS *Conqueror* disparó tres torpedos, dos de los cuales alcanzaron al ARA *General Belgrano*. Uno de ellos impactó en la proa y el otro en el medio del barco, hundiéndolo en menos de cuarenta y cinco minutos. Casi un tercio de la tripulación falleció, sin posibilidad de huir del agua helada que invadió el barco; setecientos hombres fueron rescatados. La demostración de fuerza fue efectiva. La Armada Argentina rápidamente abandonó la zona de exclusión. La pérdida del crucero convenció a Buenos Aires de que su portaaviones se encontraba en peligro. Por lo tanto, decidió replegar los aviones que se encontraban a bordo, a bases terrestres, antes de arriesgar la pérdida de esos recursos valiosos. Así, la siguiente etapa de la campaña se trasladó a los cielos.

La llegada de la flota británica coincidió con el ataque británico sobre el aeropuerto de *Port Stanley* (Puerto Argentino). Preocupados por la posibilidad de que los argentinos desplegaran sus aviones bombarderos en Malvinas, Londres decidió destruir preventivamente el aeropuerto. La tarea fue asignada a la Real Fuerza Aérea. Un viejo bombardero Vulcan, junto a un avión de refuerzo, levantó vuelo desde la Isla Ascensión, recorriendo más de doce mil seiscientos kilómetros para destruir las pistas del aeropuerto con sus bombas de quinientos kilos. El Vulcan había sido diseñado durante fines de los años 40, como bombardero nuclear, y era totalmente obsoleto. De hecho, el bombardero en particular tenía previsto ser desguazado tres semanas después de haber sido puesto en acción. Tenía, sin embargo, una última misión. La travesía completa llevó veinte horas y requirió once cargueros para ser realizada. El sistema de suministro de combustible de los bombarderos no había sido actualizado en más de dos décadas y se necesitaba adaptarlo a las características de los nuevos buques cargueros de combustible. La osada operación, Operación *Black Buck*, dejó un cráter en el medio de la pista que la volvió inutilizable para los

---

[108] Sandy Woodward, *One Hundred Days: The Memoirs of the Falklands Battle Group Commander* (Annapolis, MD: Naval Institute Press, 1997).

aviones de alto rendimiento.[109] Esto forzó a los argentinos a basar todas sus campañas aéreas en el continente, lo cual limitó su rango operativo.

El arribo de la flota británica a la costa de Malvinas marcó el inicio de la fase de desembarco. Hasta ese punto, los británicos habían retomado las Islas Georgias del Sur, hundido el ARA *General Belgrano* y bombardeado el aeropuerto de *Port Stanley* (Puerto Argentino). Los argentinos pronto tendrían que volver a entrar en acción. El contraalmirante Woodward sabía que un ataque de aviones enemigos era inminente por lo que ordenó a tres de sus destructores *Type 42* tomar posiciones adelantadas en el extremo de la formación. Los buques contaban con radares de largo alcance y misiles antiaéreos *Sea Dart*. Los tres, HMS *Sheffield*, HMS *Glasgow* y HMS *Coventry*, habían sido diseñados al principio de la Guerra Fría. Su armamento estaba pensado para enfrentar a bombarderos soviéticos de baja velocidad, a gran altura y misiles *Cruise*, no a veloces cazas de vuelo rasante. Pronto se darían cuenta de cuán poco preparados se encontraban.

El HMS *Sheffield* fue el primer buque en recibir una intensa muestra de la furia argentina. El 4 de mayo aviones de patrullaje argentinos habían detectado al destructor británico y la armada había asignado la tarea de hundirlo a dos *Super Éntendards* que despegaron de la base aérea de Río Grande.[110] Los aviones de fabricación francesa iban cargados de *Aérospatiale Exocets*, misiles de setecientos kilos que se trasladaban al doble de la velocidad de la luz y tenían un alcance de setenta kilómetros. La estrategia de lanzamiento requería que los pilotos volaran a muy baja altura para evitar ser detectados. Una vez que se había fijado un objetivo se ordenaba a la tripulación avanzar a la instancia de lanzamiento y abrir fuego, abandonando la zona también a baja altura y regresando a la base.

Los pilotos argentinos despegaron y avanzaron hacia la zona del objetivo. Hicieron un gran esfuerzo por mantenerse debajo del horizonte radar, pero fueron detectados por el HMS *Coventry*. El destructor tomó posición de batalla y alertó al HMS *Sheffield* sobre el ataque inminente, pero su mensaje nunca fue recibido. La tripulación del HMS *Sheffield* se encontraba en estado de alerta relajada; habían sufrido una larga sucesión de falsas alarmas y decidieron tratar esta potencial amenaza de manera despreocupada. Los pilotos argentinos se posicionaron, dispararon sus misiles y escaparon. El sistema de radares del HMS *Sheffield* registró los proyectiles que se acercaban pero el oficial de guardia cuestionó el dato dado que no se habían detectado aeronaves. Repentinamente un vigía identificó dos estelas de humo en el horizonte. Uno de los misiles cayó en el agua pero el otro impactó en medio del buque. La ojiva nunca detonó pero veinte miembros de la tripulación perdieron la vida, veinticuatro fueron heridos y el buque se perdió. El combustible del misil se derramó en la sala de máquinas, que se incendió. El impacto dejó fuera

[109] Andrew J. Brookes, *Vulcan Units of the Cold War* (Oxford: Osprey Publications, 2009).

[110] Paul Eddy, Magnus Linklater, y Peter Gillman, *War in the Falklands: The Full Story* (New York: Harper & Row, 1982).

de servicio la red de agua lo cual impidió que la tripulación pudiera combatir el fuego. Humo y llamas se propagaron por las cubiertas mientras los equipos de control de daños luchaban por salvar a la nave moribunda. Frente a las bajas que iban creciendo, el oficial a mando ordenó a sus hombres abandonar el barco. El casco se mantuvo a flote unos días pero el mar embravecido finalmente lo hundió. Este incidente marcó la primera pérdida en combate, para la armada británica, desde la Segunda Guerra Mundial —la primera de muchas que vendrían—.

La siguiente tuvo lugar una semana más tarde. El 12 de mayo el HMS *Glasgow*, otro destructor *Type 42* y el HMS *Brilliant*, una fragata *Type 22* cumplían tareas de guardia cuando fueron atacadas por un grupo de *A-4 Skyhawk*, aviones caza de *Douglas Aircraft Company* diseñados durante al década del 50. Los *Skyhawk* habían sido caballos de batalla durante la guerra de Vietnam. A pesar de no ser tan sofisticados, electrónicamente, como los nuevos aviones, eran fácilmente maniobrables y muy efectivos. Los bombarderos argentinos se aproximaron a los dos buques volando a baja altura y alta velocidad. El HMS *Brilliant* detectó la amenaza que se acercaba y puso en marcha su sistema de misiles *Sea Wolf*. La batería de corto rango entró en acción, derribando dos *Skyhawk*. Poco después apareció otro grupo de bombarderos en el horizonte que reforzaron el ataque. En esta ocasión, sin embargo, el sistema defensivo anti aéreo no los enfrentó y uno de los aviones de guerra lanzó una bomba que atravesó el casco del HMS *Glasgow*. El proyectil voló atravesando el barco sin detonar, pero dejó un agujero a la altura del agua, líneas de suministro de combustible interrumpidas y los dos motores principales fuera de servicio. La embarcación no se hundió, pero se encontraba fuera de juego y tuvo que ser remolcada de regreso a Portsmouth.

El hundimiento del HMS *Sheffield* y la inutilización del HMS *Glasgow* pusieron en primer plano la amenaza extrema que suponía la fuerza aérea argentina. Restaban por lo menos cuatro *Exocets* en Río Grande y Londres deseaba eliminarlos con desesperación. Las fuerzas especiales SAS concibieron la Operación Mikado, basada vagamente en la incursión israelí sobre Entebbe, en la que cien comandos a bordo de un puñado de Hercules C-130s lograron rescatar 106 rehenes. La idea detrás de la Operación Mikado era que noventa comandos británicos volarían al aeropuerto de Río Grande para destruir los misiles, además de cualquier otra aeronave militar que encontraran. Para preparar la misión, un helicóptero *Sea King* despojado, llevando un equipo de reconocimiento de las SAS partió el 18 de mayo con la intención de establecer un puesto de observación en las afueras de la base. Durante el trayecto el helicóptero se encontró con una densa niebla y se extravió. Al aterrizar, la tripulación decidió volar hasta la frontera con Chile y dejar allí a los soldados para que pudieran avanzar a pie.[111] Jamás llegaron a destino y eventualmente fueron replegados con un submarino. El helicóptero *Sea King* se había

[111] Alastair MacKenzie, *Special Force: The Untold Story of 22nd Special Air Service Regiment* (London: I. B. Tauris, 2011).

quedado sin combustible y no podía regresar, por lo que voló a la base chilena de Punta Arenas; allí, la tripulación destruyó la aeronave y huyó. Fueron eventualmente capturados por una patrulla chilena y enviados a Santiago, desde donde fueron repatriados. Aunque la junta chilena elevó una protesta formal a Londres por la invasión de su espacio aéreo, la mayoría de los observadores consideraron que se trató de una cortina de humo, dado que Santiago claramente auxiliaba y apoyaba al enemigo de Argentina. Sin embargo, el combate estaba por ingresar en una fase más complicada y Gran Bretaña precisaba toda la ayuda que podía obtener.

La fuerza invasora finalmente arribó el 18 de mayo. La formación de buques de traslado de tropas y transbordadores que transportaban a las fuerzas de desembarco anfibias viajaba más lentamente. Esto permitió a la avanzada de la flota abrir el camino. *Sea Harriers* descargaron sus municiones sobre el aeropuerto de *Port Stanley* (Puerto Argentino) y prepararon el área de aterrizaje. La operación anfibia comenzó el 21 de mayo, con el general mayor Julian Thompson al frente. Comandos de la 3º Brigada de Comandos de los *Royal Marines* fueron los primeros en avanzar sobre la playa de San Carlos. Los argentinos se sorprendieron por la ubicación del sitio de desembarco; habían estado esperando en *Port Stanley* (Puerto Argentino), que se encontraba del otro lado de la isla. Una serie de amagues había mantenido a los argentinos expectantes, pero pronto se percataron de que la operación anfibia estaba desarrollándose a cien kilómetros de allí. San Carlos había sido elegida porque la tropas podrían llegar a la orilla sin tener que lidiar con amenazas de artillería y contraataques. También porque se encontraba sobre el estrecho de San Carlos, que brindaba a las naves protección de los elementos. Sin embargo la estrecha vía acuática también reducía la capacidad de maniobra, incrementando la vulnerabilidad en caso de un ataque aéreo.

Los cazas no tardaron en llegar. El mismo día que comenzaron los desembarcos, el HMS *Ardent* fue atacado por un escuadrón de *Skyhawks*. La fragata se encontraba bombardeando *Goose Green* cuando los cazas hicieron su aparición. El comandante Alan West dio orden, de manera inmediata, de realizar maniobras defensivas, pero recibió el impacto de un par de bombas MK-82. Los explosivos detonaron en el hangar de cubierta , incendiando el buque. El comandante West se encontraba avanzando para volver a unirse a la flota y recibir asistencia cuando el HMS *Ardent* fue asediado por otra escuadrilla de *Skyhawks* que cubrió al buque con una lluvia de bombas. El ataque dejó al barco incendiado y sin posibilidades de virar o cambiar de dirección. Sin otra opción disponible, el comandante dio orden de abandonar el barco.

Durante todo el día la flota fue atacada, a medida a que los barcos desembarcaban y descargaban. Resultó ser una jornada brutal para la Armada Real. Además del hundimiento del HMS *Ardent*, otros cuatro buques de guerra fueron seriamente dañados. Quedaba claro que los británicos se encontraban frente a un oponente formidable.

La operación anfibia, aún así, avanzaba a paso lentísimo. Esto se vio empeorado por el clima inclemente que demoraba la carga y descarga de los buques. Los paracaidistas británicos no tenían experiencia en desembarcos en playa y reinaba una gran confusión cuando llegaban a la orilla. Los barcos necesitaban desesperadamente apoyo aéreo y las nubes bajas forzaron a dejar a los *Sea Harriers* en tierra; dado que los portaaviones estaban más lejos de la costa, en alta mar, se enfrentaban a condiciones meteorológicas aún más duras.

Los argentinos no dieron tregua. Sin tanta adversidad climática sobre las pistas de aterrizaje, oleada tras oleada de *Skyhawks* tomaron vuelo y descendieron sobre la flota británica. Con los buques cargueros alineados sobre la costa, la zona fue conocida como el "callejón de las bombas", y durante un período de cinco horas, más de sesenta aeronaves atacaron el puesto de la playa. Volando a bajísima altura, a más de ochocientos kilómetros por hora, los cazas pudieron eludir los sistemas de control antiaéreos de la fragata, que no pudo fijar la posición de los aviones atacantes. Los pilotos se aliaron con el terreno escarpado de la isla para disimular su aproximación. A medida que los aviones pasaban por encima de las colinas que se encontraban sobre el puerto, los parabrisas de los pilotos se llenaban con la vista de los buques anclados que esperaban. Los *Skyhawk* volaban barriendo el agua y acribillaron a las desafortunadas naves. Muchas de las municiones nunca llegaron a explotar dado que eran lanzadas desde una altura tan corta que no tenían tiempo de activarse. De cualquier manera, la intensa entalpía del proyectil lanzado permitió que atravesara los buques, causando incendios, dañando equipos e hiriendo a miembros de las tripulaciones.

El fracaso de la Operación Mikado puso en evidencia que los británicos necesitaban contar con información en tiempo real sobre los ataques inminentes para poder preparar sus defensas. Desplegaron un par de aviones Nimrod de vigilancia desde una base secreta chilena sobre el Pacífico para monitorear todos los movimientos de entrada y salida que se producían desde Río Grande. La información ayudó pero no hizo gran cosa para contrarrestar la magnitud de los ataques. Las operaciones Nimrod eran una clara violación de la neutralidad chilena, pero a Santiago no pareció importarle. No sólo se trataba de Chile ayudando a la destrucción de su enemigo, sino que la asistencia brindada fue vista por muchos como un acto de agradecimiento por el rol importante jugado por Gran Bretaña en sus diversas guerras contra Bolivia y Perú.

El siguiente ataque llegó el 23 de mayo cuando el HMS *Antelope*, una fragata *Type 21* fue asediada por seis *Skyhawk*. Una bomba no llegó a dar de lleno en la nave pero agujereó el casco sin estallar. Sin embargo, sí detonó cuando un equipo de explosivos intentó desactivarla, causando el hundimiento del barco. La armada decidió que la mejor manera de defenderse era ubicar una línea de artillería naval más cerca de la orilla. Una barrera de plomo fundido se levantó hacia el cielo, salpicando el agua con metralla al tiempo que los atacantes se aproximaban. La táctica, sin embargo, tuvo una eficacia limitada. El sistema armamentístico británico no era efectivo contra los hábiles y ligeros cazas . Los británicos decidieron usar, entonces, dos señuelos para distraer la atención de los argentinos de las embarcaciones.

El 25 de mayo, el HMS *Coventry*, otro destructor *Type 42*, y el HMS *Broadsword*, una fragata *Type 22*, recibieron órdenes de posicionarse en el extremo norte del estrecho. Los aviones argentinos invadían el cielo como un enjambre de abejas. Era el día que conmemoraba la Revolución de Mayo y la junta necesitaba una victoria contundente. Los *Skyhawk*, que acechaban, divisaron dos embarcaciones. El *HMS Broadsword* contaba con el sistema de misiles *Sea Wolf*, pero su mecanismo de control de fuego no pudo fijar objetivos antes de que los cazas atronadores lanzaran sus bombas. Una de ellas rebotó en el agua y destruyó el helicóptero *Lynx* de una de las fragatas antes de caer al mar. La otra embistió al destructor, explotando debajo del centro de operaciones y la sala de máquinas delantera. Se propagaron incendios y el buque comenzó a inclinarse. No pasaron más de veinte minutos hasta que el capitán dio orden a la tripulación de abandonar la nave. Las explosiones se sucedieron por las cubiertas hasta que finalmente el barco volcó y se hundió. El HMS *Coventry* se había perdido, pero el desembarco continuaba. Más tarde, sin embargo, un *Excel* destruiría el *HMS Atlantic Conveyor* y llevaría la operación al borde de la derrota—si se hubiera hundido el al portaaviones *HMS Hermes*.

Con las cabezas de playa establecidas y las provisiones descargadas en tierra firme, la mayor parte de las tropas partieron hacia *Port Stanley* (Puerto Argentino). Mientras tanto, el 2º Batallón, Regimiento de paracaidistas (*2 Para*), bajo el mando del teniente coronel "H" Jones, fue enviado a tomar *Goose Green*. El aeropuerto se encontraba defendido por un regimiento de novecientos hombres, lo cual suponía una amenaza en el flanco derecho de la fuerza invasora. Gran parte de los argentinos eran reclutas recientes, pero estaban altamente motivados. Habían ocupado posiciones en las colinas que conducían a la ciudad. Durante la noche del 28 de mayo, los paracaidistas atacaron pero los reclutas presentaron batalla aguerridamente. Los británicos no esperaban encontrar tamaña resistencia y no lograron llegar a su objetivo antes del amanecer. A medida que salió el sol, los hombres se encontraron sin lugar para esconderse y expuestos a un fulminante fuego de metralla. Cuando el coronel Jones vio que la situación se tornaba desesperante, convocó a un ataque frontal contra la principal posición argentina. Era conocido el coraje sin sensatez del coronel. Lideró personalmente la carga y perdió la vida de manera inmediata.

El mando fue transferido al mayor Chris Keeble, quien solicitó refuerzos aéreos. Sus hombres siguieron acorralados hasta que un par de *Sea Harriers* emergieron del horizonte y lanzaron una docena de bombas de racimo sobre la posición argentina. Las municiones letales estaban cargadas de cientos de submuniciones diseñadas para extenderse por un área muy grande. Así, el armamento logra ser muy efectivo contra cualquier persona que se encuentre sin protección. Las bombas de racimo generaron terror en las filas argentinas, que comenzaron a replegarse. Luego de quince horas de combate, el mayor Keeble envió una nota al comandante de la fuerza defensora indicando que salvo que sus hombres se rindieran, ordenaría más ataques con bombas de racimo. Las bombas habían generado tanto terror entre las tropas que se decidió la rendición.[112] Al final, los argentinos reportaron cincuenta bajas. Los paracaidistas perdieron diecisiete hombres. Sin embargo, el conflicto en *Goose Green* evidenció que la campaña terrestre sería tan difícil como la etapa de desembarco.

Con la dinámica del conflicto inclinándose en contra de la Argentina, Perú decidió intervenir. La inocultable asistencia a los británicos de Estados Unidos y Chile convenció a los peruanos de que no existía la neutralidad en este conflicto. Argentina siempre había sido un aliado contra Chile, por lo que era hora de devolver favores. Así, a principios de junio, el presidente Belaúnde accedió a venderle a los argentinos un escuadrón de *Mirage V*, junto con municiones, a precio de remate. El 3 de junio, una escuadrilla de 10 aviones caza despegó de la base aérea de La Joya, Perú, y emprendió vuelo hacia el aeródromo de Tandil, en la provincia de Buenos Aires. Los aviones recorrieron la frontera chileno-boliviana, con preferencia por el lado boliviano, hasta que ingresaron al espacio aéreo argentino. Nunca entraron en conflicto pero su presencia fue vista como una gran muestra de solidaridad regional, justo a tiempo para la última fase de la guerra —la defensa de *Port Stanley* (Puerto Argentino)—.

El plan de batalla británico para recuperar *Port Stanley* (Puerto Argentino) requería el uso de helicópteros de transporte para el traslado de tropas desde San Carlos, pero el hundimiento del HMS *Atlantic Conveyor* los había destruido. No quedaba más opción que cruzar la isla a pie. Para hacer más expeditivo el proceso, una unidad de la Guardia de Gales abordó el RFA *Sir Galahad* y el RFA *Sir Tristan*, con destino a *Bluff Cove* (Bahía Agradable) a modo de refuerzo. Sin embargo, el mar estaba embravecido y las embarcaciones se refugiaron en el pequeño puerto Fitz Roy. Sin la protección de fragatas o destructores, resultaron un blanco fácil. El oficial a cargo del desembarco rogó al comandante del buque que permitiera desembarcar a las tropas para que pudieran dispersarse, pero este se negó, alegando que su destino era *Bluff Cove* (Bahía Agradable). Hasta ese momento el cielo estaba gris y encapotado. Sin embargo, cuando el cielo se abrió y salió el sol, los buques de transporte anclados quedaron a la vista de los observadores aéreos argentinos. Estos inmediatamente lanzaron un ataque aéreo. El oficial al mando del RFA *Sir Galahad* había decidido desembarcar a sus hombres cuando apareció un escuadrón de *Skyhawk*, disparando al depósito de municiones y prendiendo fuego el barco. Se desató una tragedia; cuarenta hombres murieron incinerados y muchos sufrieron quemaduras graves. Así, la principal fuerza que atacaba *Port Stanley* (Puerto Argentino) quedó sin refuerzos.

Los comandos finalmente llegaron a las afueras de *Port Stanley* (Puerto Argentino) el 11 de junio, y se prepararon para el asalto final. Con el arribo de las tropas, el general mayor Julian Thompson fue relevado por el general mayor Jeremy Moore. Este debió encargarse de la campaña terrestre desde el inicio, pero había sido

---

[112] Gregory Fremont-Barnes, *Battle Story: Goose Green 1982* (London: The History Press, 2013).

demorado y no había podido embarcarse con el equipo original. Sin embargo, su arribo no trajo modificaciones al plan de batalla; la operación continuó machacando. A esta altura los británicos habían convocado a nueve mil hombres. La defensa argentina se encontraba concentrada en un anillo de colinas circundantes. El ataque británico consistiría en dos asaltos nocturnos, aprovechando la oscuridad para evitar el fuego de metralla y los bombardeos aéreos. El primer embate se daría en el sur. El objetivo principal sería asegurar el *Mount Longdon*, cuyas alturas permitían a los argentinos controlar los ingresos a *Port Stanley* (Puerto Argentino). El segundo impulso barrería de sur a norte con el fin de tomar *Mount Tumbledown*, que marcaba la entrada a la ciudad.

La primera parte del ataque comenzó a las 23 hs. del 11 de junio, cuando el 3º Batallón, Regimiento de paracaidistas (*3 Para*) tomó por asalto *Mount Longdon*. El cielo se llenó de trazadores y las bengalas iluminaron la noche mientras los paracaidistas peleaban por escalar la escarpada ladera montañosa. El combate nocturno es una experiencia particularmente espantosa, aún con la asistencia de gafas de visión nocturna. La defensa arrojó granadas por la colina, produciendo una gran cantidad de bajas. Mientras los atacantes alcanzaban la cima, el general Menéndez lanzó un ataque de artillería, matando a muchos de sus propios hombres. Aún así, los paracaidistas continuaron luchando y al llegar el amanecer *Mount Longdon* se encontraba en manos británicas. Lamentablemente el costo había sido alto. Un total de cincuenta y cuatro hombres murieron: veintitrés británicos y treinta y un argentinos. Mas de ciento sesenta y siete fueron heridos.

La segunda parte del ataque tuvo lugar dos noches más tarde, el 13 de junio, cuando el 2º Batallón de Guardias Escoceses tomó *Mount Tumbledown* (Monte Destartalado). El general Menéndez comprendió que era su última línea de defensa. Perderlo resultaría en la derrota total. Desplegó, por lo tanto, el Batallón de Infantería de Marina 5, de elite, para proteger el alto. Mas de setecientos marinos argentinos se posicionaron. La Guardia Escocesa, originalmente guardaespaldas personales del monarca, había sido conocida por su rol más bien ceremonial. Por ejemplo, se encargan de la guardia del Palacio de Buckingham y acompañan la comitiva de la reina. Sin embargo, componen una fuerza de combate, y se desempeñaron con altura aquella fría noche, ascendiendo el monte, cubriéndose con las grandes piedras desperdigadas por el terreno escabroso. Un pelotón de guardias rodeó a los defensores y armó un puesto de ametralladoras. Los argentinos se dispersaron buscando guarecerse cuando los escoceses abrieron fuego. Viendo que los argentinos se encontraban completamente desorganizados, la Guardia Escocesa cargó frontalmente y tomó el puesto. Muchos pensaron que la batalla de *Mount Tumbledown* (Monte Destartalado)1 sería una de las batallas más sangrientas de la contienda, pero se perdieron sólo treinta vidas en el combate; hubo veinte muertos argentinos y diez británicos.

La toma de las colinas adyacentes le otorgó a los británicos dominio sobre el pueblo. Helicópteros descargaron piezas de artillería y los británicos comenzaron a bombardear los ingresos a la ciudad. La lluvia constante de bombas destruyó la

moral de los argentinos. Los reclutas se rindieron a tropel. Los *Sea Harriers* suma-
ron al caos dejando caer bombas de racimo. A esta altura, la Fuera Aérea Argentina había reducido sus ataques debido a la cantidad de bajas sufridas. Finalmente,
luego de tres semanas de una férrea lucha, Menéndez se rindió el 14 de junio. Los
británicos se habían visto superados en número desde el inicio de la guerra, pero
una mejor coordinación entre tierra, mar y unidades aéreas, así como un liderazgo fuerte de oficiales y suboficiales les otorgó la victoria. Como ocurrió en tantos
conflictos anteriores, la Guerra de Malvinas fue un pérdida de vidas sin sentido.
Las bajas británicas llegaron a doscientas cincuenta y cinco muertos y setecientos setenta y cinco heridos; las argentinas alcanzaron seiscientos cuarenta y ocho
muertos y mil seiscientos cincuenta y siete heridos. Tres civiles fallecieron durante
los bombardeos. En esta oportunidad las vidas no fueron sacrificadas por una mer-
cancía, sino en pos de los corazones y las mentes de dos poblaciones, para distraer
su atención de lo que ocurría en casa.

La utilización de la guerra para fines domésticos es una treta arriesgada, con
premios y castigos extremos. Clausewitz enfatizó que los resultados de los conflictos bélicos son difíciles de predecir —lo que él llamaba la "niebla de la guerra"—.
Para la primer ministro Margaret Thatcher, las Malvinas resultaron ser un enorme
éxito, a pesar de las desventajas inmensas de perseguir una empresa bélica del otro
lado del planeta. Fue el catalizador que ella necesitaba para generar una fuente de
apoyo popular. No sólo revirtió su imagen negativa sino que la llevó a la victoria en
las elecciones generales de 1983. Conservó su mandato hasta 1990, siendo punta de
lanza de una revolución ideológica que transformó su país y gran parte del mundo.
Su tenacidad inflexible y el legado de su victoria en el Atlántico sur contribuyeron
al colapso de la Unión Soviética. Lo opuesto sucedió con los dictadores argentinos.
La derrota humillante fue la sentencia de muerte de la junta militar. Menos de tres
días después de la rendición, el general Galtieri fue depuesto. Suprimidas por años
de represión, las fuerzas democráticas de Argentina resurgieron.

La de Malvinas no fue una guerra entre dos Estados sudamericanos, pero países de la región jugaron papeles importantes. Chile brindó inteligencia que resultó
fundamental para la estrategia británica. Años más tarde, Margaret Thatcher dio
asistencia al antiguo dictador chileno Augusto Pinochet luego de que fuera arrestado en Londres, alegando que su país estaba profundamente en deuda con él por la
cooperación recibida durante el conflicto. La ayuda brindada a Argentina por Perú
no fue tan significativa, pero abonó un concepto de solidaridad regional.

A fin de cuentas, la Guerra de Malvinas fue otro episodio sangriento de la guerra
moderna. En contraposición a lo que usualmente se presenta en los medios popu-
lares, los argentinos combatieron excepcionalmente bien. Enfrentaron a una de las
armadas más sofisticadas del mundo y estuvieron poco de vencerla. Sus marinos,
soldados y particularmente sus aviadores se desempeñaron con distinción y coraje.
Aunque ningún otro país sudamericano estaba directamente involucrado, fue una
muestra ejemplar de lo que sucede cuando los latinos pelean.

ASUNTOS PENDIENTES

mérica del Sur no es particularmente conocida por su beligerancia, pero su historia ha sido tan violenta como la de otras partes del mundo. Desde el período de independencia, los países de la region han peleado una larga sucesión de guerras que separaron al continente en un mosaico de países independientes. Los conflictos evolucionaron desde gauchos armados con lanzas, pasando por la guerra de trincheras hasta el vuelo rasante de misiles Cruise. Un amplio elenco de personajes dominaron la escena: héroes abnegados como el mayor Pedro Duarte, quien se llevó la peor parte de la Batalla de Yatay, o Eduardo Abaroa, ingeniero boliviano que defendió por sí solo el Puente Topáter durante la Guerra del Pacífico; apuestos líderes como el general Manuel Bulnes, el militar chileno que brilló en las condiciones más adversas durante la Guerra contra la Confederación Perú-boliviana, y Óscar Benavides, el infatigable mayor peruano a quien se le encomendó expulsar a los colombianos del río Putamayo durante la Guerra Colombo peruana de1932. También hubo un buen número de cobardes y bufones, con el general boliviano Hilarión Daza encabezando la lista; su ineptitud militar no solo convirtió a su ejército en una pandilla de borrachos trastabillando a través del desierto de Atacama, sino que contribuyó enormemente a la derrota aliada. El general Hans Kundt también ocupa un lugar de privilegio en la lista. El hombre de armas prusiano se destacaba en los desfiles militares pero era desastroso en el campo de batalla. Las guerras sacaron a relucir lo mejor y lo peor del soldado sudamericano, desde las turbas brasileñas que engrosaron las filas de las tropas de la Guerra del Acre hasta los aviadores argentinos altamente disciplinados que llevaron a la Armada Real Británica al borde de la derrota.

Muchos factores contribuyeron a dar forma a las guerras. Influyeron tanto aspectos institucionales como de liderazgo militar. En todos los conflictos las capacidades organizativas de las fuerzas armadas fueron determinantes en los resultados. La herencia naval de la corte portuguesa le dió a Brasil recursos marítimos decisivos en el desenlace de las guerras Cisplatina y Platina, las primeras confrontaciones que evidenciaron la importancia de las armadas. La flota imperial tomó control del Río de la Plata, sofocando el sustento económico de Buenos Aires. El profesionalismo del cuerpo de oficiales chileno permitió que el país pudiera enfrentar a dos adversarios de mayor poderío durante la Guerra Contra la Confederación Peruano-boliviana y la Guerra del Pacífico, aunque la inferioridad de los conscriptos fuera notable, particularmente durante la Guerra del Pacífico. Dada la gran extension de costa maritima que posee, no sorprende que Chile haya dedicado tantos recursos a su armada. Esto le permitió establecer superioridad naval en las dos guerras y resultar vencedor en ambas confrontaciones. La fortaleza institucional del ejército paraguayo le permitió oponer Resistencia frente a los dos países más grandes de América del Sur, aunque el imponente tamaño de sus oponentes haya sido, finalmente, abrumador. Mientras tanto, los altos mandos colombianos mostraron su gran pericia al rearmarse antes de continuar con un conflicto en medio del Amazonas.

Efectivamente, la calidad del cuerpo de oficiales es un factor clave en cualquier conflicto militar. La coordinación estratégica y la ejecución táctica dependen completamente del entrenamiento, habilidades y compromiso de los individuos encargados de implementar las tareas. Puede significar la diferencia entre la victoria y la derrota, aun a pesar de contar con equipamiento y soldados. Bolivia y Perú illustraron esto en diversas oportunidades. A pesar de su inmensa extensión y riqueza, con frecuencia sus esfuerzos militares se vieron obstaculizados por la pobre calidad de sus cuerpos de oficiales. Las fuerzas armadas bolivianos sufrían de un exceso de altos mandos, con demasiados oficiales e insuficiente cantidad de soldados—herencia del Imperio Español, en el que el cuerpo de oficiales era uno de los pocos ámbitos en los que los criollos podían acceder a una movilidad social ascendente–. Las familias sudamericanas de clase media competían para enrolar a sus hijos en los programas de entrenamiento de oficiales, mientras que pocos individuos se alistaban voluntariamente en las filas de soldados rasos. Este efecto se evidenció durante los tres conflictos que involucraron a Bolivia: la Guerra Contra la Confederación Perú-boliviana, la Guerra del Pacífico y la Guerra del Chaco.

Las campañas militares también fueron obstaculizadas por problemas de liderazgo en casa. La inestabilidad del sistema politico boliviano distraía a los altos mandos al punto que estaban más interesados en lo que pasaba en La Paz que en lo que sucedía en el frente. La decision del general Narciso Campero de regresar a casa con la Quinta División, de *elite*, fue una movida táctica deliberada para torpedear al presidente Hilarión Daza. Del mismo modo, al presidente José Manuel Pando le preocupaba más dejar la capital, políticamente inestable, resguardada, que mantener a su ejército desplegado para defender la lucrative industria del caucho en Acre. Por supuesto, el incidente más lamentable fue la decision del general Enrique Peñaranda de derrocar al presidente Daniel Salamanca en medio de una franca retirada durante la Guerra del Chaco. Desafortunadamente, Perú no se quedó atrás. La decision de Lima de no asistir a Arica mientras soportó el sitio chileno fue motivada fundamentalmente por el deseo del presidente Mariano Ignacio Prado de aplastar el potencial político del coronel Francisco Bolognesi, a quien se le había encomendado la defensa del puerto.

Los conflictos sociales fueron otro factor institucional que afectó la eficacia militar. La Guerra Contra la Confederación Perú-boliviana fue tanto una guerra civil como un conflicto entre la alianza y Chile. Había animosidad en ambos planos. La lucha fue tanto entre el norte y el sur de Perú como entre indígenas y criollos.

Un fenómeno similar ocurrió durante la Guerra del Chaco, cuando muchos de los reclutas Quechua y Aymara sintieron que no había razón para luchar por un país que tenía poco respeto por sus derechos civiles básicos. Esto llevó a un alto nivel de deserción y rendiciones en el ejército Boliviano, aún cuando los bolivianos fueran superiores en armas, municiones y equipamiento. Por supuesto, también ocurrió lo opuesto. Vínculos culturales fuertes pudieron crear una identidad común que permitió a algunos países hacer frente a adversaries más poderosos. Esto ocurrió durante la Guerra de la Triple Alianza. La campaña en realidad fue una guerra genocida de exterminio del pueblo Guaraní, cuyo orgullo le dió a la población de Paraguay la fortaleza para contener a una fuerza enormemente superior. Hasta les permitió reclutar descendientes guaraníes de países enemigos. El sentido de una fuerte identidad común chilena también impregnó a sus soldados con la voluntad de lucha contra un enemigo mayor. La habilidad del senador Benjamín Vicuña Mackenna para transformar la pérdida del *Esmeralda* en una victoria y al comandante Arturo Prat en un mártir nacional convocó al pueblo a apoyar una guerra illegal cuyo fin era el lucro de un puñado de comerciantes británicos.

Las condiciones climáticas también fueron importantes. La mayoría de las personas considera a América del Sur como un paraíso tropical, pero sus guerras se pelearon en condiciones extremas. Desde el calor abrasador del desierto de Atacama hasta el monte árido del Chaco, pasando por el frío congelado del Atlántico Sur, los soldados y marinos sudamericanos fueron forzados a soportar las peores privaciones. En muchas ocasiones el entorno físico opresivo resultó insoportable. La población indígena boliviana no toleraba el calor del Atacama, la humedad del Amazonas o la sequía del Chaco. Los reclutas del norte de Argentina nunca se habían enfrentado a un frío como el de las Malvinas. Más aún, el sistema inmune de la fuerza policial enviada a Putamayo no estaba preparado para las enfermedades tropicales que se encuentran en la selva amazónica.

Otro factor que impactó fuertemente en las guerras fue la logística militar. Todos los conflictos cargaban con importantes dificultades de aprovisionamiento, debido en gran parte a las extensas distancias entre los puntos geográficos clave en América del Sur. Desde las tropas imperiales portuguesas desplegadas en las pampas uruguayas, sujetas al ataque constante de los gauchos de Artigas, hasta los cuarteles de guerra en el Putamayo, pasando por la armada en las Malvinas; uno de los desafíos más importantes en las guerras sudamericanas fue la posibilidad de mantener a las tropas bien alimentadas y armadas. La escasez de agua era a menudo un obstáculo ya que muchos de los conflictos se dieron en zonas extremadamente áridas. Por lo tanto, los oficiales encargados de la logística necesitaban aprovisionarse de agua y suministros.

El denominador común, en casi todos los conflictos, fueron las cuestiones fronterizas. El colapso inesperado del Imperio Español dejó preguntas sin respuestas acerca de las líneas de demarcación. La mayoría de las disputas se resolvieron amistosamente, pero las regiones que contenían recursos naturales valiosos fueron frecuentemente objeto de contiendas bélicas. Mucho de estos conflictos fueron instigados por poderes extranjeros, particularmente Gran Bretaña, que jugó un rol central —mucho más que cualquier otra nación— en el desarrollo de la region. Incluso Estados Unidos jugó un rol menor, particularmente durante el SXIX en el que la potencia estaba en proceso de gestación.

Muchos de los conflictos fronterizos fueron resultas a través de la creación de estados barrera. Es importante destacar que estos estados fueron establecidos dividiendo regiones de manera de impeder interacción entre países hostiles, lo cual nos trae a una de las principals conclusions de este libro.

Conflicto	Disputa fronteriza	Región que contiene recursos naturales valiosos	Instigación externa
Cisplatina-Platina	No	Sí	Sí
Guerra contra la Confederación Peru-boliviana	No	No	No
Guerra de la Triple Alianza	No	Sí	Sí
Guerra del Pacífico	Sí	Sí	Sí
Guerras del Caucho	Sí	Sí	Sí
Guerra del Chaco	Sí	Sí	Sí
Guerra de las Malvinas	Sí	No	Sí

Mi objetivo principal fue desarrollar una comprensión más profunda de América del Sur, para entender porqué la region nunca confluyó en una entidad política común. Quise entender las fuerzas que impidieron que los países separados se unieran. Desde un punto de vista geográfico, las guerras sudamericanas ayudan a comprender la conformación del mapa politico: los cuatro virreinatos principales, Brasil, Perú, Nueva Granada, y el Río de la Plata, se ubican en el corazón del rompecabezas sudamericano. Los estados modernos que son el resultante de las mencionadas unidades coloniales son ahora cuatro de los países más grandes de América del Sur. Sin embargo, se encuentran separados por cuatro países —Uruguay, Paraguay, Bolivia, and Ecuador—que fueron creados como estados barrera para impedir la interacción entre los países grandes. Así como los aislantes ayudan a mantener separadas las corrientes eléctricas, los estados barrera se crearon para reducir cualquier interacción.

La creación de estados barrera fue la solución expeditiva de un problema diplomático, pero estos fueron diseñados con poca consideración acerca de su viabilidad económica y el impacto que tendrían en el continente. Muchas de las nuevas naciones contaban con una escasez de recursos naturales o escala para ser económicamente viables. Dos de ellos estaban "encerrados" sin salida al mar, dificultando así su intercambio commercial con la comunidad internacional. Como resultado, estos estados barrera se convirtieron en algunos de los países con mayores desafíos de desarrollo y de los más empobrecidos de América del Sur. También impidieron el flujo de factores de producción que son esenciales para la integración económica, como el movimiento irrestricto de bienes, capital y trabajo, que estimulan la cooperación e integración.

El único modo en el que América del Sur puede avanzar a un nivel más alto de integración política es incrementando el intercambio commercial y la inversion, lo que significa que los estados barrera son clave para el future de la region. Necesita concertarse un plan para fortalecer a esas naciones, transfiriéndoles el capital que necesitan para construer rutas nuevas, ferrocarriles e infraestructura. Esto les permitirá pasar de ser simples "aislantes" a ser "conductors" de comercio e inversion. Esta cooperación sera fundamental para borrar los rencores pendientes que llenan la psiquis de la region.

Al final, las guerras sudamericanas fueron asuntos sangrientos con una cantidad incontable de episodios atroces y violaciones de derechos humanos. Muchas de las rivalidades y odios todavía permanecen enquistados en las sociedades sudamericanas que se originaron a través de los conflictos, pero las guerras también fueron calderos importantes para la formación de Estados y naciones. En otras partes del mundo, estos conflictos pueden utilizarse para catalizar o engendrar mayor cooperación e integración. Es por esto que necesitamos contar con una mayor comprensión de las fuerzas y ramificaciones que se ponen en juego cuando los latinos pelean.

BIBLIOGRAFÍA

ABECIA BALDIVIESO, Valentín. *La dramática historia del mar boliviano*. La Paz, Bolivia: Librería Editorial "Juventud," 1986.

ALEXANDER, Robert J. y ELDON M. Parker. *A History of Organized Labor in Bolivia*. Westport, CT: Praeger Publishers, 2005.

ALVAR LÓPEZ, Manuel. *Manual de dialectología hispánica: el español de América*. Barcelona: Ariel, 1996.

BANDEIRA, Moniz. *La Formación de los estados en la Cuenca del Plata: Argentina, Brasil, Uruguay, Paraguay*, 1.ª ed. Buenos Aires: Grupo Editorial Norma, 2006.

BARRETT, William E. *Woman on Horseback: The Biography of Francisco López and Eliza Lynch*. Nueva York: Fredrick A. Stokes Company, 1938.

BENTO DA SILVA, Francisco y RODRIGUES DE ALBUQUERQUE, Gérson. "O Bolivian Syndicate e a questão do Acre," *História Viva*, 3 de enero, 2004.

BETHELL, Leslie (Ed.), *Colonial Brazil*. Cambridge: Cambridge University Press, 1987.

BETHELL, Leslie. *Colonial Spanish America*. Cambridge: Cambridge University Press, 1987.

BETHELL, Leslie. *The Paraguayan War, 1864–1870*. Londres: Institute of Latin American Studies, 1996.

BONTINE CUNNINGHAME GRAHAM, Robert. *Retrato de un dictador: Francísco Solano López, 1865–1870*. Buenos Aires: Inter-Americana, 1943.

BOSCH, Beatriz. *Urquiza: gobernador de Entre Ríos, 1842–1852*, 2.ª ed. Paraná, Argentina: Editorial de Entre Ríos, 2001.

BREMER, Stuart. "Dangerous Dyads: Conditions Affecting the Likelihood of Interstate War, 1816–1965," *Journal of Conflict Resolution* 36, no. 2 (1992): 309–341.

BROOKES, Andrew J. *Vulcan Units of the Cold War*. Oxford: Osprey Publications, 2009.

BÚLNES, Gonzalo. *Historia de la Campaña del Perú en 1838*. Santiago de Chile: Imprenta de los Tiempos, 1878.

CARRIL, Bonifacio del. *The Malvinas/Falklands Case* Buenos Aires: CIGA, 1982.

CAVIERES, Eduardo y ALJOVÍN DE LOSADA, Crístobal. *Chile-Perú, Perú-Chile en el Siglo XIX: La formación del estado, la economía y la sociedad*. Valparaíso, Chile: Ediciones Universitarias de Valparaíso, Pontificia Universidad Católica de Valparaíso, 2005.

CENTENO, Miguel Angel. *Blood and Debt: War and the Nation-State in Latin America*. University Park, PA: Pennsylvania State University Press, 2002.

CHARLES, Daniel. *Master Mind: The Rise and Fall of Fritz Haber, a Nobel Laureate Who Launched the Age of Chemical Warfare*. Nueva York: Ecco, 2005.

CHIAVENATO, Julio José. *La Guerra del Petróleo*. Buenos Aires: Punto de Encuentro, 2007.

CLEATON, Christin. *Spaniards, Caciques, and Indians: Spanish Imperial Policy and the Construction of Caste in New Spain, 1521-1570*. Saarbrücken, Germany: VDM Verlag, 2008.

CLUNY, Claude Michel. *Atacama: ensayo sobre la Guerra del Pacifico, 1879-1883*. México, DF: Fondo de Cultura Economica, 2008.

COLLIER, Richard. *The River that God Forgot: The Story of the Amazon Rubber Boom*. Nueva York: Dutton, 1968.

DANILO ARZE AGUIRRE, René. *Breve Historia de Bolivia*. Sucre: Universidad Andina Simón Bolívar, 1996.

DE LA PEDRAJA, René. *Wars of Latin America, 1948-1982: The Rise of the Guerrillas*. Jefferson, NC: McFarland & Company, Inc., 2013.

DE LA PEDRAJA, René. *Wars of Latin America, 1982-2012: The Path to Peace*. Jefferson, NC: McFarland & Company, Inc., 2013.

DE LA PEDRAJA, René. *Wars of Latin America: 1899-1941*. Jefferson, NC: McFarland & Company, Inc., 2006.

DIEHL, Paul F., y GOERTZ, Gary. *War and Peace in International Rivalry*. Ann Arbor, MI: University of Michigan Press, 2000.

DONOSO ROJAS, Carlos y ROSENBLITT BERDICHESKY, Jaime. *Guerra, región, y nación: la Confederación Peru-Boliviana, 1836-1839*. Santiago de Chile: Ediciones de la Dirección de Bibliotecas, Archivos y Museos, 2009.

ECHÁVEZ-SOLANO, Nelsy y DWORKIN Y MÉNDEZ, Kenya C. (Eds.), *Spanish and Empire*. Nashville, TN: Vanderbilt University Press, 2007.

EDDY, Paul, LINKLATER, Magnus, y GILLMAN, Peter. *War in the Falklands: The Full Story*. Nueva York: Harper & Row, 1982.

ENCINA, Francisco Antonio. *Portales: Introducción a la historia de la época de Diego Portales, 1830-1891*. Santiago, Chile: Nascimento, 1934.

ESTIGARRIBIA, José Félix. *The Epic of the Chaco: Marshal Estigarribia's Memoirs of the Chaco War, 1932-1935*. Austin, TX: University of Texas Press, 1950.

EVANS, Eric J. *Thatcher and Thatcherism*. Londres: Routledge, 1997.

FAGUNDES, Antonio Augusto. *Revolução Farroupilha: Cronologia do Decênio Heróico, 1835 à 1845*, 2nd ed. Porto Alegre, Brasil: Martins Livrerio, 2003.

FARCAU, Bruce W. *The Chaco War: Bolivia and Paraguay, 1932-1935*. Westport, CT: Praeger, 1996.

FELIÚ CRUZ, Guillermo. *Historiografía Colonial de Chile,* Santiago de Chile: Fondo Histórico y Bibliográfico. Santiago: José Toribio Medina, 1958.

FERGUSON, Niall. "Complexity and Collapse: Empires on the Edge of Chaos," Foreign Affairs, Mazo/Abril 2010.

FLÓREZ, Luis. *El español hablado en Colombia y su atlas lingüístico: presente y futuro de la lengua española*. Madrid: OFINES, 1964.

FOOTE, Nicola y HARDER HORST, René. *Military Struggle and Identity Formation in Latin America: Race, Nation, and Community During the Liberal Period*. Gainesville: University Press of Florida, 2010.

FREMONT-BARNES, Gregory. *Battle Story: Goose Green 1982*. Londres: The History Press, 2013.

GALDÁMEZ LASTRA, Fabio. *Historia militar de Chile: estudio crítico de la campaña de 1838-1839*. Santiago de Chile: Trabajo Premiado En El Certámen Del Centenario, 1910.

GANSON, Barbara Anne. *The Guaraní Under Spanish Rule in the Río de la Plata*. Palo Alto, CA: Stanford University Press, 2003.

GARNER, William R. *The Chaco Dispute: A Study of Prestige Diplomacy*. Washington, DC: Public Affairs Press, 1966.

GAYLORD WARREN, Harris y WARREN, Katherine F. *Paraguay and the Triple Alliance: The Postwar Decade, 1869-1878*. Austin, TX: University of Texas at Austin, 1978.

GÓES, Marcus D. João: *O Trópico Coroado*. Río de Janeiro: Biblioteca do Exército Editora, 2008.

GRAHAM-YOOLL, Andrew. *Imperial Skirmishes: War and Gunboat Diplomacy in Latin America*. Nueva York: Interlink Books, 1983.

GUERRA, João Paulo. *Descolonização Portuguesa: O Regresso das Caravelas*, 1.a ed. Alfragide, Portugal: Oficina do Livro, 2012.

HARTLEY Jeffrey, William. *Mitre and Urquiza: A Chapter in the Unification of the Argentine Republic*. Madison, NJ: Library Publishers, 1952.

HENSEL, Paul R. y ALLISON Michael E. "The Colonial Legacy and Border Stability: Uti Possidetis and Territorial Claims in the Americas." Paper presented at the *International Studies Association Meeting*, Montreal, 2004.

HEWLETT, John Henry. *Like Moonlight on Snow: The Life of Simón Iturri Patiño*. Nueva York: R. M. McBride & Company, 1947.

HOLLETT, David. *More Precious than Gold: The Story of the Peruvian Guano Trade*. Madison, NJ: Fairleigh Dickinson University Press, 2008.

JACKSON, Joe. *The Thief at the End of the World: Rubber, Power, and the Seeds of Empire*. Nueva York: Viking, 2008.

KIPLE, Kenneth F. *A Movable Feast: Ten Millennia of Food Globalization*. Cambridge: Cambridge University Press, 2007.

KLOOSTER, Wim. *Revolutions in the Atlantic World: A Comparative History*. Nueva York: Nueva York University Press, 2009.

KOKOTOVIC, Misha. *The Colonial Divide in Peruvian Narrative: Social Conflict and Transculturation*. East Sussex, England: Sussex Academic Press, 2007.

KUNDT, Hans y TOVAR VILLA, Raúl. *Campaña del Chaco: el general Hans Kundt, Comandante en Jefe del Ejército en Bolivia.* La Paz: Editorial Don Bosco, 1961.

LA FOY, Margaret. *The Chaco Dispute and the League of Nations.* Bryn Mawr, PA: Bryn Mawr College, 1941.

LAGOS, Ovidio. *Arana, Rey del Caucho: terror y atrocidades en el alto Amazonas.* Buenos Aires: Emecé, 2005.

LEUCHARS, Christopher. *To the Bitter End: Paraguay and the War of the Triple Alliance.* Westport, CT: Greenwood Press, 2002.

LIMA, Oliveira. *Dom João VI No Brazil: 1808–1821.* Río de Janeiro: De Rodrigues & Co., 1908.

LYRA, Heitor. *História de Dom Pedro II, 1825–1891.* São Paulo: Companhia Editora Nacional, 1940.

MACK FARAGHER, John. *A Great and Noble Scheme: The Tragic Story of the Expulsion of the French Acadians from their American Homeland.* Nueva York: W.W. Norton, 2005.

MACKENZIE, Alastair. *Special Force: The Untold Story of 22nd Special Air Service Regiment.* Londres: I. B. Tauris, 2011.

MACLEOD, Murdo J. y WASSERSTROM, Robert (Eds.). *Spaniards and Indians in Southeastern Mesoamerica: Essays on the History of Ethnic Relations.* Lincoln, NE: University of Nebraska Press, 1983.

MAESTRI, Mário. *Guerra no Papel: História e Historiografia da Guerra no Paraguai, 1864–1870.* Porto Alegre, Brazil: PPGH FGM Editora, 2013.

MARCHANT, Anyda. "Dom João's Botanical Garden," *Hispanic American Historical Review.* 41, n.º 2 (1961), 259–274.

MARCO, Miguel Angél de. *La Guerra del Paraguay,* 1.ª ed. Buenos Aires: Planeta, 2003.

MARLEY, David F. *Wars of the Americas: A Chronology of Armed Conflict in the New World, 1492 to the Present.* Santa Barbara, CA: ABC-CLIO, 1998.

MATHEW, William M. *La firma inglesa Gibbs y el monopolio del guano en el Perú.* Lima: Banco Central de Reserva del Perú, 2009.

MENJÍVAR, Cecilia y RODRIGUEZ, Néstor. *When States Kill: Latin America, the U.S., and Technologies of Terror.* Austin: University of Texas Press, 2005.

MESQUITA, Otoni M. de. *La Belle Vitrine: Manaus Entre Dois Tempos 1890–1900.* Manaos: EDUA, 2009.

MIDDLEBROOK, Martin. *The Argentine Fight for the Falklands.* South Yorkshire, England: Pen & Sword Military Classics, 2003.

MIDDLEBROOK, Martin. *The Fight for the "Malvinas": The Argentine Forces in the Falklands War.* Nueva York: Penguin, 1990.

MOLANO, Walter Thomas. *In the Land of Silver: 200 Years of Argentine Political-Economic Development.* North Charleston, SC: CreateSpace, 2012.

MONIZ BANDEIRA, Luiz Alberto "O Barão de Rothschild e a questão do Acre," *Revista Brasileira de Política Internacional* 43, n.º 2 (2000).

MORITZ SCHWARCZ, Lília. *The Emperor's Beard: Dom Pedro II and the Tropical Monarchy of Brazil*, 1.ª edición estadounidense. Nueva York: Hill and Wang, 2004.

OSCAR ACEVEDO, Edberto. *La intendencia del Paraguay en el Virreinato del Río de la Plata*. Buenos Aires: Ediciones Ciudad Argentina, 1996.

PAYRÓ, Roberto P. *El Río de la Plata: de colonias a naciones independientes: de Solís a Rosas, 1516–1852*. Buenos Aires: Alianza Editorial, 2006.

PINEDA CAMACHO, Roberto. *Holocausto en el Amazonas: una historia social de la Casa Arana*. Bogotá: Planeta Colombiana Editorial, 2000.

RAMÍREZ, Carlos María. *Artigas: debate entre "El Sud-América" de Buenos Aires y "La Razón" de Montevideo*. Montevideo: A. Barreiro y Ramos, 1884.

RAVEST MORA, Manuel. "La Casa Gibbs y el monopolio salitrero peruano: 1876–1878," *Historia* 41, n.º 1 (2008): 63–77.

RELA, Walter. *Colonia del Sacramento: historia política, militar, diplomática 1678–1778*. Montevideo, Uruguay: Academia Uruguaya de Historia, 2006.

ROBERTS, Brad. *The Military Implications of the Falkland/Malvinas Islands Conflict*. Washington, DC: Congressional Research Service, Library of Congress, 1982.

ROBINS, Nicholas A. *Mercury, Mining, and Empire: The Human and Ecological Cost of Colonial Silver Mining in the Andes*. Bloomington, IN: Indiana University Press, 2011.

ROCA José Luis, *Ni con Lima ni con Buenos Aires: la formación de un Estado nacional en Charcas* (Lima: Instituto Francés de Estudios Andinos, 2007.

ROCCO, Fiammetta. *Quinine: Malaria and the Quest for a Cure that Changed the World*. Nueva York: Harper Collins, 2003.

RODRÍGUEZ ALCALÁ, Guido y ALCÁZAR, José Eduardo. *Paraguay y Brasil: documentos sobre las relaciones binacionales, 1844–1864*. Asunción: Editorial Tiempo de Historia, 2007.

ROMERO, Javier. "The War of the Pacific," *Strategy and Tactics* 262, n.º 5 (2013)

ROSS, Gordon. *Argentina and Uruguay*. Nueva York: Macmillan, 1916.

ROUT, Leslie B. *Politics of the Chaco Peace Conference, 1935–39*. Austin, TX: Institute of Latin American Studies, University of Texas Press, 1970.

RUIZ MORENO, Isidoro J. *El Misterio De Pavón: las operaciones militares y sus consecuencias políticas*. Buenos Aires: Claridad, 2005.

SALAS-EDWARDS, Ricardo. *The Liquidation of the War on the Pacific: Nitrate and the War. A Fantastic Indemnity. The Government of Chili and the Creditors of Peru. The Question of Arica and Tacna. The Relations between Chili and Bolivia. What Chili Spends On Armament*. Londres: Dunlop & Co., Ltd., 1900.

SANTA CRUZ, Oscar de. *El general Andrés de Santa Cruz, Gran Mariscal de Zepita y el Gran Perú: documentos históricos*. La Paz, Bolivia: Escuela Tipográfica Salesiana, 1924.

SCHEINA, Robert L. *Latin America's Wars, Volume I: The Age of the Caudillo, 1791–1899*. Washington, DC: Brassey's Incorporated, 2003.

SCHEINA, Robert L. *Latin America's Wars, Volume II: The Age of the Professional Soldier, 1900–2001*. Washington, DC: Brassey's Incorporated, 2003.

SCHOFIELD SAEGER, James. *Francisco Solano López and the Ruination of Paraguay: Honor and Egocentrism*. Lanham, MD: Rowman & Littlefield, 2007.

SKIDMORE, Thomas E. Brazil: *Five Centuries of Change*, 2.ª ed. Oxford: Oxford University Press, 2010.

TULLY, John. *The Devil's Milk: A Social History of Rubber*. Nueva York: Monthly Review Press, 2011.

VALE, Brian. *Cochrane in the Pacific: Fortune and Freedom in Spanish America*. Londres: I. B. Tauris, 2008.

VAN VALEN, Gary. *Indigenous Agency in the Amazon: The Mojos in Liberal and Rubber-Boom*. Bolivia, 1842–1932. Tucson: University of Arizona Press, 2013.

WERLICH, David P. *Peru: A Short History*. Carbondale: Southern Illinois University Press, 1978.

WOODWARD, Sandy. *One Hundred Days: The Memoirs*

INDICE TEMÁTICO

www.ingramcontent.com/pod-product-compliance
Lightning Source LLC
Chambersburg PA
CBHW071858090426
42811CB00004B/652